目　录

下篇 清代关学

综论篇

关学与关学史

第一章 "关学""关学史"正名

　　近代以来，学界对中国传统经典的阐释积累了丰富理论，并进行了大量实践。概言之，往往遵循三个方向：一是回归经典或学术范畴的历史视域，探寻其本身的意蕴；二是立足于当下的现时视域，进行自我理论的建构；三是试图将前二者融于一体，圆融而论之。此三种路向不仅分别侧重"注解""诠释"与"建构"的研究方法，而且针对不同的研究对象。申言之，如果说后两者突出以理论方法或以现代语境阐发经典所蕴藉的思想或价值，那么前者则侧重于尽可能忠实地解读学术术语、概念、范畴等，期以还原历史实况。据此，愚认为，包括"关学""关学史"在内的概念梳理与研究应遵循前者。然而，新中国成立以来，虽然学术界关于"关学"及"关学史"的研究历经诸多曲折，取得了一些重要成果①，但是，从整体上看，则是深化了以张载为主要研究对象的关学学者思想的研究，对一些重要的学术概念的解读仍存在诸多歧解，尤其是对"关学"与"关学史"内涵及外延的揭示，往往采用"诠释""建构"的方法，屡屡造成某些脱离历史语境的现时性的积极或消极的过度阐释，甚至误读，不利于学术概念的正本清源。因此，本章拟在溯源"关学""关学史"概念的基础上检讨以往的相关研究。

一 "关学"概念溯源

　　张载（1020—1077 或 1078，字子厚）是北宋著名思想家、宋明

---

　　① 参见林乐昌《张载理学与文献探研》，人民出版社 2016 年版，第 2—15 页。

理学的奠基者之一，一生大部分时间是在陕西眉县横渠镇度过的，世称"横渠先生"。以张载为核心，形成了宋明理学的重要学术流派——关学。事实上，"关学"得名于张载殁后，其概念历经演变，具有特定的内涵及特征。

（一）"关学"概念的演变

历史上的"关学"存在"关中道学""濂洛关闽"之"关""关中理学"三种概念，兹分而论之。

首先，"关中道学"说。目前，愚陋目所及，最早提"关学"的史料当在宋时，然而，学界在对相关史料进行解读时，往往集中于全祖望所援引的吕本中论"关学"的言论。

全祖望于《宋元学案·士刘诸儒学案》按语云：

> 吕舍人本中曰："关学未兴，申颜先生盖亦安定（胡瑗）、泰山（孙复）之俦，未几而张氏兄弟（张载、张戬）大之。"①

吕本中（1084—1145，字居仁）为两宋之际著名诗人，为张载友人吕希哲（1036—1114，字原明）之孙，又从游于二程门人游酢（1053—1123，字定夫）、杨时（1053—1135，号龟山）、尹焞（1071—1142，宋钦宗赐号和靖处士），亦被黄宗羲载录于《和靖学案》。吕氏著有《童蒙训》《师友杂志》《春秋集解》《紫微诗话》《紫微杂说》等。然而，笔者查阅吕氏诸书均未见"关学未兴"等言论，仅于《童蒙训》中见以下言论：

> 张戬天祺与弟载子厚，关中人，关中谓之"二张"。笃行不苟，为一时师表，二程之表叔也。子厚推明圣学，亦多资于二程者。吕大临与叔兄弟、后来苏昞等皆从之学，学者称子厚为横渠先生。天祺之为御史，用正献公荐也。二程与横渠，从学者既

---

① （清）黄宗羲：《宋元学案》，中华书局1986年版，第261页。

盛，当时亦名其学为"张程"云。①

　　关中始有申颜者，特立独行，人皆敬之。出行市肆，人皆为之起，从而化之者众。其后二张更大发明学问渊源。伊川先生尝至关中，关中学者皆从之游，致恭尽礼。伊川叹洛中学者弗及也。②

　　显然，全氏按语并非照录，而是对上述引文的阐发。就吕氏语看，不过是介绍张载与二程均以学名于世，并称"张程"；又与其弟张戬被并誉为"二张"，更大发明关中自申颜以来的关中讲学之风。换言之，从上下语义看，引文中"学问渊源"更多地侧重讲学及其教化功效。可见，吕氏并未提及"关学"一语，也未揭示出类似的概念，仅是论述北宋庆历以来的关中讲学概况。而全祖望不仅据吕氏语阐发出"关中之申（颜）、侯（可）二子，实开横渠之先"③，甚至似据吕氏"二程与横渠，从学者既盛"，"张程"并举的影响，提出"关学之盛，不下洛学"④ 之论。据此，可见全氏按语重在阐发己论，非忠实吕氏原义。概言之，吕氏并未提出关学概念⑤，实论说是时"关中讲学"或"关中之学"的状况。

　　然而，稍后于吕本中的刘荀撰《明本释》介绍张载时，云：

　　名载，字子厚，居凤翔郿县之横渠镇，学者称横渠先生。倡道学于关中，世谓之关学。⑥

　　刘荀（字子卿）为北宋名臣刘挚（1030—1098，字莘老）之孙，宋孝宗（1162—1189 年在位）时曾知盱眙军，其他事迹难以考索，

---

① （宋）吕本中：《童蒙训》卷上，文渊阁《四库全书》本。
② （宋）吕本中：《童蒙训》卷上。
③ （清）黄宗羲：《宋元学案》，第251页。
④ 同上书，第1094页。
⑤ 愚于2008年左右见全祖望援引吕本中语，误以为吕氏是较早提出关学概念的学者，且于2015年《关学学术编年》再版修改前言时，未及纠正，特此说明。
⑥ （宋）刘荀：《明本释》卷上，文渊阁《四库全书》本。

其生平大致为朱熹（1130—1200）同时或稍前。著有《建炎德安守御录》《明本释》等。就上述"倡道学于关中，世谓之关学"可知，关学初义当为"关中道学"，并为世人所认同。

众所周知，"道学"与"理学"有其历史承续，甚至存在些许概念差异。① 就刘荀"世谓关学"而论，可见"关学"之称已为是时学者共识。又据王开祖《儒志编》云："孟子以来道学不明，我欲述尧舜之道，论文武之治，杜淫邪之路，辟皇极之门。吾畏诸天者也，吾何敢已哉！"② 王氏主要生活于北宋仁宗庆历、皇祐时期（1041—1054），已提出"道学"一词。陈谦《儒志学业传》又云："皇祐贤良儒志先生王景山，讳开祖。……当庆历、皇祐间，宋兴来百年，经术道微，伊洛先生未作，景山独能研精覃思，发明经蕴，倡鸣'道学'二字著之话言，此永嘉理学开山祖也。"③ 可见，据陈氏所云，王开祖发明"道学"之名，故可推测，"关中道学"之称极有可能早于刘荀所处的宋孝宗时期。然而，至南宋孝宗时，许及之、陆九渊等人又改称"道学"为"理学"，④ 故又可推测"关学"由"关中道学"改称"关中理学"也当此时或之后，尤其至明清，"理学"之称广为流播，改称亦顺应学术风尚。从内涵上看，"道学"改称"理学"，或如学界认为"有意过滤'道学'概念中自我尊大的虚骄成分"，采用"包容性较大，语义平实且平等"的理学概念。⑤ 关学亦然。概言之，"关学"初义当为"关中道学"，并非后世所谓的"关中理学"或"关中之学"。

其次，"濂洛关闽"之"关"说。学界在论述关学作为学术流派时，往往视其受"濂洛关闽"并称的影响。"濂洛关闽"并称，最早源自何时？有学者认为："明初宋濂、王祎等人纂修《元史》，将宋

① 参见姜广辉主编《中国经学思想史》第3卷上，中国社会科学出版社2010年版，第334—345页。
② （宋）王开祖：《儒志编》，文渊阁《四库全书》本。
③ （宋）陈谦：《儒志学业传》，王开祖：《儒志编》附录。
④ 姜广辉主编：《中国经学思想史》第3卷上，第343—344页。
⑤ 同上书，第345页。

代理学概括为'濂洛关闽'四大派别。"① 事实上，这仍非确论，至少吴澄（1249—1333，号草庐）在南宋度宗咸淳三年（丁卯，1267）撰《道统图并叙》②，提出："道之大原出于天……尧、舜而上，道之元也；尧、舜而下，道之亨也；洙、泗、邹、鲁，道之利也；濂、洛、关、闽，道之贞也。"③ 即将"濂洛关闽"视为儒家道统谱系中的一个环节，且就周程张朱诸人及其学术贡献而言。南宋理宗时期（1225—1264）的陈思（字续芸）与其孙陈世隆（生活于宋末元初）合编《两宋名贤小集》载云："（王应麟）召为太常博士。时汤文清公为少卿，比屋而居，朝夕讲道，论关、洛、濂、闽、江西之同异。"④ 又将"濂洛关闽"并称且论其异同。故愚以为，"濂洛关闽"并称极有可能受到南宋以来，尤其是宋理宗淳祐元年（辛丑，1241）以来，周敦颐、二程、张载及朱熹配享孔庙后，周程张朱并举的影响。如朱子后学熊禾（1247—1312，号勿轩）云"仆于云谷之阳，鳌峰之下，创小精舍中，为夫子燕居，配以颜曾思孟，次以周程张朱。濂溪、明道、伊川、横渠、晦庵五先生，隆道统也"，又云"饶之石洞，亦以夫子居中，配以颜曾思孟，周程张朱五贤、勉斋继之"。⑤ 可见，"濂洛关闽"或"周程张朱"并称应早于明代，并特指诸人在儒家道统中的贡献或地位。据此，明李贽云"宋人直以濂、洛、关、闽接孟氏之传，谓为知言云"⑥ 当为确论。明初，朱氏王朝自上而下提倡程朱理学，宋濂（1310—1381，字景濂）、解缙（1369—1415，字大绅）、薛瑄（1389—1464，号敬轩）等又大力推动，"濂洛关闽"并称蔚然成俗。诸如，明太祖即位之初，便命"许存仁为祭酒，一宗朱氏之学，令学者非五经孔孟之书不读，非濂洛关

---

① 张岂之：《从儒学认识今人精神历史来由》，《人民日报》2015 年 1 月 19 日。
② （元）危素：《临川吴文正公年谱》，《吴文正公集》卷 1，明成化二十年刊本。
③ （元）吴澄：《道统》，《吴文正公外集》卷 2，明成化二十年刊本。
④ （宋）陈思编、（元）陈世隆补：《王尚书遗稿》，《两宋名贤小集》卷 378，文渊阁《四库全书》本。
⑤ （宋）熊禾：《三山郡泮五贤祠记》，《熊勿轩集》卷 2，《正谊堂全书》本。
⑥ （明）李贽：《德业儒臣前论》，《藏书》第 10 册，中华书局 1974 年版，第 1737页。

闽之学不讲"①。宋濂序《理学纂言》云："自孟子之殁，大道晦冥……天生濂洛关闽四夫子，始揭白日于中天，万象森列，无不毕见，其功固伟矣。"② 又序《四如集》云："四方有受学者，先生（黄仲元）为敷绎濂洛关闽之说而开导之。"③ 解缙曾上书云："愿集一二志士儒英……臣请得执笔而随其后，上溯唐、虞、夏、商、周、孔之华奥，下及关、闽、濂、洛之佳范，根实精明，随事类别，以备劝戒。"④ 其后，胡广等人纂修《性理大全》，选编周程张朱著述，濂洛关闽并称渐成学者口耳熟语，此处所谓"关"仍多谓张载其人其学，并非指广义上的学术流派。甚至，至清康熙四十八年（己丑，1709）张伯行辑注《濂洛关闽书》，仍就周程张朱及其著述而言，故云"周程张朱为师之为儒""学者未有不溯统于濂洛关闽而以为邹鲁之道在是""四氏出而圣道日新""四氏之书直与孔曾思孟同不休焉"等。⑤ 蒋垣又云："濂、洛、关、闽皆以周、程、张、朱四大儒所居而称。"⑥ 可见，"濂洛关闽"并称在南宋理宗时已出现，并流播于明清，其中之"关"，多特指张载其人其学，由其"所居而称"。

值得注意的是，朱熹、吕祖谦编《近思录》选录周敦颐、二程、张载四人言论，朱子《伊洛渊源录》载录周敦颐、二程、张载等人及其交游或门人46人言行及事迹，学界又据此以为"将张载的'关学'与周敦颐的'濂学'、二程的'洛学'并列加以考察"⑦。事实上，从朱子选编的目的看，乃"惧夫初学者不知所入"⑧，故阐述周程张道学（理学）大略，为学者指引门径。但自二程门人以降，不乏学者突出周程（朱）或濂洛学源谱系，甚至视张载学源二程，

---

① （清）陈鼎：《高攀龙传》，《东林列传》卷2，文渊阁《四库全书》本。

② （明）宋濂：《理学纂言序》，《文宪集》卷5，《四部丛刊初编》本。

③ （明）宋濂：《四如集原序》，黄仲元：《四如集》，文渊阁《四库全书》本。

④ （明）解缙：《洪武戊辰四月大庖西上皇帝封事》，程敏政编：《中华传世文选·明文衡》，吉林人民出版社1998年版，第68页。

⑤ （清）张伯行辑注：《濂洛关闽书原序》，《正谊堂全书》本。

⑥ （清）蒋垣：《八闽理学源流》卷1，清抄本。

⑦ 张岂之：《从儒学认识今人精神历史来由》，《人民日报》2015年1月19日。

⑧ （宋）朱熹：《近思录序》，《朱子全书》第13册，上海古籍出版社、安徽教育出版社2002年版，第163页。

"关"从属于"洛"。诸如，二程门人杨时（号龟山）云"横渠之学，其源出于程氏"①；游酢（字定夫）云"（张载）既而得闻先生（伊川）议论，乃归谢其徒，尽弃其旧学，以从事于道"②；朱子则云"横渠之学，实亦自成一家，但其源则自二先生发之耳"③；朱子后学黄震（1213—1281，字东发）云"夫子述六经，……濂洛言道学"④，等等。更为典型的是宋元之际的金履祥（1232—1303，字吉父）编撰《濂洛风雅》，冠以"濂洛诗派图"，"以师友渊源为统纪"⑤，选录周敦颐、二程、张载、邵雍和朱熹等48位理学家的诗作，显然以周程朱为正传，张载、邵雍为其同道。据此，南宋以来，虽然濂洛关闽并称，但多视张载为程朱之辅翼，甚至归置于程朱学派或濂洛之学。换言之，"濂洛关闽"并称之"关"作为独立的有别于程朱的严格意义的学术流派是值得商榷的。即便在关中，后世学者学源也多溯自程朱，如《元史》论同恕云"恕之学，由程、朱上溯孔、孟"（《元史》卷76本传），萧惟斗"一以洙、泗为本，濂、洛、考亭为据，关辅之士，翕然宗之，称为一代醇儒"（《元史》卷76本传）。

最后，"关中理学"说。较早明确以"关中理学"界定"关学"者为明末冯从吾（1557—1627，号少墟）、张舜典（号鸡山）。冯从吾《关学编自序》云：

> 我关中自古称理学之邦，文、武、周公不可尚已，有宋横渠张先生崛起眉邑，倡明斯学，皋比勇撤，圣道中天……一时学者歙然向风，而关中之学益大显明于天下。……题曰《关学编》，聊以识吾关中理学之大略云。⑥

---

① （宋）杨时：《跋横渠先生及康节先生人贵有精神诗》，《杨龟山集》卷5，《正谊堂全书》本。

② （宋）游酢：《书行状后》，《二程集》，中华书局2004年版，第334页。

③ （宋）朱熹：《伊洛渊源录》卷6按语，《朱子全书》第12册，上海古籍出版社、安徽教育出版社2002年版，第1002页。

④ （宋）黄震：《作文》，《黄氏日抄》卷38，文渊阁《四库全书》本。

⑤ （元）唐良瑞：《濂洛风雅序》，金履祥：《濂洛风雅》，《丛书集成初编》本。

⑥ （明）冯从吾：《关学编（附续编）》，中华书局1987年版，第1—2页。

冯氏以理学之邦称谓"关中"，显然其所谓"斯学""关中之学"当指张载以来的"关中理学"，故是《关学编》乃为"识吾关中理学之大略"而作。其友张舜典于《关学编后序》进一步阐发：

> 奚独以"关学"名也？《关学之编》，少墟冯侍御为吾乡之理学作也。……不载独行，不载文词，不载气节，不载隐逸，而独载理学诸先生，炳炳尔尔也；不论升沉，不计崇卑，而学洙泗，祖羲文者，无不载焉。①

可见，冯氏《关学编》确为"理学作也""独载理学诸先生"，"不载""不论"他者的选录标准。明余懋衡、李维桢又序《关学编》，分别云"其书以'关学'名，为关中理学而辑"②"《关学编》，侍御史冯仲好集关西之为理学者也"③，又皆论明冯氏著书宗旨。后世清儒王心敬、李元春、贺瑞麟又分别编撰《关学续编》，张骥撰述《关学宗传》也基本延续以上宗旨来选录学人。④ 概言之，《关学编》成书以来，"关学"为"关中理学"被世人广泛认可，"关中道学"之说不显。然而，不可忽视的是，特指张载其人其学之说的"濂洛关闽"之"关"，仍被延用，如上述张伯行、蒋垣之论。

综上，关学概念初指"关中道学"，继后或指"濂洛关闽"之"关"（张载其学），或指"关中理学"，其概念差异当反映宋代以来关中儒学发展的嬗变实况。

（二）关学的内涵及特征

事实上，不论"关中道学""濂洛关闽"之"关"，还是"关中

---

① （明）冯从吾：《关学编（附续编）》，中华书局 1987 年版，第 62 页。引用时个别标点做了改动。

② 同上书，第 121 页。

③ 同上书，第 122 页。

④ （清）张骥《关学宗传》虽收录人物标准更广，但仍以"以理学为范围"（参见《例言》首则）。

理学"，其内涵特征有二：一是突出"关中"地域特征，二是彰显理学（道学）内涵。以下仅就"关中理学"论之：

其一，突出"关中"地域特征。此为历代关学史著者所遵循，诸如王心敬《关学续编序》云："关学有编，创自前代冯少墟先生。其编虽首冠孔门四子，实始宋之横渠，终明之秦关（王之士，1528—1590，号秦关），皆关中产也。"① 张骥《关学宗传凡例》亦云："纂集诸儒仅以关中为限，例如蓝田、少墟、二曲诸先生，讲学四方，及门半天下。是编以地系人，纵讲关中之学，不是此邦之人，如周浮沚、沈彬老，虽横渠再传，亦不敢附入，以示谨严。"② 显然，王氏以"关中产"，张氏"以地系人"论及关学史择录人物标准。亦基于此，张载三传浙江周行己、沈躬行不被载录于关学史。

然而，历史上的"关中"概念，素有歧说。概言之，有五：

一指函谷关与陇关之中地区。潘岳《关中记》云："秦：西以陇关为限，东以函谷为界，二关之间，谓之关中之地。"③ 函谷关位于今河南境内灵宝市与三门峡市之间。陇关则位于今天甘肃天水市清水县东陇山东坡。此处"关中"约东临河南西部灵宝市，西至甘肃天水市。

二指函谷关、武关、散关、萧关四关之间地区。程大昌《雍录》认为，潘岳说"未尽"，并援引"徐广注项羽'关塞'之语曰：'东函谷，南武关，西散关，北萧关'，其说是也"④。武关位于今陕西商洛市丹凤县东武关河的北岸，散关指今陕西宝鸡市南大散关，萧关位于今甘肃庆阳市环县城北。此说明确界定关中北部至与陕北定边、宁夏固原交接的甘肃环县，但未说明关中西部界限，似由陇关向东缩小至西南方的大散关。

---

① （明）冯从吾：《关学编（附续编）》，第 65 页。
② （清）张骥：《关学宗传》，王美凤：《关学史文献辑校》，西北大学出版社 2015 年版，第 147 页。
③ （西晋）潘岳：《关中记》，刘纬毅：《汉唐方志辑佚》，北京图书馆出版社 1997 年版，第 81 页。
④ （宋）程大昌：《雍录》卷 1《关中》，中华书局编辑部编：《宋元方志丛刊》第 1 册，中华书局 1990 年版，第 380—381 页。

三指陇关、函谷关、武关、晋关、散关之间的地区。《资治通鉴·秦纪三》胡三省注："秦地西有陇关，东有函谷关，南有武关，北有临晋关，西南散关。秦地居其中，故谓之关中。"晋关指临晋关，在今陕西渭南市大荔县东部。此说重在界定西至甘肃清水县的陇关，及东北至陕西大荔的晋关。

四指汧水、雍山以东至黄河、华山以西地区，甚至包括巴蜀、天水、陇西、北地、上郡。《史记·货殖列传》："关中自汧、雍以东至河、华，膏壤沃野千里。……南则巴蜀。巴蜀亦沃野……然四塞，栈道千里，无所不通，唯褒斜绾毂其口，以所多易所鲜。天水、陇西、北地、上郡与关中同俗，然西有羌中之利，北有戎翟之畜，畜牧为天下饶。然地亦穷险，唯京师要其道。故关中之地，于天下三分之一，而人众不过什三；然量其富，什居其六。"汧指千河，源出甘肃，流经陕西入渭河。雍指雍山，位于今陕西宝鸡凤翔县柳林镇附近。河指黄河，华指位于陕西华阴市的华山。此说较为复杂，约指西至千河，南到华山之间，但又言天水、陇西、北地、上郡与关中同俗，似将上述地区归属关中。

五指太行山以西。顾炎武《日知录·河东山西》："古之所谓山西，即今关中。……王伯厚《地理通释》卷二曰：'秦、汉之间，称山北、山南、山东、山西者，皆指太行，以其在天下之中，故指此山以表地势。'《正义》以为华山之西，非也。"①

显然，上述关中地理概念不一，以致史念海等人撰写《陕西通史·历史地理卷》时，颇为费解，不得不云："根据《史记·货殖列传》的说法，关中自汧、雍以东至河、华。渭谓渭水，雍谓雍山，河谓黄河，华谓华山。但《史记》中有时将汉中、陕北也包括在关中的范围之内。"②但确定无疑的是，古时"关中"概念非今日陕西境内"潼关与大散关之间，秦岭以北、子午岭和黄龙山以南的一块

---

① （清）顾炎武著，黄汝成集释，栾保群校注：《日知录集释》第 6 册，浙江古籍出版社 2013 年版，第 1775 页。

② 史念海、萧正洪、王双怀：《陕西通史·历史地理卷》，陕西师范大学出版社 1998 年版，第 310 页。

区域"①。换言之，不可以今日所谓的关中地域为遴选关学学者的标准，即不宜将关学称为"陕西关中地区的理学"。

历代关学史作者采取何种关中地理概念呢？就《关学编》《关学续编》《关学宗传》所载学者籍贯看，收录了今陕西东部或东南部的临潼刘曾、王巡泰等，澄城张秉直等，蒲城郭绪、张建、刘鸣珂等，同州白含章、党湛等，洛南杨尧阶、杨舜阶等，韩城贾缔芳等，富平杨爵、李因笃等，渭南李仲白、薛敬之、南大吉兄弟等，蓝田吕大临兄弟、王之士等，郃阳岳崧、康乃心等，朝邑韩邦奇、王建常、李元春、李楷等，高陵杨天德、杨恭懿、吕柟等，华阴侯仲良、王弘撰等；中部的长安宋规、李复、冯从吾、柏景伟等，咸宁罗魁等，奉元萧惟斗、同恕、韩择等，盩厔李颙、惠含真、路德等，鄠县贺胜、王心敬等，乾州杨奂等，咸阳刘古愚等，泾阳程瑁等，三水范育、文翔凤等，邠州张舜民、王吉相等，三原王承裕、马理、刘绍颁等，淳化宋振麟等；西部的眉县张载、张戬、李柏等，武功苏昞、游师雄、张承烈、孙景烈等，凤翔张杰、张舜典、郑士范等，宝鸡李修、李梦弼等，陇州刘波等；陕北的宜川刘玺、刘子诚，吴堡贾天禄，延安卫赵章，鄜州缑煍、缑家骏，肤施应震；陕南的城固谭达蕴、田玉，南郑龚廷晦等学者。此外，还收录了今甘肃境内的天水刘愿、蔡启允，泾州文佩，兰州段坚，山丹卫周蕙，秦州张锐、王锡之，肃州郑安。概言之，上述关学学者籍贯涉及今日陕西诸市县与甘肃部分地区。具体而言，至少包括今甘肃境内张掖市山丹县以东部分县域；以及陕西境内东至华阴，西至宝鸡陇县，北至宜川、延安吴堡、鄜县等地，南至汉中城固、南郑等地的广大区域。显然，冯从吾等人撰述关学史选载学者时，并没有遵循上述任何一种关中界定，也非循史念海等人所论，而是另设一种更为泛义的关中地域概念。

其二，彰显理学内涵。张载殁后，关学学者学源往往或宗程朱，或法陆王，甚至兼取二者及张载之学，而恪守张载之学者鲜有其人。换言之，关学作为地域性理学学派，乃是基于广义上的理学内涵，并

---

① 史念海、萧正洪、王双怀：《陕西通史·历史地理卷》，第311页。

不具有严格的一以贯之的学源或思想传承。关于此，清儒柏景伟论云：

> 自周公集三代学术，备于官师，见于《七略》，道学之统，自关中始。……自有宋横渠张子出，与濂、洛鼎立，独尊礼教，王而农诸儒谓为尼山的传，可驾濂、洛而上。然道学初起，无所谓门户也，关中人士多及程子之门。宋既南渡，金谿兄弟（陆九渊兄弟），与朱子并时而生，其说始合终离，而朱子之传特广。关中沦于金、元，许鲁斋（许衡，1209—1281）衍朱子之绪，一时奉天、高陵诸儒与相唱和，皆朱子学也。明则段容思（段坚，1419—1484，受业于薛瑄）起于皋兰，吕泾野（吕柟，1479—1542）振于高陵，先后王平川（王承裕，1465—1538）、韩苑洛（韩邦奇，1479—1556），其学又微别，而阳明崛起东南，渭南南元善传其说以归，是关中有王学之始。越数十年，王学特盛，恭定立朝，与东林诸君子声气相应，而邹南皋、高景逸又其同志，故于天泉证道之语不稍假借，而极服膺"致良知"三字。盖统程、朱、陆、王而一之，集关学之大成者，则冯恭定公也。于是，二曲、丰川超卓特立，而不能出其范围者也。窃尝论之，同此性命，同此身心，同此伦常，同此家国天下，道未尝异，学何异也？[①]

上述柏氏所论，揭示关学由张载至清初李二曲、王心敬之际的学思嬗变情况。大致而言，其学风由道学转为朱子学；由朱子学转为河东之学、三原之学，虽近宗朱子，但远溯孔孟，尤重躬行，甚至杂取张载等人；继而阳明学又崛起关中，后又受东林学派影响，进而兼取程朱、陆王之学。类似阐发关中理学思潮的嬗变情况，亦出现在张骥《关学宗传自序》中，其云：

---

① （明）冯从吾：《关学编（附续编）》，第68页。

昔横渠氏关中崛起，开门授徒，分濂、洛之席，绍邹、鲁之传，一时蓝田、华阴、武功诸儒，阐扬师旨，道学风行，学者称初祖焉。俄而，北都沦陷，完颜代兴，奉元一脉，不绝如缕，几同闰位。迨石渠公（王恕，1416—1508）唱道三原，康僖（王承裕，1465—1538）缵承家学，学风丕变。而渭南南氏（南大吉、南逢吉）兄弟以姚江高弟开讲酒西，稍稍乎门户分矣。冯侍御（冯从吾，1557—1627）予告还乡，提倡绝学，可谓中兴。而再传之后，寖以不振。李二曲以坚苦卓绝之身，肩程、朱、陆、王之统，至精至粹，无党无偏，卒以非笑者多，转为吾道通行之障。迄于李桐阁（李元春，1769—1854）以贤圣自期，尊崇正学而省斋①清麓（贺瑞麟，1824—1893），亲业其门；沣西（柏景伟，1831—1891）、古愚（刘光蕡，1843—1903）闻风而起。至今日而有坠绪之可寻，遗文之足录者，皆数君子之力也。②

张氏不仅提出"关学开派，肇自横渠"，明确将张载视为关学"初祖"；而且如柏景伟般梳理了张载之后关学思潮的嬗变情况，尤其以"学风丕变""门户分矣""肩程朱陆王之统"等展现关中理学或宗程朱或宗陆王，甚至兼取的更迭情况。

综上，作为"关中理学"的关学，当指北宋张载开创，传衍于关中地区，且并不一定恪守张载或程朱、陆王之学的泛义理学学术流派。

二 "关学史"编撰析论

关学有编有史，历代关学史著述主要有两种，即冯从吾等人的《关学编》及其《续编》、张骥《关学宗传》。拟分而述之。

---

① 疑为"捐斋"。杨树椿，号捐斋，从学于李元春，与贺瑞麟并为桐阁门人之秀。
② （清）张骥：《关学宗传》，《关学史文献辑校》，第145页。

（一）冯从吾《关学编》

明末冯从吾所撰《关学编》，开关中理学史撰写的先河。事实上，编撰理学史肇自南宋朱子《伊洛渊源录》、陈亮《伊洛渊源书》，后又有吴澄《道统图》《宋史·道学传》。明代中后期以来编撰风气更为盛行，《伊洛渊源续录》《毗陵正学编》《新安学系录》《闽南道学源流》《台学源流》《道南源委》《考亭渊源录》《浙学宗传》《圣学宗传》《圣学嫡派》《圣学宗传》等相继问世，其中不乏以"台学""浙学""新安学""闽南道学"等命名的地域性理学史著述。或受上述影响，冯从吾撰写了《关学编》。①

冯氏《关学编》首载秦祖、燕伋、石作蜀、壤赤孔门四贤，卷一载张载等九人，卷二载杨天德等九人，卷三载段坚等七人，卷四载吕柟等八人，各卷总附传11人，总计48人。虽以孔门四贤开篇，但仅为追源关中理学脉源，实肇自张载，故是《编》载录关中理学学者为44人。换言之，以宋代张载为始，终于明末王之士。

（二）王心敬《关学续编》

清初王心敬继冯氏后，编撰《关学续编》，周元鼎又加以增修。王氏基于"自秦关（王之士）迄今且百年，代移世易，中间传记缺然，后之考征文献者，将无所取证"的现状，"取自少墟（冯从吾）至今，搜罗闻见，辑而编之"。②

值得注意处有五：一是王氏具有强烈的关中理学道统意识。提出："编关学者，编关中道统之脉络也。横渠特宋关学之始耳，前此如杨伯起之慎独不欺，又前此如泰伯、仲雍之至德，文、武、周公之'缉熙敬止'、缵绪成德，正道统昌明之会，为关学之大宗。至如伏羲之易画开天，固宇宙道学之渊源，而吾关学之鼻祖也。譬诸水，泰伯、文、

---

① 参见张波《〈关学编〉的编纂动机、体例特点及其学术史意义》，《唐都学刊》2010年第4期。

② （清）王心敬：《关学编序》，《关学史文献辑校》，第61页。

武、周公，乃黄河之九曲，而伏羲则河源之星宿，横渠以后诸儒，乃龙门、华阴、砥柱之浩瀚汪洋，泾、渭、丰、涝诸水之奔赴也。"① 职是之故，王氏在《续编》中编入伏羲、泰伯、仲雍、文、武、周公六圣于前，"溯宗原圣""昭吾道之正统大宗，而在所不疑尔"②。二是王氏此编设圣贤儒三等之分。王氏认为，冯从吾原《编》无上述之分，其因始自横渠，此后诸儒"分量有大小、浅深之不同，要之品格相近"，而自己所编溯源六圣，如不作区分，则"大觉不伦不类耳"③。三是以道德为标准载录泰伯、仲雍。王氏认为："周之至德，后有文王，前有泰伯伯仲，而厥后更有武王、周公二圣，继此家学之精微而益畅益密。以此见古今家学之盛，莫盛于有周。即以见吾关中此学之明之盛，莫明莫盛于周，而岂侈关中圣德之众，增简编之色而已哉！"④ 冯氏原《编》不录道德一门，专载"理学诸先生"，而王氏开此先河。四是王氏认为"气节"亦为理学。冯氏原《编》亦不录气节，而王氏认为："气节本自中诚，安在非即理学，况如天知、地知、子知、我知之旨，凛乎慎独，无自欺之心传，而一切立朝行己，则卓卓乎刚毅近仁之旨与！"⑤ 据此，王氏载录以气节著称的东汉名臣杨震（字伯起）。事实上，王氏这一做法也影响到后世关学史的编撰。五是载录非关中人董仲舒。王氏认为，董仲舒"以其老关中，且葬关中也，故并列传关中"⑥。事实上，王氏这一做法基于董子在儒学史上的学术地位与历史影响，有悖于其以"关中产"的选录标准，且不为后世所采用。

王心敬殁后，周元鼎访得《续编》，并增补王氏一人。故《续编》除备载冯氏所编44外，另于卷一载录伏羲、泰伯、仲雍、文、武、周公六圣，卷二载录除冯氏编孔门四贤、张载等宋儒九人外，另增汉儒董仲舒、杨震二人，并附挚恂、马融二人于后。其后至卷五均

---

① （清）王心敬：《关学编序》，《关学史文献辑校》，第61页。
② （清）王心敬：《关学编凡例》，《关学史文献辑校》，第65页。
③ 同上书，第66页。
④ 同上书，第65—66页。
⑤ 同上书，第66页。
⑥ 同上。

为冯氏原编。卷六增续明儒冯从吾至单允昌（号元洲）六人，附传七人（含文中附传王永春、王侣二人）；清代李二曲、王心敬二人，附传18人（含文中附传蔡启贤、张志坦二人）。概言之，王氏于冯氏《编》增续43人，传记人物达至91人。

（三）李元春《关学续编》

清道光间，李元春增续冯氏《关学编》并加以刊刻。是《编》，值得注意处有三：一是增补张载门人游师雄，持论以"游师雄受业横渠，载之《宋史》，学术为事功掩，然事功孰不自学术来？此疑为少墟所遗失也"①。此意甚明，源自学问之事功亦可为选录标准。二是据李氏序，在续冯《编》之前，已有中卫李得炯于冯氏《编》续补冯从吾、王建常（1615—1701，字仲复）二人。然而，今据王建常附传又存有关中俊、郭肯获二人，或为此时补入，故计为四人。三是书成于众人之手。李元春《序》云："编中，二曲以前补续者，予所录辑也；二曲及王丰川传，令及门王生维戊为之者也；马相九系马生先登之先，与同学诸人皆年过二曲，老始延二曲为师，一时皆称'夫子'，其学可知，即令先登为之传；孙酉峰、王零川近已皆入乡贤祠，则令吾儿来南为之传。"② 可见，增续编者有李元春、王维戊、马先登、李来南四人，李氏当总其事。

是《编》删减补续情况如下：删除冯氏《编》卷首孔门四贤及附传三人；增补宋代张载门人游师雄一人、明代刘玺等14人（含附传二人，文中三人）、清代24人（含附传11人，文中四人）。若合上述李得炯续补四人计，相较于冯氏《编》，删去七人，增续43人，总计载录人物84人。其中，冯从吾、李二曲、王心敬、马相九等亦为王心敬《续编》（包括周元鼎续）所载，属于重复载录，仅内容略有不同。游师雄、刘玺、刘儒、刘子诚、刘子諴、温予知、温日知、张国祥、赵应震、张舜典、盛以宏、杨复亨、王茂麟、刘濯、王宏

---

① （清）李元春：《桐阁重刻关学编序》，《关学史文献辑校》，第109页。
② 同上书，第110页。

度、谭达蕴、龙廷擢、王宏学、王宏撰、王巡泰、孙景烈等为王心敬《续编》所不载。

(四) 贺瑞麟《关学续编》

清光绪间,李元春高弟贺瑞麟(1824—1893,号复斋)又增续《关学编》。其序云:"惟尝于关学之人如刘伯容以下七人,久爱之慕之,口诵而手录之,置诸案头……然七人者,固关学之续也,柏君取而续之二续之后,将刻以公同志。"① 可见,贺瑞麟增续七人时参详于其友柏景伟,所增七人分别为清儒刘鸣珂、王承烈、张秉直、史调、李元春、郑士范、杨树椿。

值得注意的是,贺氏友人柏景伟将贺《编》与冯氏、王氏诸编合刊,并云:"冯恭定公《关学编》……公序其前,而岐阳张鸡山序其后,此原编也。丰川续之,则自少墟,以及二曲门下诸子。周勉斋即续丰川于其后。桐阁又续之,则于宋补游师雄,于明补刘宜川诸人,以及国朝之王零川。贺复斋又续七人,即列桐阁于其中,为《续编》三卷。丰川《编》,远及羲、文、周公,下及关西夫子而下,非恭定所编例,去之。"② 可见,柏氏所论不仅述及《关学编》增续历史,也指出王心敬《续编》不合冯从吾原《编》。换言之,柏氏在取贺氏《编》时也对王氏《续编》做了删减。如果合冯氏、李氏、贺氏三《编》,载录学者达 98 人。

(五) 张骥《关学宗传》

是书为清末四川双流学者张骥所撰。张氏三易寒暑,博采书籍多达 1300 余种,始克成书,可见是书编撰之艰辛。值得注意处有六:一是申明"关学开派,肇自横渠",且仿《汉学师承记》将张载之前开启关学之先的申颜、侯可附录于篇末。二是仿《圣学宗传》《理学宗传》《宋元学案》诸书体例,首录学者生平,间论其思想;次载学

---

① (清)贺瑞麟:《关学续编序》,《关学史文献辑校》,第 133 页。
② (明)冯从吾:《关学编(附续编)》,第 68 页。

者文章语录，间作按语。三是"以理学为范围"，但其间基于些许学者虽以名臣、吏行、文学闻世，但"学术深纯，粹然儒者，当与圣门四科之列，不得以其有政事、文学屏之儒门之外"①。可见，是书主以理学为选择标准，旁及某些名臣、吏行、文学。四是遵循前人以"关中"为限，即所谓"以地系人，纵讲关中之学，不是邦之人"，亦不载录。② 五是载录学者以故去为限，现存者不录。六是不立宗派，无论宗尚程朱还是陆王均作载录。

《关学宗传》虽择录标准较《关学编》及《续编》宽泛，但仍以理学为主要范围，且注重学者学问躬行，并以其繁富集关学学者传记之大成。概言之，其正传载录学者：宋代张载以下至郭绪（字天锡）八人，金代杨天德（字君美）、景覃、张建三人，元代张鼎以下至冯珵（字允庄）23 人，明代尚志（字士行）以下至王侣（字再复）121 人（含附传 15 人），清代自李二曲（颙）以下至刘古愚（光蕡）101 人（含附传 12 人），总计 256 人。

综上，自明末冯从吾至清末张骥，关学史著作迭相撰述，至《关学宗传》蔚然其盛；③ 其间遴选学者标准虽或渐有松懈，即择录个别事功、气节、名臣、文学，但皆以其学问或道德为依托；抑或有偏离，即王心敬《续编》载录长期生活于关中且殁于关中的非关中人董仲舒一人，但这一做法又为他书所不取。总体上看，诸关学史著述未尝背离冯氏开启的载录"理学诸先生"的标准，且以"关中产""以地系人"为载录范围。

三　"关学""关学史"研究述评

据以上所论，"关学"概念当突出地域性和理学内容，关学史亦

---

① （清）张骥：《关学宗传》，《关学史文献辑校》，第 147 页。
② 同上。
③ 另有张元际（1851—1931，曾从学于柏景伟、刘古愚、贺瑞麟）《关学编》三卷（参见张过《关中宿儒张元际》，《兴平文史资料》第 10 辑《兴平近现代人物》，政协兴平县文史资料委员会，1991 年，第 80 页）。是书尚未查访到，疑接续贺瑞麟《关学续编》，载录至其时代殁去学者。

当以此为标准载录学者。然而，新中国成立以来，学术界关于"关学"的界定及关学史的下限问题一直存在着分歧，拟分而论之。

（一）"关学"概念研究述评

新中国成立以来，学界对关学概念的解读，虽取得诸多进展，但亦出现某些过度或曲解的现代诠释。概言之，主要有四种观点：

其一，陕西地方学派说，以侯外庐、陈俊民、张岂之、龚杰等为代表。侯氏主编《中国思想通史》云："北宋时期陕西地方的关学，以张载为核心，形成了一个重要的学派。"并吸收黄宗羲之论，认为：张载"倡道于关中"，虽然"寥寥无有和者"，但缘于吕大钧"执弟子礼"，此后"学者靡然知所趋向"，甚至云"关学当时与洛学、蜀学相鼎峙"。[①] 此说虽较早研究关学学派，但以今日"陕西地方"论关学，则将关学涵涉的关中地域概念缩小。且又以"学派"论张载及其弟子之学，虽承认关学的理学特质，强调关学学派在张载之时出现，有别于洛学，但恰忽略对关学概念及关中理学史的考察。其后，陈俊民认为："关学是宋明理学思潮中由张载创立的一个重要的独立学派，是宋元明清时代今陕西关中的理学（即道学或新儒学）。"[②] 侯氏后学张岂之认为："所谓'关学'，是指由北宋时张载在今陕西关中开创的理学学派。"[③] 龚杰又云："关学是张载在陕西关中地区创建的理学学派。"[④] 显然，陈、张、龚诸人明确了侯氏对关学理学特质的认定，但又如侯氏般将关学之"关"视为今日"陕西关中"，以现代视域将关学范围人为缩小。这也是当前最为流行的观点，素被学界所采用。

其二，"关学"两层含义说，以张岱年、赵吉惠等为代表。张岱年认为："所谓关学，有两层意义，一指张载学说的继承和发展，二

---

① 侯外庐主编：《中国思想通史》第 4 卷（上册），人民出版社 1959 年版，第 545 页。

② 陈俊民：《张载哲学思想及关学学派》，人民出版社 1986 年版，第 1 页。

③ 张岂之：《从儒学认识今人精神历来来由》，《人民日报》2015 年 1 月 19 日。

④ 龚杰：《张载评传》，南京大学出版社 1996 年版，第 197 页。

指关中地区的学术思想"，并指出"明清时代，关中地区的学者大多在一定程度上都接受张载的影响，但也有一些复杂的情况"①。赵吉惠认为，"'关学'概念在历史上向来有广义与狭义两种不同理解与用法。广义的关学，泛指封建社会后期的陕西关中理学（儒学）"，而"狭义关学特指北宋时期以陕西关中张载为创始的理学或张载关学学派"。② 显然，二人均认识到张载之学与关中理学的区别，尤其是赵氏明确指出"关学"有广义与狭义之分。但是，张氏以关中"学术思想"广论关学，既未对关学做出时间上的限制，亦将关学作为"理学"的特质消解；赵氏虽然强调关学的理学特质，但又囿于以"陕西"限制"关中"的印象式论说。

其三，"张载及与张载学脉相通之关中理学"说，以刘学智为代表。认为："只要学术思想、学风相通、相合、相类或因其某一地域、某一时代所限者，皆可谓同一学派，其可以直接相承相继，亦可间接沿袭、传续，不一定非有师承门户不可。"③ 又说："以此为原则和方法，对冯从吾、王心敬、张骥等所撰相关关学史著作中提及的关中理学家进行必要而严格的筛选，也许对澄清关学源流、彰明关学思想特征有明确标识性意义。"④ 此说似对张岱年、赵吉惠狭义说的丰富和拓展，以张载学脉、学风特质论关学，坚持关学"理学"特质，在实践上也有助于深化对一些关学学者思想的深度解读，有其重要学术贡献；但是，仅以"张载及与张载学脉"为标准则无法涵盖明清关中理学发展实况。

其四，关学具有时间、空间和学传三重意义结构说，以林乐昌为代表。林说基于"北宋关学是单一的独立的学派，明清关学则是多元

---

① 张岱年：《〈张载哲学思想及关学学派〉序言》，陈俊民：《张载哲学思想及关学学派》，第5页。

② 赵吉惠：《21世纪儒学研究的新拓展》，社会科学文献出版社2004年版，第241—242页。

③ 刘学智：《儒道哲学阐释》，中华书局2002年版，第280—281页。

④ 刘学智：《关学及二十世纪大陆关学研究的辨析与前瞻》，《中国哲学史》2005年第4期。

的并生的学派"① 的理念，以"关学存续的时间范围""关中地域""学术传播和学术承接"界定关学的三维内涵。认为：（1）关学创自张载，但其"近代转型的实现便意味着其自身的终结"②。（2）接受了史念海"西自陇山、东至黄河的陕西中部"③ 的今日关中地域概念。（3）"关学的'学传'则包括张载之学的传播和后学的承接两个方面"④。此外，林乐昌强调在研究关学史时，"主要指以关中地域范围为尺度而划分的两种视角：一是超出关中地域范围之外的宏观视角，二是限于关中地域范围之内的微观视角"⑤。可见，林氏不仅如张岱年等人般看到明清时代关学学者思想的复杂性，而且以更细致的考察，试图提供一种具有较大涵括性的关学概念，并且注意到关学的异域流传及与其他学派的交往，有助于深化当前的关学研究；但其论依然将关学"理学"特质复杂化，且所采用的"关中"地域概念亦存在不确之处。

无可置疑，上述观点深化了关学概念的研究，尤其是揭示出张载和明清关中理学家在思想承续方面所呈现的非一贯性和复杂性；然而，受现代学术规范或学术思维定式的影响，上述诸说往往因追求概念的明确化、条理化而过度诠释了关学概念，将关学的"理学"内涵和"关中"地域特征复杂化，甚至产生一定的误解。

（二）"关学史"研究评述。

在上述明清关学史著作中，虽或以申颜、侯可开关学之先，或以儒学道统源自"孔门四贤"，乃至伏羲，但多以为关学"肇其横渠"，并载录学者至清末刘古愚。然而，值得注意的是，新中国成立以来，学界对关学史下限的研究出现多种歧说，主要有四：

其一，"宋亡渐归熄灭"说，以侯外庐、龚杰为代表。基于北宋

① 林乐昌：《张载理学与文献探研》，第156页。
② 同上书，第158页。
③ 同上。
④ 同上书，第159页。
⑤ 同上。

末年金兵入侵关中的情况，侯氏认为，张载之时，关学学派形成，至"北宋亡后，关学就渐归熄灭"①。其后学龚杰则提出，关学"上无师承，下无继传，南宋初年即告终结"②，甚至认为，张载门人"李复等也死于金兵之手，关学的传延从此中断"③。显然，龚氏申说侯氏观点，以张载门人卒年为关学下限。换言之，这与其理解的"关学"概念一脉相承，将关学视为张载及其弟子之说，故关学史下限必然仅至南宋初年。

其二，清初李二曲"致使关学'复盛'而终"说，以陈俊民为代表。认为北宋之后，关学虽然"衰落"了，但是并未"熄灭"，"而是出现了两种倾向，即'三吕'的关学'洛学化'和李复的关学'正传'发展"。在明代，又涌现出吕柟、马理、韩邦奇、冯从吾等学者，关学曾出现中兴的趋势。至清初，"李颙（二曲）用'儒学'代替'理学'，致使关学'复盛'而终"④。据此，在陈氏看来，北宋之后，关学屡经更替，至清初李二曲终结。显然，此论受学界所谓清初理学转向论的影响，过度强调儒学在不同时期发展的内在逻辑，忽视了理学在清代发展的持续性。

其三，清末刘古愚终结说，以武占江、林乐昌为代表。武占江认为："关学是由张载开创的关中理学。它经历了宋代奠基、元明维持、明清之际拓展直到清末结束三个阶段""李二曲将关学发展到理学与实学相结合的新时期。刘古愚在实学精神的推动之下，积极研究，宣传新学，从而结束了关学"⑤。其后，林乐昌明确提出："关学近代转型的实现便意味着其自身的终结。据此，应当选择清末关学近代转型的完成者刘光蕡（1843—1903 年，字焕唐，号古愚，陕西咸阳人）作为关学终结的代表人物"⑥。二人均以关学的近代转型为判断标准，

---

① 侯外庐主编：《中国思想通史》第 4 卷（上册），第 545 页。
② 龚杰：《张载评传》，第 206 页。
③ 同上。
④ 陈俊民：《张载哲学思想及关学学派》，第 10—48 页。
⑤ 赵吉惠、赵馥洁主编：《张载关学与实学》，西安地图出版社 2000 年版，第 431 页。
⑥ 林乐昌：《张载理学与文献探研》，第 158 页。

提出关学史下限至刘古愚。虽然此说吻合张骥《关学宗传》所载录学者的下限，也能关注到传统学术受西学影响而产生的变化，但是过度关注"旧学"走向"新学"的嬗变趋势，试图为关学制定出一个严格的界限，忽视了理学特质以及理学所具有的涵容"新学"的特征。

其四，清末民初牛兆濂为下限说，以刘学智为代表。认为"其实下限的划分本来就是相对的，严格地说，作为一个思想流派，其发展是不可能停止的，它是不断演进的。从这个意义上说，提出下限问题或许缺乏严谨性。不过，从总体上说，理学作为一个特定时代的思潮，它在清末以后已经基本解体，所以，作为与张载学脉相承的关中理学，也就会有一个发展下限的问题"，并以"关中大儒牛兆濂为关学下限是较为合理的"①。显然，此说看到下限划分的相对性，并以其"与张载学脉相承的关中理学"的关学概念，提出下限至清末民初的牛兆濂。实际上，以牛氏为下限仍是延续张骥所见或所闻且限于"生者"而未收的关学学者，但其所论标准已非泛义的理学标准。

显然，上述诸论对关学史断限问题进行了重要探索。值得注意的是，除了侯外庐、龚杰以张载门人卒年断限外，其他诸说或以理学的转向，或以"与张载学脉相承"为标准。然而，其所设标准仍属于现代诠释，并未符合历代关学史撰写的原则，即以"理学"为选录学者。关学史下限应断在何时？愚认为，仍应以"理学""关中"为标准，不宜遮蔽张骥撰《关学宗传》时"生者概不录"②之"生者"，甚至更后的关学学者，且不宜另设标准。张氏《关学宗传》虽载录至刘古愚，但认为，是时生者"以余所见，三水萧筱梅，艰苦卓绝似二曲。临潼郭希仁（1881—1923）明体达用类古愚。而所闻则有高陵白悟斋（遇道，1836—1926），蓝田牛梦周（兆濂，1867—

---

① 刘学智：《张载及其关学研究的方法论与研究走向探析》，《唐都学刊》2012 年第5 期。

② （清）张骥：《关学宗传》，《关学史文献辑校》，第 147 页。

1937），恪守西麓之传，皆关学之晨星硕果。然窃不知此外之尚有人焉否也?"① 可见，张氏之时，萧、郭、白、牛诸人亦可视为关学学者，故其感叹"茫茫绝绪，继续何人?"即期望后世仍可续写关学史载录诸人。事实上，关学史续传至何时何人，虽不可做出严格确定，但新中国成立后随着古代学术的现代转型及极"左"学术形态的影响，传统理学范式彻底消解，无疑关学下限当断在此前后。据愚所做调研，在上述萧、郭、白、牛诸人之后，牛氏弟子李铭诚（1880—1953，号穆轩，凤翔人）仍撰有《庇荫轩存稿》《修己以敬图》等，贺瑞麟弟子张元际（1851—1931，号仁斋，兴平人，先期曾从学于柏景伟、刘古愚）撰有《易以反身录》《孔子辑要》等，刘古愚弟子张鹏一（1867—1943，字扶万，富平人，曾从学于康有为）撰有《颜李学考》《公羊今释》《礼记今释》《孔圣事迹问答》等②，俨然理学家言；其他古愚门人张元勋（1863—1955，号果斋，兴平人）、宋伯鲁（1855—1932，字芝栋，兴平人）、赵玉玺（兴平人）诸人抑或有著述，或以修身本之理学。因此，愚以为，当以李铭诚、张元勋同时代关中学人为最后一代关学学者。

---

① （清）张骥：《关学宗传》，《关学史文献辑校》，第 146 页。
② 顾颉刚先生以"是关学之后劲也"论评张鹏一。参见《顾颉刚全集》第 25 册《顾颉刚读书笔记》卷 10，中华书局 2010 年版，第 281 页。

第二章　关学学术的历史嬗变

在中国古代学术史上，学者的思想特点与变化、学派及其学风的形成往往受到多方面因素的影响，但是国家的统一与分裂、政治的稳定与动荡、文化环境的持续与断裂，以及学者个人的境遇、学术承续和体认，无疑是其中最主要的原因。大致而言，关学学术的历史嬗变也离不开上述情况。以下以关学学人为主线，从较宏观的角度概而论之。

一　宋代关学

宋王朝的统一，结束了唐末五代以来的分裂动乱局面，为学术的发展提供了稳定繁荣的时代环境。然而，这种统一、稳定的局面，并未维持很久，至宋仁宗（1023—1063 年在位）时，边境战事又频繁起来，不仅西北边境不断遭受西夏的侵扰，而且每年宋王朝都要对辽进献大量的"岁币"，国内百姓的负担相当沉重，各种社会矛盾也逐渐激化。面对这种局面，范仲淹、李觏、王安石等人提出或主持了政治、经济、文化等方面的改革，期以挽救时局。在学术思想方面，魏晋以来兴起的佛道思想历经隋唐，宗派繁盛，理论高妙，广泛渗透于社会的各个阶层之中。而汉唐以来，儒家学者专注于对典籍的章句训释，"知人而不知天"，忽略或弱化了对义理的阐发。至宋初"大道精微之理"，儒家已不能谈，自然无法与佛道抗衡。"儒门淡泊，收拾不住"，知识分子普遍游心于佛道而不能自拔，儒学的地位受到严重的动摇。如何挽救日益衰落的儒学，构建精微之理以对付佛道，特

别是佛教的挑战，成为宋初儒家学者迫切需要解决的时代课题。

同样，上述问题展现于中国西北的关中地区，对关中学术思想产生的最大影响，无疑是关学的创立与崛起。张载为了解决社会上诸多学者"不知择术而求"的现实问题，带着"为天地立心，为生民立命，为往圣继绝学，为万世开太平"的强烈使命感，经过多年的心悟、俯读、仰思及教化实践，形成了以《易》为宗，以《中庸》为的，以《礼》为体，以孔孟为法的学术体系，并构建了以"由太虚有天之名，由气化有道之名，合虚与气有性之名，合性与知觉有心之名"为总纲的思想体系。在张载的学术生涯中有二处值得注意：其一，张载在38岁（1057）中进士之前，已对六经有较深刻的研究，尤其是《周易》。从其《横渠易说》中可看出，包括张载"成性"说在内的诸多晚年定论已经在这一时期萌生。另外，被后世朱熹所重视并发挥的"心统性情"理论亦形成于此后不久。其二，张载曾在多处任地方官，因倡导"以礼为教"而著称一时；又践行以"敦本善俗为先"的政治理念，使关中之风气一变为古。通过学术探索与教化实践，张载的思想不断走向成熟，尤其是在1071—1077年，张载经历了两次政治上的重大失意。在第一次失意后，张载便退居横渠镇，真正开始了他比较集中的讲学立说的生涯，并以崇礼重德而名重一时。许多学生慕名来学。张载弟子甚众，可考者有蓝田吕大忠、吕大钧、吕大临，武功苏昞、游师雄，三水范育，河东薛昌朝，洛阳种师道，关中潘拯，长安李复，诸城刘公彦，安丘田腴，古田邵清，邠州张舜民等，其中吕大钧、吕大临、苏昞、范育、李复等人，对关学的形成与发展起了重要的推动作用。

张载思想对后世具有重大影响，至少有以下三个方向的发展或回响：其一，李复继承了张载思想中重气和自然物象的特点。虽然这种思想传衍在中途出现低落现象，但是延至明清仍有学者存有类似思想。其二，"蓝田三吕"继承了张载思想中"重礼"和"中"的特点，并付诸实践。在"三吕"入洛后，在本体论方面，日渐向"天理"靠拢，这种思想道脉在后世影响甚大。其三，以后世关中学者为主要群体，在择取融合程朱理学与陆王心学的同时，充分挖掘儒学经

世致用的致思趋向，发展出实学的诠释路径，集大成者为清初李二曲，他所提出的"明体适用"之学，就是这种思想道脉发展的结果。

可见，张载关学在其发展历史上形成了诸多不同的思想路径。又因为关学学者面对的时代问题及其学术视域的不同，自然也形成了关学、宋明理学乃至整个中国哲学研究中的不同观点与道脉。以下仅就宋代关学中有突出地位的吕大临、李复略作说明。

吕大临（1040—1093，字与叔）乃吕大忠、吕大防、吕大钧之弟。张载殁后，学于程颐，与谢良佐、游酢、杨时并称为"程门四先生"。吕大临修身好学，博及群书、行如古人。通《六经》，尤邃于《礼》。在蓝田吕氏兄弟中，吕大临的思想最为深刻：论《易》，继承了张载易学"天人一体"的架构和程颐易学的传注形式，参证儒家典籍，推天道而明人道；论礼，则继承张载"以礼为教""知礼成性，变化气质"的思想，主张"存心治身""礼所以正心修身"的思想；论"中"，则提出了"居尊守中"的思想，并从人伦规定、社会秩序、精神境界等方面做出了深入探讨。总体看来，吕大临思想中既有张载关学独特的易道宇宙论，也存有二程识仁、体认天理的工夫趋向，展现出关学、洛学融合的特点。

李复（1052—1128，字履中），世称潏水先生，为关内一代名儒。李复的思想较为复杂：其一，论《易》，以天人合一为架构，继承和融合了太极元气说、张载易学及"太虚即气"等思想，着眼于"太极"与"气"的结合；又发明象数，会通义理，阐发哲学创见，诸如"万物生芸芸，与吾本同气"[1] 说。其二，论"养气"，主张从心性上充实涵养、"尽道极理"。并提出了"善学必探本，知本贵善养"[2] 的思想，认为："孟子云养气者，动必由理，故仰不愧于天，俯不怍于地（笔者案：《四库全书总目提要》中'地'为'人'），无忧无惧，其气岂不充乎？故曰：是集义所生者，舍是则明有人非，幽有鬼责，自慊于中，气为之馁矣，故曰无是馁矣。"这种思想深受

---

① （宋）李复：《物吾》，《潏水集》卷9，陕西文献征辑处1922年印本。
② （宋）李复：《杂诗》，《潏水集》卷9。

朱熹的褒扬，认为"此语虽疏然，然却得其大旨。近世诸儒之论多以过高而失之，甚者流于老庄而不知，不若此说之为得也"①。其三，论礼乐、郊社、制度、律吕等，力袪汉魏沿袭之糟粕；论天文历法，亦推步于当时。其四，注重学问的经世致用功能。认为立政须立本，立本要观时宜，进而以仁政民本等思想来阐述养民之政、兵制、井田及学校教育等。尤其值得注意的是，李复熟悉边情，曾参赞西北边事，成功策划反击西夏侵略的青唐、邈川等战役。又针对权臣奏请建造战船、战车等不切实际的政策，作了著名的《乞罢战车》《乞罢造船》二疏，抗命直谏，终令宋徽宗罢撤二役。此外，李复亦工于诗文，反对以洪笔丽藻之辞掩饰义理的现象，主张"为文须理胜"②，即为文须见人的道德性命之精神，强调不可以脱离明道的功用。

综上，宋代关学肇其张载，吕大临、李复等人承其续，兴盛一时。值得注意的是，此时的关学多谓张载之学，进而可延及与张载学脉相承的门人之学。

二　金元明关学

自北宋末年起，陕西相继沦陷于金、元（蒙古）的统治之下，尤其是关西一代，长期处于宋金对峙的前线，关中理学在战乱动荡中延续发展。虽然金、元立国均以武力征伐为要归，但是当入侵宋境之后，金、元统治者为了巩固自己的统治，不约而同地选择接受了汉文化，借鉴汉族传统的统治方法，将儒学及其与之利益攸关的意识形态、社会建制作为维护统治的有效工具。金初，政府即大兴学校，推行儒家教育，以儒家经义作为科举取士的标准；并将儒家《论语》《孝经》等经典翻译成女真文字。随之，发端于宋代的理学，尤其是程朱理学迅速在金统治区域传播开来。蒙古统治者在入主中原后不久，便大量擢用汉族士人，有意识地学习儒学。尤其在元仁宗皇庆二

---

① （宋）朱熹：《晦庵先生朱文公文集》卷71，《朱子全书》第24册，第3413页。
② （宋）李复：《与侯谟秀才》，《潏水集》卷5。

年（1313）恢复了科举取士制度，程朱理学被定为取士的标准。继后，朱熹《四书章句集注》逐渐成了科举考试的主要教材。至此，程朱理学乃正式上升为官方意识形态，并在全国得以迅速传播。同时，元代，书院极盛。关中兴建了鲁斋书院、横渠书院、正学书院等影响颇大的书院。在赵宋灭亡后，一些理学家基于民族气节，不愿仕元，纷纷退居讲学于各地书院，也有效地推动了元代理学的发展。尤为值得注意的是，在蒙古宪宗四年（1254），著名学者许衡（1209—1281，号鲁斋）应忽必烈之诏，出任京兆提学。许衡在关中大兴学校，提倡程朱理学，推动了关中朱子学的发展。总体看来，在金元时期，虽然关中没有形成严格的学派，但是涌现出了奉天杨奂之学，高陵杨天德、杨恭懿父子之学，奉元萧维斗、同恕之学。他们一方面注重传播程朱理学，另一方面又持守张载以来关中学者注重礼制、以礼为教及其崇尚气节的特点。其中，以杨奂、杨恭懿最为突出，故略作介绍。

杨奂（1186—1255，号紫阳）为元代关学的重镇，被时人誉为"关西夫子"。杨奂为人正直、颇重气节，"金末，尝作《万言策》，指陈时病，辞旨剀切，皆人所不敢言者，诣阙欲上之，不果。元初，隐居讲道授徒，抵户县柳塘，门生百余人"①。杨奂著述丰富，且论述博杂。诸如其论历代政权，总结出"德"（笔者案："德"当为"得"）、"传""衰""复""与""陷""绝""归"八种形式；论建筑古迹，则详细描述了北宋大内遗迹、孔林古迹等；论礼制，则尤为熟知朱子家礼神主之式。可见，杨奂不仅思想敏锐、注重讲学授业，而且是关学史上少有的以文献见长的学者。故元好问评价说："秦中百年来号称多士，未有出其右者。"②

杨恭懿（1225—1294，号潜斋）为元代关学的重要代表。其为学具有强烈的学以致用倾向。值得注意处，大致有以下数端：其一，注

---

① （明）冯从吾：《关学编（附续编）》，第 17 页。

② （金）元好问：《故河南路课税所长官兼廉访使杨君神道碑》，宋廷佐辑：《还山遗稿》附录，适园丛书本。

重史学，通过历史鉴观古昔兴亡之事。其二，博览群书，"尤邃于《易》、《礼》、《春秋》"。且耻为章句之儒，常思有纂述。其三，崇奉朱子理学。"年二十四始得朱子《四书集注》、《太极图》、小学、《近思录》诸书，读之喜而叹曰：'人伦日月之常，天道性命之妙，皆萃此书。今入德有其门，进道有其途矣。吾何独不可及前修踵武哉！'于是穷理反躬，一乎持敬，优游厌饫，俟其成功于潜斋之下。"① 其四，躬行礼教。杨恭懿治其父丧礼严遵《朱子家礼》，尽祛桑门之法。冯从吾誉之："三辅士大夫知由礼制自致其亲者，皆本之先生云。"② 可见，杨恭懿之学深得程朱学髓，穷理敬义，表里相贯；又具躬行实践、注重人伦纲常、推崇礼教的学风。

明朝建立以后，明政府承袭元代以程朱理学为正统之绪的传统，奉程朱理学为官方学术，以程朱注解为科举考试的标准，并颁修《五经大全》《四书大全》《性理大全》等理学典籍。自明初以来，程朱理学即已在全国占据独尊的地位。而这一时期的关学，虽不绝如缕，但无有力学者出现。直到明成化（1465—1487）之后，以王恕、王承裕父子开启，马理、韩邦奇、杨爵、王之士等人弘扬广大，"三原学派"开始名播关中，乃至在全国都产生了一定的学术影响。在思想上，"三原学派"一方面不再以朱子学为宗，而是通过体认、重新诠释《易》，进一步理解张载思想；另一方面进一步吸收了当时流行的王阳明心学，在很大程度上脱离了传统朱子学的束缚与金元关学宗朱的倾向，乃至采用名物训诂等方法对程朱理学进行反思与批评，成为既不同于朱子学，也不同于心学的学派。因此，"三原学派"被黄宗羲冠以关学"别派"之称。③ 总体上说，"三原学派"保持了躬行礼教、崇尚气节的学风，尤其是一些学者主张思想上回归张载，并对张载著作进行了诠释，这些皆具有十分重要的学术史意义。以下略加说明：

---

① （明）冯从吾：《关学编（附续编）》，第 19 页。
② 同上书，第 20 页。
③ （清）黄宗羲：《明儒学案》（修订本），中华书局 1985 年版，第 158 页。

王恕（1416—1508，字宗贯）一生身居要职，为政以安民为己任，不为权势所夺；且以直谏著称，闻名于时。弘治六年（1493），王恕致仕返乡后，在著书立言的同时，与其子王承裕创办了宏（又作"弘"）道书院，成为"三原学派"的创始人。王恕之学有两处值得注意：其一，注重体认，以求心安，尤其是对未能体认的朱子之说常加以辩驳，广泛涉及"理欲""中和""鬼神"等问题。其二，以"原儒"的方法回归孔、孟学说，溯源开塞，以求心得。王恕的学风和气节对三原士人的学风与世风均有重要影响。

王承裕（1465—1538，字天宇）之学大致有以下特点：其一，"以宗程、朱之学为阶梯，祖孔、颜以为标准"①。尤其注重对朱子"天理"观的吸收。其二，注重以礼为教。王承裕长期讲学于宏道书院，在教育生徒的过程中，以礼为先。黄宗羲谓其"冠婚丧祭必率礼而行，三原士风民俗为之一变。冯少墟认为：'先生之学，皆本之家庭者也。'"② 王承裕曾刊布蓝田《吕氏乡约》《乡仪》等书，教化乡人，极大地促进了三原世风、民俗的变化。王承裕门人有马理、秦伟、郝世家、雒昂等，以马理最为著名。

马理（1474—1555，字伯循），学者称为谿田先生，得王承裕之学要旨，为三原学派的重要传人。首先，其学力追古道，融会关、洛诸学派，重视笃行与身心体验。其次，"其教以主敬穷理为主，士无问少长与及门不及门，无不闻风倾慕者。先生又特好古仪礼，时自习其节度。至冠婚、丧祭礼，则取司马温公、朱文公与《大明集礼》折衷用之"，被当时学者尊为"今之横渠"③。马理晚年归隐讲学于商山书院，远近学者接踵而来，影响颇大，甚至名闻国外。

韩邦奇（1479—1555，号苑洛）与马理同时，且其影响甚至超过马理。其学有以下典型特点：其一，纠偏"理学"与"心学"。韩邦奇论《易》，深受朱熹易学的影响。但他对程朱理学又进行了广泛的

---

① （明）冯从吾：《关学编（附续编）》，第38页。
② （清）黄宗羲：《明儒学案》（修订本），第164页。
③ （明）冯从吾：《关学编（附续编）》，第47页。

反思，也不苟合于当时流行的"心学"思潮，放弃以"理""心"为宇宙和道德本体的思想。其二，回归张载思想，"论道体乃独取横渠"①。韩邦奇十分注重对张载气论思想的继承和发挥，认为"自孔子而下，知'道'者惟横渠一人"，并提出"道非太极""形而上之谓道，气而上之谓性"②等思想，将"天道""人道"相贯为一。其三，注重修养工夫。在韩邦奇生平中，以"涵养宏深，持守坚定，躬行心得，中正明达"著称，被时人誉为"又一薛敬轩也"③。

此外，著名的关学学者还有杨爵（1493—1549，号斛山）、王之士（1528—1590，号秦关）。前者提出"天命谓性，天人一理也""道不可须臾离，可离非道""中和，心之本体""致中和，止至善之云也"④等思想。后者主张效法蓝田吕氏礼教，立乡约，设科劝纠，并亲率诸宗族弟子教行洒扫应对、冠婚丧祭礼等，使乡里美俗复兴一时。

与三原学派同时，又有由薛瑄河东学派传播到关中的"关中之学"或"关陇之学"，该派也颇具影响，且一些学者在学术上也取得非凡成就，促使关学在明季大有勃兴之势。这一学派以薛敬之、吕柟为代表。

薛敬之（1435—1508，号思菴）师承周蕙，为明代关学重要学人。薛敬之为学上接孔、曾、思、孟，更于周、张、程、朱之学用力甚勤，广泛析论理、气、心、性等理学范畴。大致而言：其一，在宇宙论上，薛敬之深受周敦颐《太极图说》的影响，主张宇宙遵循"无极→太极→天地→五行→四时→人"的演化过程。其二，在人性论方面，承继了张载"天人合一"的思想，把气论与人性论联系起来，主张"仁义性也，离那气质不得。未有无气之质，未有无质之气，亦未有无气质之性"⑤。其三，在理气论上，薛敬之继承了朱熹"理一分殊"的说法，认为"一本即所谓太极涵万物也。分殊、万

---

① （清）黄宗羲：《明儒学案》（修订本），第166页。
② （明）韩邦奇：《正蒙拾遗·太和篇》，清嘉庆七年刻本。
③ （明）冯从吾：《关学编（附续编）》，第50页。
④ （清）黄宗羲：《明儒学案》（修订本），第168—169页。
⑤ 同上书，第135页。

殊，即所谓万物体太极也。合而言之，其太极而已"①。理和气是"体用一源，显微无间"的关系。但是，他又独特地提出了"存心说"，认为道德修养应该从"心""气"上着力，辨别何时"心主得气"，何时"气役动心"。因此，黄宗羲认为，其论中"一身皆是气，惟心无气""气中灵底便是心"，具有"岐理气而二之"的倾向，② 这也反映了其思想中的矛盾之处。

吕柟（1479—1542，号泾野）曾师事于薛敬之，宗薛瑄"河东之学"，秉承程朱理学，又从学于湛甘泉，切磋于王门弟子邹东廓，故而反映在吕柟的思想中，则展现了对孔孟仁学、张载之学、程朱理学、河东学派之实学以及甘泉心学等兼容并蓄，融会贯通。简而言之，其一，在本体论上，主张以气统合理、性。吕柟认为："理气无二物，若非此气，理却安在何处？"③ "盖性何处寻？只在气上求，但有本体与役于气之别耳，非谓性自性，气自气也。"④ "气"在吕柟哲学中不仅是变化生成的质料，也涵存理、性，起通贯作用。其二，在为学之方上，吕柟认为，应依循朱子以格物致知、博学于文、约之以礼为大要。其三，在知行观上，则深受张载躬行礼教思想的影响，主张在礼乐中陶养而进于道；同时，又不满意张载的"德性之知萌于见闻之知"的说法，主张二者是相辅而行的；亦反对阳明"知行合一""以知为行"的思想，强调"格物"即"穷理"，"先知后行"，以"知"指导"行"。其四，注重和发挥程朱的"慎独"思想，认为慎独是人不知而己独知处，装缀矫饰等一点也揆和不得。可见，在当时不归王阳明则归湛若水的心学潮流中，吕柟却立足朱子理学，博采诸家，以穷理实践为主，力斥阳明"良知"说之非；强调"博文约礼，归过辅仁"，笃实躬行，反对空疏之学风，力救时弊，具有鲜明的实学倾向。黄宗羲曾评价云："关学世有渊源，皆以躬行礼教为本，而泾野先生实集其大成""时先生讲席，几与阳明氏中分其盛，一时笃

---

① （明）薛敬之：《思菴野录》卷中，《关中丛书》本。
② （清）黄宗羲：《明儒学案》（修订本），第132页。
③ （明）吕柟：《鹭峰东所语录》，《泾野子内篇》卷13，第124页。
④ （明）吕柟：《鹭峰东所语录》，《泾野子内篇》卷12，第116页。

行自好之士，多出先生之门"。①

在吕柟之后，明代关学勃兴之势日盛，进入总成阶段。而这一时期，自明中期崛起的心学迅速发展，王学末流的空疏之弊也在关中蔓衍。最早把王阳明心学传入关中的学者是曾在绍兴为官的阳明弟子南大吉（1487—1541，字元善），此后关中又出现一些倡扬王学的学者，关中清算心学末流空疏学风的理论也应运而生。冯从吾、张舜典双峙并起，共同推进了明代关学的总成，并开启有清一代新的学风，其中又以冯从吾最为突出。

冯从吾（1557—1627，号少墟）受学于著名学者许孚远（1535—1604，号敬庵）。受许氏影响，冯从吾既主张"格物"，又崇信"良知"，进而"统程、朱、陆、王而一之，集关学之大成者"②。概言之：其一，在为学方面，冯从吾立足于程朱之说。认为："学问之道全要在本原处透彻，未发处得力。本原处一透，未发处得力，则发皆中节，取之左右自逢其原，诸凡事为自是停当。不然，纵事事点检，终有不凑泊处，此吾儒提纲挈领之学，自合如此，而非谓日用常行一切俱是末节，可以任意，不必点检也。"③ 其二，力辨儒佛异趣。冯从吾反对混淆佛老与儒、人云亦云似是而非之论，认为："佛氏所见之性，在知觉运动之灵明处，是气质之性；吾儒之所谓性，在知觉运动灵明中之恰好处，方是义理之性。"④ 并对晚明儒、佛在道体、心性、人性善恶等重大理论问题上的差异做了系统而全面的辨析。进而，从儒家道德心性方面坚定学术态度，崇正辟邪，力变风气。其三，在学风的传承和重建方面，冯从吾主张"敦本尚实"的实学，反对王学末流猖狂无忌惮的偏弊；主张为学须"有主"、贵"有得"，方能"深造以道"；发扬张载关学躬行实践、经世致用的传统，不仅对国计民生饱含深厚的关切，而且一生中坚持刚正不阿的坚贞气节。冯从吾生平重视讲学，四方从学者至五千余人，时人称之"关中杨伯

---

① （清）黄宗羲：《明儒学案》（修订本），第11页。
② （明）冯从吾：《关学编（附续编）》，第69页。
③ （明）冯从吾：《关中书院语录》，《冯恭定公全书》卷12，清康熙十四年刻本。
④ （清）黄宗羲：《明儒学案》（修订本），第985页。

起、张横渠、吕泾野三先生后，惟先生一人"①。

综上，明代关学，以王恕、王承裕、薛敬之等人开启复兴端绪，后经吕柟、韩邦奇等得以振兴；至晚明则由冯从吾等人对其做了初步的总结，将关学发展推向了一个新的高潮。

三　清代关学

清初，关学展现了诸多的时代气息。明清更迭，朱明王朝为农民起义军所推翻，神州大地旋即又被东北少数民族所主宰，士人在感叹"天崩地坼""神州陆沉"的社会巨变的同时，长期形成的强烈的民族感情迫使他们从社会、思想等各个方面反思明亡的惨痛教训。展现在社会层面，就是许多人面对无法改变的时局，仍坚持高蹈的士人气节、民族气节，对新王朝采取抵抗的态度，或以身殉国，或遁迹山林，或讲学乡间，等等。展现在思想层面，他们积极对以往学术思想进行反思和总结，无论是明王朝所推崇的官方哲学——程朱理学，还是自明代中期以来逐渐兴盛的陆王心学，都成为学术界反思的对象。辨析理学、心学成为学者们普遍关注的问题。而这一时期，关学学者对社会变迁的历史感受与认识、对理学与心学的吸收与取舍直接影响到关学学风的转向。以李颙、王心敬、康吕赐等为代表的关中学者，不仅表现出坚定的士人气节，而且在思想上突显出强烈的心学倾向，这也成为此一时期关学思想发展的重要特色之一。

李颙（1627—1705，字中孚，号二曲）与富平李因笃（1631—1692，字天生）、眉县李柏（1630—1700，字雪木，号太白山人），被时人并誉为"关中三李"②，又与黄宗羲、孙奇逢齐名，被并称为

① （明）冯从吾：《关学编（附续编）》，第74页。
② "关中三李"史有异说。王士祯《居易录》、张骥《关学宗传》《凤翔府志·儒林》以李楷（叔则）、李柏、李因笃为"三李"。然史多以李颙、李柏、李因笃为正。如《国史·儒林传》《眉县志》、吴怀清《关中三李年谱》、贺瑞麟《清麓文集祠墓记》等。王葵园《关中人物考略》云："李因笃与李中孚（李颙）及李柏称'关中三李'。或曰三李有叔则无中孚，论文章也。"另唐鉴《国朝学案小识》，钱林辑、王藻编《文献微存录》又载有以李颙、泾阳李念慈与李因笃为"三李"之说。

清初"海内三大儒"。李颙为人颇重气节，曾先后多次上书力辞清廷征辟，实在无法拒辞则或病卧不出，或以拔刀自刺相威胁。总体上看，其学术思想最为典型处有三：其一，注重兼收理学、心学。李颙弟子王心敬《关学续编》云："其生平论学，无朱、陆，无王、薛，惟是之从。尝曰：'朱子自谓某之学主于道问学，子静之学主于尊德性。自今当去两短，集两长。某生也愚，然如区区素心，则窃愿去短集长，遵朱子明训，敢执私意、昧公道，自蹈于执德不宏耶？'"① 虽然李颙之学能兼取"两长"，但是从其思想根基上看当属陆王心学。其二，"悔过自新"说。王心敬云："先生生平之学以尽性为指归，以悔过自新为心课，以静坐体认喜怒哀乐未发气象为知性之方，以读六经四子及诸儒之言、反身体验为穷理入门之要。"② 可见，"悔过自新"为李颙的核心思想，也是其工夫论进路所在。其三，"明体适用"说。李颙认为，"明道存心以为体，经世宰物以为用"③，即以"识心见性"为本、为先，突出"内圣"工夫，然后推之于"开物成务，康济群生"的"外王"之道。这种始于反身求己，归于践履的思想也把心学、理学与关学重实践的特质有效地统一起来，对关学的复兴确有大功，故全祖望称其"上接关学六百年道统，寒饿清苦之中，守道愈严，而耿光四出，无所凭借，拔地倚天，尤为莫及"④。李颙门人众多，知名者有鄠县王心敬，大荔张珥李士瑸，宝鸡李修，邠州王吉相，蒲城宁维垣，雒南杨尧阶、杨舜阶等，然而，能有效传其学者，首推王心敬。

王心敬（1656—1738，号丰川，又作沣川）之学多守师训，亦倾向于王学，且注重经世致用。清代学者多认为其学以《大学》"明德、亲民、止至善"为宗⑤，然而，此论仅揭示出王心敬之学的外在

① （明）冯从吾：《关学编（附续编）》，第87页。
② （清）王心敬：《丰川续集》卷25《泾周新创二曲先生祠记》，清乾隆三年恕堂刻本。
③ （清）李颙：《答顾宁人先生》，《二曲集》卷16，中华书局1996年版，第149页。
④ （清）全祖望撰，朱铸禹校注：《全祖望集汇校集注》，上海古籍出版社2000年版，第233页。
⑤ 周骏富辑：《清代传记丛刊》（013），台湾明文书局1985年版，第210页。

表征。实际上，王心敬之学以"全体大用，真知实行"① 为宗旨，即把心性论方面的道德本体与修养论方面的"工夫"（真知实行）有机地结合在一起。当道德本性落实到具体修养工夫之上，则避免了空谈心性；当修养工夫指向或回归到道德本性之时，则避免了旁骛徒劳。前者用以补救王学的空疏，后者用以补救朱学的支离，有效地解决了当时的程朱陆王之争："专尊陆王而轻排程朱，是不知工夫外原无本体""若专尊程朱而轻排陆王，是不知本体外原无工夫"②，消除门户之见。王心敬如其师李颙一样，曾讲学于大江南北，影响甚大，故而，唐鉴认为："关中之学，二曲倡之，丰川继起而振之。与东南学者，相应相求。俱不失切近笃实之旨焉。"③

康吕赐（1644—1731，字复斋）一生绝意仕途，欲昌明正学，深居数十年，与学者交往甚少，在当时影响不大；但是，康吕赐之学切实精详，深思掘微。《文献徵存录·康吕赐》称之"以致良知为宗，主慎独工夫，以体用一原，内外两忘为究竟。名其斋曰慎独，所著有《慎独斋日录》。虽居关中，而向往于姚江。说者谓与二曲先生旨趣不相歧也"④。可见，康氏以致良知为宗旨，以慎独为修养工夫，以达到体用一源、内外两忘的精神境界为旨归，其学当属于心学一脉。

实际上，在清初，朝廷也是延承元明政府以儒学教化治国的政策，推行科举考试，以程朱理学家的注解作为取士标准，程朱理学依然处于官方学术的地位，这直接影响到清初全国的学风。在关中，虽然李颙、王心敬、康吕赐等具有强烈心学倾向的学者影响较大，但与此同时，也存在王建常、李因笃等朱子学倾向的理学家。他们亦具有深远的影响，在他们的诗文中散见了诸多理学见解，不仅表达了他们生逢国变，痛斥朱子学空疏无用的思想；也透露出他们积极吸收心学和其他方面的资源，以补救朱子学之失的努力。可见，清初的关学学者，无论倾向程朱，还是陆王，都融入了时代思潮之中，共同推动了

---

① （清）王心敬：《丰川续集》卷1《示及门》，清乾隆三年恕堂刻本。
② （清）王心敬：《丰川续集》卷14《寄无锡顾杨诸君》，清乾隆三年恕堂刻本。
③ 周骏富辑：《清代传记丛刊》（002），第564—565页。
④ 周骏富辑：《清代传记丛刊》（104），第48—49页。

关学的发展。

随着清廷统治的巩固、汉化政策的有效推行，尤其是编纂和推广大量的儒家典籍，程朱理学的主导地位被日益提升和巩固，于是朱子学在关中的发展也甚为迅速，至清朝中叶已成普遍之势，并涌现出了张秉直、孙景烈、李元春等代表性的学者，他们以程朱为宗，又杂取诸家。略述如下：

张秉直（1699—1761，号萝谷）之学"于六经独重《四书》，《四书》尤重《论语》"，并认为："朱子，孔子之真传也，学孔子者宜学朱子。小学，朱子教人之书也。学朱子不读小学，亦不得其门而入矣。《论语》，小学之旨。学者有可持循，要之，明理尽性、希圣达天，俱不外是，舍是他求，不入于卑近，则流为空虚矣。"可见，张秉直之学恪守朱子，以《四书》及小学为根本，"以穷理为始，以知命为要"①。

孙景烈（1706—1782，号酉峰），其学宗朱子，恪守《四书集注》，"以求仁为要领，以主敬为工夫，以《小学》一书为入德之基"②。同时，又不废陆、王，认为阳明之学虽"稍偏"，但"偏在正学之中，不在正学之外"。孙景烈一生注重讲学，"先后主讲兰山、明道、关中诸书院，而以关中书院最为久"③。

相较于张秉直、孙景烈，李元春的影响更为巨大。李元春（1769—1854，号时斋）为推动关学不遗余力，著有《关学续编》。李元春的思想倾向于朱子学。在其《性理十三论》中，李元春详细论述了太极本无极论、主静立人极论、诚诵诚复论、几善恶论、太虚即气无论、乾父坤母论、为天地立心论、性合内外论、名实一无论、性即理论、学始不欺暗室论、知行先后轻重论、动止语默皆行论十三个理学命题。④ 其论述典型处，大致有二：其一，在阐述"太虚即气

---

① 周骏富辑：《清代传记丛刊》（003），第118页。
② （清）张洲：《皇清征仕郎翰林院检讨酉峰孙先生行状》，《对雪亭文集》卷9，清嘉庆刻本。
③ （明）冯从吾：《关学编（附续编）》，第109页。
④ （清）李元春：《桐阁性理十三论》，《清麓丛书》本。

无论"时，将张载气论，纳入朱学"理生气"的范型。其二，在知行问题上，李元春虽然赞赏朱子"知先行后""知轻行重"的观点，但是认为"知行为终身事，循环互用，亦知行合一说也"。可见，李元春十分注重对朱子学、张载关学与王学思想的吸收；但是，从整体上看，李元春属于朱子学者，对王学持反对态度。其弟子贺瑞麟称其"自少讲学即主程、朱，于心学良知之说辟之甚力"①。此外，李元春也是一位杰出的文献整理家，曾整理《关中道脉四种书》《关中两朝文钞》《关中两朝诗钞》和《关中两朝赋钞》等文献，这些文献对关学的研究颇有裨益。李元春毕生以讲学著述为务，造诣颇深，主要授徒于关中。王会昌、王维戊等均为其门下高足，然能传其学者当推三原贺瑞麟。

时到清末，关中传播程朱之学影响最大的当为李元春晚年弟子贺瑞麟。贺瑞麟（1824—1893，号复斋）之学，继承李元春之学，但较李元春更为宏大。贺瑞麟弟子牛兆濂评价其学云："信小学、《四书》如神明，遵横渠熟读成诵之说，严为己为人之辨，于心术隐微之际，反躬克己，学如不及。其日用伦常，自洒扫应对，以至冠婚丧祭，造次必以礼法，俾先王遗教，彬彬然见诸实行""其论学也，于阳儒阴释之辨，剖析微芒，不少假借。尝谓论人宜宽，论学宜严，三代以上，折中于孔子，三代以下，折中于朱子。又言程朱是孔孟嫡派，合于程朱即合于孔孟，不合于程朱即不合于孔孟，朱子之学明，然后孔子之道尊。"② 总体上看，贺瑞麟之学以程朱为准的，又以倡导张载礼教为己任，延讲古礼，教化风俗。同时，又力斥陆王，指责王阳明"良知"学说为阳儒阴释，乱真害道。此外，贺瑞麟还批判汉学与举业，认为二者均有害于圣道。贺瑞麟一生讲学颇久，故造就尤众。其弟子较著名者有蓝田牛兆濂、兴平马鉴源、华阴王守恭、泾阳柏堃等。

---

① （清）贺瑞麟：《李桐阁先生墓表》，《清麓文集》卷23，清光绪二十五年刘氏传经堂刻本。

② 牛兆濂：《续刻贺复斋（瑞麟）先生墓表》，李慧、曹发展注考：《咸阳碑刻》（下），三秦出版社2003年版，第725页。

然而在清末，虽然贺瑞麟在关中大倡程朱之学，建清麓精舍，讲习不懈，但是由于时代巨变，程朱理学普遍被僵化为"伪道学"等原因，关学的发展难以相较于清中期的盛况。加上清廷政治日益腐败，尤其是中日甲午之战之后，民族危机日益加深，众多的学者开始思考中国的未来问题，尤其是对西学的吸收；而心学的开放性也在某种程度上应和了这一时代要求。于是，关中心学思潮在这一时期日益转盛，以柏景伟、刘光蕡影响最大。

柏景伟（1831—1891，号子俊）之学趋陆王，但颇重实用。主张："学以恕为本，以强为用。强恕而行，则望于人者薄，而责于己者厚。"① 其友刘光蕡评价云："讲学宗阳明良知之说，而充之以学问，博通经史，熟悉本朝掌故，期于坐言起行。其学外是陈同甫、王伯厚，而实以刘念台慎独实践为归，故不流于空虚之滥。"② 柏景伟晚年主讲于关中、泾干、味经各大书院。又"与咸阳刘古愚创立求友斋，以经史、道学、政事、天文、地理、掌故、算法、时务助学教主省分别肄习。关中士风为之一变。重修冯定恭祠，刊其《关学编》，序而行之"③。柏景伟讲学授徒，严立风裁，爱惜贤才，注重教人敦品励行，造就颇众，使关中士风为之一变。其门下最知名者，莫过于醴泉宋伯鲁。

刘光蕡（1843—1903，号古愚）之学亦趋于王学，但更重实践。康有为评价其学其人云："以良知不昧为基，以利用前民为施，笃行而广知，学古而审时，至诚而集虚，劬躬而焦思，忧中国之危，惧大教之陵夷而救之，以是教其徒，号于世，五升之饭不饱，不敢忘忧天下，昧昧吾思之，则咸阳之刘古愚先生有之。"④ 康说精当！刘光蕡之学大致有以下特点：其一，学推姚江，会通洛闽，其学内不欺心，外能经世。虽取阳明本诸良知之说，但归于通经致用。并灌输新法新

---

① 周骏富辑：《清代传记丛刊》（104），第329—330页。
② （清）刘光蕡：《同知衔升用知县柏子俊先生墓志铭》，《烟霞草堂文集》，三原王典章民国间吴门刊本。
③ （清）张骥：《关学宗传》卷55《柏子俊先生》，陕西教育图书社1921年刊本。
④ （清）康有为撰：《〈烟霞草堂文集〉序》，《烟霞草堂文集》。

器，欲使官吏兵农工商各明其学，实行其事，借此富民强国。其二，在本体论上，刘光蕡持"元"本论，认为气在理先，气出于"元"，元者乃"气之母也"，故天地万物都出于"元"。其三，在心性论方面，刘光蕡虽然认为"在天为元，在人为性"①，又因为"元"具有"善性"，所以人之本性也就是至善无恶的。人之所以有恶，乃是由于"陷溺其心而昧其性也"。其四，注重经世致用，强调学以致用。他所谓的实学，非限于农事、兵谋等，而是深受西学影响，关注于科学器械及民主政治等。尤其是在维新运动之初，他在陕西积极响应康有为、梁启超变法，并派弟子陈涛、邢廷荚等前往北京、上海，与康有为商讨国是，一时有"南康北刘"之称。刘光蕡生平潜心于教育，曾主讲于泾干书院、味经书院、崇实书院、烟霞草堂、甘肃大学堂等处。其门下既有戊戌变法中的维新志士李岳瑞，又有辛亥革命的功臣于右任；既有水利学家李仪祉，又有报刊大家张季鸾。刘光蕡对近代陕西影响重大且深远，以致后世学贯中西的吴宓在"追溯师承渊源"时，感叹说"则于古愚太夫子不敢不首致其诚敬"②。

综上，笔者认为，关学史的发展在深受时代主流思潮影响的同时，又有自己的嬗变脉络。概言之，在北宋时期，关学创立。由于张载及其弟子的努力，其思想发展达到宋代理学的较高程度，与洛学齐名，即在关学史发展中出现了第一次高峰。洎夫南宋，关学零落，学者多专注于事功，其思想创新甚微、影响较小。乃至金元时期，虽偶有杨奂、杨恭懿等学者出现，但仍然持续南宋时期的低迷状况，其思想亦多承程朱遗绪，少有理论创新。时至明代，关学发展呈现出多元、变异的特色。自三原学派起，关学开始初步复兴。此时的关学主流呈现出一种变异的特点，既不以朱子学为宗，亦对王学加以批判；既注重体认，又出现回归张载思想的倾向。直至吕柟，宗学程朱之风大盛，关学勃兴之势日增。继后，冯从吾、张舜典双峙并起，共同推

---

① （清）刘光蕡：《孟子性善备万物图说》，《刘古愚先生全书》，民国间三原王典章思过斋苏州金陵刻本。

② 吴宓撰：《空轩诗话》，吕效祖主编：《吴宓诗及其诗话》，陕西人民出版社1992年版，第216页。

进了明代关学的总成，再现了关学发展的繁荣景象。清代关学，大家云集，其思潮也不断转化，高潮迭起。清初，虽然在全国范围内朱子学兴盛，但关学中出现了李颙、王心敬、王吉相、康吕赐等具有强烈心学倾向的学者。直至清朝中叶，张秉直、孙景烈、李元春等学者的出现，关中学术普遍宗尚程朱之风方确立，由清末贺瑞麟总其大成，其后牛兆濂（1867—1937）、张元际（1851—1931）、张元勋（1863—1955）、李铭诚（1880—1953）等承其续。然而，清末随着柏景伟、刘光蕡等应时而起，心学以其开放性成为关学对接西学和其他学术的思想源泉，而盛极一时。值得注意的是，新中国成立前后，由于古代学术的现代转型及极"左"学术形态的影响，传统理学范式逐步消解，至张元勋、李铭诚等学者，作为古代学术范式的关学逐渐退出历史舞台。

上 篇

宋代关学

第三章　张载工夫论研究综述

作为宋明理学的主要奠基人和开创者，张载的思想历来都是学术界研究的重点之一，但同时也是争论较多的，这主要体现在对张载"太虚即气"命题的解读上，就有"气本论"和"太虚本体论"等说法，至今尚无定论。事实上，不仅在本体论上，在张载的人性论与工夫论上学者也存在着诸多争议。以下就从"变化气质""大心与虚心、尽心""知礼成性""自明诚与自诚明"和"张载与二程工夫论之比较"五个方面来考察以往张载工夫论研究中所存在的问题。

一　"变化气质"

（一）何以要"变化气质"

"变化气质"是张载工夫论的首要问题。张载说："为学大益，在自求变化气质，不尔皆为人之弊，卒无所发明，不得见圣人之奥，故学者先须变化气质。"（《经学理窟·义理》）其弟子吕大临亦指出，张载讲学时，"学者有问，多告以知礼成性、变化气质之道，学必如圣人而后已"[1]。可见，在张载看来，要成就德性、迈入圣域，学者要做的工夫便是"变化气质"。

那么，为何要"变化气质"？对这一问题的回答学术界有两种截然不同的观点：

一是认为张载所讲的"气质"或"气质之性"是恶的来源，它

---

[1] （宋）吕大临：《横渠先生行状》，《张载集》，中华书局 1978 年版，第 383 页。

遮蔽了人身上先天具有的至善的"天地之性"，故必须通过"变化气质"来克服其中恶的因素，以恢复本有的"天地之性"。持这一观点的较多，如张立文认为"气质之性""既有善的一面，也是恶的来源"①。劳思光也认为，张载以气质为恶的来源，他说："就'性'而言，无不善矣；何故'性未成，则善恶混'，自是有外来之'恶'搀入；此外来之'恶'即来自'气质'。"②林乐昌也指出，"气质之性对天地之性的'蔽塞'和'缠绕'，尤其是气质之恶对天地之性的损害，使性之价值本原掩而不彰"③，造成了现实之人性善恶混同的状态。程宜山、杨立华、胡元玲、彭雅玲以及王慰等人亦持这种观点。④

二是认为气质本身并不具有善恶的属性，但气有清浊昏明的不同，故其在作用上会产生恶，如情感、欲望的发用不当或不中节等都会遮蔽"天地之性"的呈现，因此需要通过"变化气质"来改变气质中偏杂的成分，使气变得清通湛一起来。黄秀玑指出，从形而上学来说，至善是唯一独立存在的本体，"这个形而上超越的境界，没有所谓恶的存在"⑤，"气"或"气质之性"本身是非道德性的，或者说，在其本来状态上没有道德伦理上的善恶之区别。善和恶的道德问题，对张载来说，乃是受人自身情欲和客观环境的不良影响而产生的。蔡仁厚也认为，张载讲的气质并不是恶的来源，人们在从事道德实践时，必须"变化气质"，是因为气质有各种偏杂成分，会限制性体的呈现。⑥林永胜则详细分析了张载的"变化气质"说与"恶的来源"问题，指出张载所说的气质只有材质上的美恶而无道德意义上的

---

① 张立文：《宋明理学研究》，人民出版社 2002 年版，第 225 页。
② 劳思光：《新编中国哲学史》（第 3 卷上），广西师范大学出版社 2005 年版，第 140 页。
③ 林乐昌：《张载成性论及其哲理基础研究》，《中国哲学史》2005 年第 1 期。
④ 程宜山：《张载哲学的系统分析》，学林出版社 1989 年版，第 80 页。杨立华：《气本与神化：张载哲学述论》，北京大学出版社 2008 年版，第 129 页。胡元玲：《张载易学与道学：以〈横渠易说〉及〈正蒙〉为主之探讨》，台湾学生书局 2004 年版，第 166 页。彭雅玲：《张载变化气质说管窥》，葛荣晋等主编：《张载关学与实学》，西安地图出版社 2000 年版，第 98—99 页。王慰：《论张载变化气质之功夫》，《广西社会科学》2011 年第 2 期。
⑤ 黄秀玑：《张载》，台北东大图书公司 1987 年版，第 99 页。
⑥ 蔡仁厚：《宋明理学·北宋篇》，吉林出版集团 2009 年版，第 124 页。

善恶，气质的"恶"表示的只是一种限制性概念。而气质之所以需要变化，乃是因为其在作用上会产生善恶，因此必须为善去恶，以突破气质的限制和转换个体的气质。① 刘纪璐亦认为，气的局限性本身并不是恶的来源，相反，"气质之性""与天地之性相通相应"②，张载坚持的还是孟子一系的性善论，而恶是来自情的发用不当、不中节以及后天的习气等。

既然"变化气质"就是通过修养工夫来改变个体所禀受的气质中偏滞的一面，使之清通湛一，变得美好起来。但对于"变化气质"即气质改变后如何能朗现"天地之性"，与本体相合，却因为对张载本体论的理解不同而存在两种看法：

一是太虚本体论的解释，认为经由"变化气质"工夫后，气与"太虚"本体是一种"体用不二"的圆融关系。杨儒宾指出，张载哲学实际上是一种体用论哲学，"太虚"是形而上的道德本体，"气"或"神"则是"太虚"的功用，在"体用一如"的架构下，张载的"气"可以上下其讲，"其胜义即为本体之作用；其经验层意义，则指构成万物的形构之性的形下之气。张载的'气'字纵贯而下，二义兼备，但以前者为主"③。"变化气质"后，个体气质的发用流行即是本体之如如呈现，二者同质同层，体用不二，此时的气与"太虚"本体乃是"诡谲的同一"④。

二是气本论的诠释，认为"变化气质"所言之气与清通无碍的太虚之气只是一种"一而有分"的关系，通过改变气质中浑浊的成分，就能够使其转化为清通的太虚之气。陈政扬指出，在表示"真实存在"的意义下，"太虚"与气是一，"太虚"是气之本然，也是一切存在的价值之源，人的"天地之性"便根源于此清通无碍的太虚之

---

① 林永胜：《恶之来源、个体化与下手工夫——有关张载变化气质说的几个思考》，《汉学研究》2010 年第 28 卷第 3 期。

② 刘纪璐：《张载与王夫之的道德心理哲学》，《社会科学》2011 年第 5 期。

③ 杨儒宾：《变化气质、养气与观圣贤气象》，《汉学研究》2001 年第 19 卷第 1 期。

④ 同上。关于张载工夫论的进一步讨论见杨儒宾《两种气学，两种儒学》，《台湾东亚文明研究学刊》2006 年第 3 卷第 2 期。

气。而从气化生物来说，具体的个物虽然都是由太虚之气通过自我转化的活动而形成的，但却与"太虚"有着清浊、昏明之分，故只能称之为"气"，而不能称之为"太虚"。因此，当个体"变化气质"后，其气就会变得清通无碍起来，转化成太虚之气，从而朗现出"天地之性"①。

但是，气质改变后是否就意味着张载所说的"成性"，亦即个体德性的养成而上臻圣人境界了，或许以上说法已暗含了这一结果，但杨立华则认为，"变化气质"只是德性修养的初阶，"成性"的一个环节，并非为学的根本目标。② 林乐昌也把"变化气质"看作属于最低层次的学者阶段的道德实践工夫，只是张载"成性"过程中的一个阶段，而非道德修养的最高目标。③

（二）"变化气质"与其他工夫的关系

"变化气质"究竟是张载所说的修养工夫的一种还是各种工夫的总纲，其他工夫都是围绕着"变化气质"而来的，目前对此也有不同看法。

一是认为"变化气质"只是张载诸多工夫中的一种工夫，或者说仅属于学者的工夫。杨立华指出，"成性"才是张载治学的根本目标，而"变化气质"只是"成性"的一个环节，此外还需要别的修养工夫，如心之弘大与谨敬、"穷理""尽心"（即"大心"）、博文约礼等。④ 郭晓东也认为，"变化气质"只是学者上达天德的入手工夫，仅是工夫的一部分而已，除此之外，还需要"明天理"即"穷理"等。⑤ 林乐昌则把张载的道德实践论（成性论）划分为三个不同阶段，即学者、大人（贤人）和圣人阶段，而每一阶段的工夫形态

---

① 陈政扬：《张载思想的哲学诠释》，台北文史哲出版社 2007 年版，第 48—55 页。
② 杨立华：《气本与神化：张载哲学述论》，第 129 页。
③ 林乐昌：《张载成性论及其哲理基础研究》，《中国哲学史》2005 年第 1 期。
④ 杨立华：《气本与神化：张载哲学述论》，第 126—141 页。
⑤ 郭晓东：《从"性"、"气"关系看张载、二程工夫论之异同》，《台湾东亚文明研究学刊》2009 年第 6 卷第 1 期。

亦不相同，"变化气质"与"知礼成性"则同是张载教学的工夫形态，也是学者道德修养的两个方面要求："'知礼'能够从正面'滋养'人的德性根据，而'变化气质'则是要化除人性中的负面因素亦即过、恶及其根源。"①

二是把"变化气质"看作张载工夫论的总纲。陈政扬指出，"超越气质限制的种种工夫，皆是为了'变化气质'""'变化气质'并非张载众多道德修养工夫之一，而是其工夫论之总纲"②。

（三）"变化气质"的具体方法

张载有两段关于"变化气质"的纲领性文字，一曰："变化气质。孟子曰'居移气，养移体'，况居天下之广居者乎！居仁由义，自然心和而体正。更要约时，但拂去旧日所为，使动作皆中礼，则气质自然全好。"（《经学理窟·气质》）二曰："修持之道，既须虚心，又须得礼，内外发明，此合内外之道也。"（《经学理窟·气质》）可见，这两段话都明确从心的涵养和礼的持循两方面来说明如何"变化气质"，这也就是张载所说的"合内外之道"。因此，不少学者把"持礼"和"虚心"（或"大心"）看作张载"变化气质"的两种具体修养方法。如杨儒宾认为，张载"变化气质"的方式有二：一是以礼规范身心，动作皆中礼。二是"虚心"亦即"大心"。因为"虚"指涉的是道体与圣人境界，故要使心"虚"，就需要扩充此心之"天德良知"（即"大心"）至于虚明，与"太虚"同体。前者是后天的"以礼化气"工夫，后者则是"先天的心学"工夫，两者不可偏废。③林永胜认为，"气质之性"可以变化但没有下手之处，要"变化气质"只有在心与情上下工夫，其具体途径：一是"心和而体正"，二是"使动作皆中礼，则气质自然全好"。前者是对心的修养（"虚心"），后者是对礼的讲求（"得礼"），即用礼来调摄情，以

---

① 林乐昌：《张载"心统性情"说的基本意涵和历史地位——在张载工夫论演变背景下的考察》，《哲学研究》2003 年第 12 期。

② 陈政扬：《张载思想的哲学诠释》，第 186 页。

③ 杨儒宾：《变化气质、养气与观圣贤气象》，《汉学研究》2001 年第 19 卷第 1 期。

"虚"来涵养心，二者内外合一，才能使气质得到变化。① 陈弘治也认为，张载的"变化气质"之道属于内外交修，"所谓内外交修，就是于内虚心存诚，于外循礼持敬。如此，则涵养的工夫便可说很完密了"②。此外，范寿康亦认为，在张载那里，"变化气质"有两种方法："第一，要个人的动作合乎礼，第二，要虚心。前者是形式的，外表的；后者是精神的，内部的。"③ 程宜山也指出，张载道德修养的基本方法是将"虚心"与重礼结合起来，"虚心属于主体方面的修养，得礼则是在主体与客体关系方面的修养"④。杨立华则比较强调"虚心"，认为"气质之改变只不过是'虚心'的外在表现而已"⑤，故"虚心"是"变化气质"的根本，所谓"虚心"就是克去己私，无意、必、固、我。

不过，以下对张载"变化气质"方法的认识则超出了"虚心"与"知礼"这两方面的内容，而更多地认为张载所说的"强学以胜其气习"（《张子语录下》）也是"变化气质"的一项十分重要且必须的工夫。葛艾儒即指出，张载强调的是通过"学"来移易气质，制服人身上如褊狭之类的恶的气质。就"学"的内容来说，首先要学礼，其次是读书，因为"治学的人必定要让他的行为符合礼的规范，以便获取他的天性，而且必须研习经籍，以便寻求其中所蕴含的常理"⑥。台湾学界也多强调"变化气质"与"学"的关系。如罗光认为，张载教人改变气质，实行的途径有二："一是学问，一是守礼。学问即是求学，以达晓天理，而又学习改变气质的工夫"，守礼则是实践的重要工夫，"礼可以范围人的行为，正人的心，克

---

① 林永胜：《恶之来源、个体化与下手工夫——有关张载变化气质说的几个思考》，《汉学研究》2010 年第 28 卷第 3 期。

② 陈弘治：《张载》，王寿南主编：《中国历代思想家》（一），九州出版社 2011 年版，第 189 页。

③ 范寿康：《中国哲学史通论》，武汉大学出版社 2008 年版，第 266 页。

④ 程宜山：《张载哲学的系统分析》，第 126 页。

⑤ 杨立华：《气本与神化：张载哲学述论》，第 132 页。

⑥ ［美］葛艾儒：《张载的思想（1020—1077）》，上海古籍出版社 2010 年版，第 98 页。

制情欲"①。黄秀玑指出，如何变化人的"气质之性"而返回原来的
"天地之性"，从张载所着重的来看，有三个方面：第一，学习是变
化气质的必须途径。这是因为除了情欲对天地之性的蔽塞外，气质之
所以为恶，是因为不知"学"，也就是说，一个人应当在其行为上有
知识。第二，"诚"是道德修养的必需德性。因为天性不仅是善，也
是诚。既然人的义务是寻求与天合一，人也必须有诚。故"诚"能
够使学者变化自身的气质之性，一步一步往上返回天地之性的至善领
域。第三，是"礼"这个伦理概念，因为"诚"必须在礼的行为上
表现出来。简言之，"道德生活应有内在的学问和诚的品性以及礼的
实践，这三方面是俱全的"②。彭雅玲则将张载的"变化气质"之道
分为以下几个方面：改陋习、去旧见、节人欲、诚意、正心、养气。
并指出守礼为学可以帮助正心，养气也要多读书，并顺着礼行事。③
郭宝文认为，张载的"变化气质"工夫有以下三种：一是"大心"。
"大心"就是要认识到天地万物为一体，将宇宙万物视为与自己息息
相关的整体，而要"大心"，就必须去除成心、私意，亦即要"虚
心"，克服意、必、固、我。二是博学。博学的目的是要透过认识书
中义理来维持此心、涵养德性。三是重礼。礼可以滋养人的德性，能
够去除不良习气的缠绕与遮蔽，使人的善的天性得以显露。总之，张
载的工夫论是"内能够虚心、大心，外又能以礼护持此心，再加上博
学之工夫，内外交相修养，使此心能回复且能护持天命之善"④。陈
政扬将张载"变化气质"的具体工夫分为以下几个方面：一是
"学"，主要是指读书与博学；二是"克己与集义"，"克己"既包括
对情感欲望的节制，还意味着对成心私意的扫除，而经由时时克己的
工夫以变化气质来呈现自己的天地之性，也就是孟子所说的"集

---

① 罗光：《中国哲学思想史·宋代篇》（上），台湾学生书局1984年版，第210、211
页。

② 黄秀玑：《张载》，第107页。

③ 彭雅玲：《张载变化气质说管窥》，葛荣晋等主编：《张载关学与实学》，第100—
104页。

④ 郭宝文：《从〈横渠易说〉到〈正蒙〉：张载论本体之一贯脉络——兼论张载与戴
震气学进路之差异》，《淡江中文学报》2010年第23期。

义"；三是"以礼持性、知礼成性"，在日常生活中依据礼仪节文而言谈动止，将有助于人持守本性，克制习气，滋养德性；四是要"大其心"，即通过"心御见闻"与"化除成心"来体天下之物。①

此外，大陆学界如张立文也认为，张载"变化气质"的方法包括虚心学习，他说："学能移易其性，这便是'为学大益'和'虚心相表里'的意思，叫做'必学至于如天则能成性'。"②龚杰指出，学习对"变化气质"、去恶从善是至关重要的，因此张载提出了许多关于学习的方法，如"言有教，动有法；昼有为，宵有得；息有养，瞬有存"（《正蒙·有德篇》），提出持久与顿悟相结合的学习程序，以及学习时应该注意防止的四种偏向，即"学者四失：为人则失多，好高则失寡，不察则易，苦难则止"（《正蒙·中正篇》），等等。③王慰认为，张载"变化气质"的工夫包括以下几个方面：一是强学，学能够立人性，辨善恶，使人懂得做人的道理。二是知礼、守礼。三是立志与养气。"立志"是"变化气质"的方向，同时也是"变化气质"的动力。"养气"则需要通过日常生活中的集义，即时时改恶迁善来实现。四是虚心。"虚"是"变化气质"的形上学根据，"虚心"就是去除"成心"，排除意、必、固、我。④

另外，也有一些学者的看法与上述观点有所不同，如郭晓东认为"变化气质"与"虚心"是两种交相为用、各不相同的工夫。其中，"变化气质"指的是学礼、知礼，也就是"知礼成性"或"以礼性之"（具体内容包括"克己"与持敬）。而"虚心"（即"大心""尽心"）则是"变化气质"之外的另一种工夫。⑤胡元玲则认为，张载的为学工夫可分为"穷理"与"尽性"，或者说"致知"与"涵养"两方面。就穷理而言，有"见闻之知"与"德性之知"之不同；就

① 陈政扬：《张载"大心"说析论》，《东吴哲学学报》2008 年第 17 期。又见陈政扬《张载思想的哲学诠释》，第 187—189 页。

② 张立文：《宋明理学研究》，第 226—227 页。

③ 龚杰：《张载评传》，第 107—110 页。

④ 王慰：《论张载变化气质之功夫》，《广西社会科学》2011 年第 2 期。

⑤ 郭晓东：《从"性"、"气"关系看张载、二程工夫论之异同》，《台湾东亚文明研究学刊》2009 年第 6 卷第 1 期。

"尽性"来说，则包括"以礼持性""变化气质""刚壮果敢""定静存心""勉勉不已""无心绝四"等。①

总之，虽然以上观点和看法不尽相同，但其中也有一些共同之处，比如从总体上仍是强调张载所讲的"合内外之道"，而且各种说法基本上都突出"虚心""大心"、持礼和读书对"变化气质"的重要性。

（四）"变化气质"与"礼"

为什么"变化气质"需要学礼、守礼？这里有四种不同的认识。

一是从主体意志方面来强调礼的重要性。杨儒宾认为，"成性"是张载工夫的终点，"不管尔后到底还有多少事在，到达此目标的路途相当遥远。在途中，学者单靠其主体的意志，力道往往不足，因为人的一身，气习缭绕，气质痼弊，层层添加，极难涤净"②，因此学者还必须"鞭辟至于齐，强学以胜其气习"（《张子语录下》），"强学"就要学"礼"，即人在初学阶段无法自作主宰时，可以通过持守礼仪来收敛体气，使人"守得定"。但同时，杨儒宾也指出，礼作为公共的规范，就必然带有社会性，也就是说，当个体通过学礼、守礼来"变化气质"时，其"变化气质"的过程以及结果，必然会受到社会的制约，从而形成的人格形态是不相同的，如孟子、象山为一路，颜回、明道为一路，曾点、白沙为一路。③

二是从知与行、道德认识与道德实践的关系来说明礼在"变化气质"中的重要意义。邵显侠指出，张载讲的"知"是作为"成性"的一种方法，求善的一个手段，因而是伦理化了的"知"，也就是说张载的知识论与伦理学是统一的，而"礼"则是这一统一体的基础，因为"'礼'不过是'知'的外化，是'天理'、'天道'在现实生活中的体现""知""只有与'礼'结合，并通过'礼'才能扩充于

---

① 胡元玲：《张载易学与道学：以〈横渠易说〉及〈正蒙〉为主之探讨》，第191—203页。

② 杨儒宾：《变化气质、养气与观圣贤气象》，《汉学研究》2001年第19卷第1期。

③ 同上。

善，进而达到圣人境界"①。林乐昌强调，"知礼"是"变化气质"的前提，认识和把握了礼（"知礼"），还要在日用常行中去践行礼，"使动作皆中礼"，这样才能以礼成就德性。②

三是从礼与情的关系来说明礼对"变化气质"的重要性。林永胜认为，"虚心"与"得礼"是张载"变化气质"的两种具体工夫，而之所以强调礼，是因为礼乐的制作与情感的调节有着极为密切的关系。个体的情感如果无法适当抒发，或者抒发太过，就会使个体背离其本然状态，这时就需要用礼来调节情，使情能够发而皆中节，保持中和的状态，"而个体的情与气又具有连续性，情是体气的外应状态，故当个体的情长期处于中和状态时，情会回过头来影响其体气，使体气也达到平和的状态"③。

四是从礼本身来强调学礼、守礼的重要意义。林永胜认为，一方面，礼学的实践可以除去平常的习熟缠绕，"拂去旧日所为"；同时学礼可以使学者"守得定"，有一个依循的方向，能够时时提摄此心，不至半途而废。另一方面则因为礼是圣人依人之情而作，故学礼可以使学者集义、滋养德性。总之，礼出于性与天道，因此能守礼即能成性。④ 此外，杨儒宾也指出，对张载来说，"礼"本于天，出于性，内在于心，而在"体用一如""即体即用"的架构下，礼就是道体的体现，故"礼"可以"持性"。⑤ 同样，邵显侠也认为，"礼"既是天地之德，又是人的本性，这样，守礼就等于保持自己的本性，礼也就成了个体道德得以圆满的前提。况且，"礼者理也"，礼即"天理"，故

---

① 邵显侠：《论张载的"知礼成性"说》，《哲学研究》1989 年第 4 期。

② 林乐昌：《张载成性论及其哲理基础研究》，《中国哲学史》2005 年第 1 期。张载所注重的礼之作用并不仅限于工夫论上的"变化气质"，而是涉及更为广泛的层面，详细讨论参见林乐昌《张载礼学论纲》，《哲学研究》2007 年第 12 期。他将张载之"礼"分为"成德践行之礼""社会教化之礼"和"养民治国之礼"三个层面，具体发挥着成就个体德性、以礼化俗和养民、治民的作用。

③ 林永胜：《恶之来源、个体化与下手工夫——有关张载变化气质说的几个思考》，《汉学研究》2010 年第 28 卷第 3 期。

④ 同上。

⑤ 杨儒宾：《变化气质、养气与观圣贤气象》，《汉学研究》2001 年第 19 卷第 1 期。

守礼就是遵循"天理"，也就能"变化气质"以"成性"了。①

二　"大心"与"虚心""尽心"

张载在《大心篇》中指出："大其心则能体天下之物，物有未体，则心为有外。"那么，何谓"大其心"？"大其心"是否就是张载所说的"变化气质与虚心相表里"（《经学理窟·义理》）的"虚心"，或者是孟子讲的"尽心"，对此目前也存在着诸多分歧。

（一）"大心"与"尽心"

首先，在不少学者看来，张载所说的"大心"即是孟子的"尽心"，但各人对"大心"和"尽心"具体含义的理解则不同。

一是从"不以见闻梏其心"和充分发挥心的思维作用来理解"大心"与"尽心"。陈来指出，在张载看来，"要对宇宙和万物有所了解，就须努力扩展自己的思维，超越感官的局限，以彻底发挥思维的能动作用，这就是尽心，也叫做'大心'"②，而由"大心"所得到的知识即是"德性所知"或"诚明所知"，亦即人的理性认识。方旭东也认为，张载所说的"大心"即"尽心"，"尽心就是用心去体一切事物。要使心能够体认到一切事物，就要大其心，即不以闻见梏其心。因为宇宙是无限的，所以，心也不能有所局限，这样才能与宇宙相合"③。简言之，"尽心"或"大心"就是要充分发挥心的功能和作用。杨立华指出，所谓"尽心"即充分发挥心的虚灵妙用，"而充尽其虚灵妙用的至神之心，与其大无外的天心是同一的，从而也就与鼓动万物之神等同起来"④，这也就是张载所说的"大其心则能体天下之物"的含义。郭晓东也认为，"大心""尽心"就是通过穷理而

---

①　邵显侠：《论张载的"知礼成性"说》，《哲学研究》1989 年第 4 期。

②　陈来：《宋明理学》，第 78 页。

③　方旭东：《早期道学穷理说的演变》，陈来主编：《早期道学话语的形成与演变》，安徽教育出版社 2007 年版，第 249—250 页。

④　杨立华：《气本与神化：张载哲学述论》，第 138 页。

做到"不以闻见梏其心""视天下无一物非我"①。

二是从神秘主义的角度来认识"大心"与"尽心"。侯外庐等人认为,"大心"和"尽心"都是指通过主观自悟使心与"天理"达到某种神秘的贯通。②

三是从境界的意义上理解"大心"与"尽心"。在陈政扬看来,张载的"大心"说有两层含义:一是境界意义上的"大心",指的是天人合一、物我一体的境界;二是修养工夫论上的"大心",强调的是扫除成心私意。③ 林永胜认为,"大心"与"尽心"其实指的是一种境界,他说:"虚心是一种工夫,在完成这种工夫后才称得上是尽心,此尽心即是无一物未体的大心,此时方能知其本然之性,也能体证此性即是天道之流行。故尽心、知性与知天并非是工夫的次第,而是同时呈现出体证经验。"④

其次,认为张载的"大心"并不是孟子的"尽心"。龚杰虽然主张张载的"大其心"是指充分发挥理性认识的作用,但他认为,孟子的"尽心"是指扩充本有的先验的道德之知,以"四端"之心来体认和保持人本身之固有的善性,这是由尽心而知性,"而张载的'大其心'则是以心与物,即认识主体与认识对象的关系为内容的,研究的是怎样才能'体天下之物'的问题"⑤,即解决认识上无限与有限之矛盾的方法。因此"大心"不是孟子的"尽心",而是对它的改造与发展。

(二)"大心"与"虚心"

一是认为"虚心"是"大心"的前提和条件,或者相反。龚杰

---

① 郭晓东:《从"性"、"气"关系看张载、二程工夫论之异同》,《台湾东亚文明研究学刊》2009 年第 6 卷第 1 期。

② 侯外庐、邱汉生、张岂之:《宋明理学史》(上),人民出版社 1997 年版,第 119 页。

③ 陈政扬:《张载"大心"说析论》,《东吴哲学学报》2008 年第 17 期。

④ 林永胜:《恶之来源、个体化与下手工夫——有关张载变化气质说的几个思考》,《汉学研究》2010 年第 28 卷第 3 期。

⑤ 龚杰:《张载评传》,第 64 页。

认为，"大其心"必须"虚心"，"虚心"是实现认识升华，即由"大心"而获得理性认识的保证与条件。所谓"虚心"，就是孔子所讲的"毋四"：毋意、毋必、毋固、毋我。"毋四者则心虚"（《张子语录上》），能做到毋四，就是"虚心"①。陈政扬虽然是从境界与工夫两个方面来理解张载"大心"说的，但就修养工夫而言，他也认为，"虚心"然后能"大心"，亦即通过去除人的成心私意以消解人我、物我之间的隔阂而使心"大"。② 与上述把"虚心"看作实现"大心"的条件不同，杨儒宾则认为，"虚"是道体的属性，也是圣人的境界，故要使心"虚"，则需要扩充此心（即"大心"）至于虚明。③ 这是以"大心"为"虚心"的前提。

二是认为"虚心"即是"大心"。林永胜指出，"虚心"就是指心不受任何外物的窒碍，如同赤子之心一般，而要做到心无外物以为累，就必须不断地扩大此心以涵容万物，消除自他、物我之分，因此张载所讲的"虚心"与其大心说是一致的。④ 郭晓东亦认为，"虚心"即是大心穷理，由明而诚。⑤

三是将"虚心"与"大心"分开来理解。葛艾儒将张载的"虚心"放在如何洞悉书中义理，认识世间真理上来讲，指出"虚心"便能保有正确的理解能力，而要"虚心"，就必须消除"成心"即意必固我，如此心才能虚。⑥ 至于"大心"，他指出，张载所讲的"大其心"与"弘其心"，"二者都是指拓展智慧的过程"⑦，直到认识天性与天道之理。

从以上所述可以看到，除了对"大心"与"尽心""虚心"之关

---

① 龚杰：《张载评传》，第 65 页。

② 陈政扬：《张载"大心"说析论》，《东吴哲学学报》2008 年第 17 期。

③ 杨儒宾：《变化气质、养气与观圣贤气象》，《汉学研究》2001 年第 19 卷第 1 期。

④ 林永胜：《恶之来源、个体化与下手工夫——有关张载变化气质说的几个思考》，《汉学研究》2010 年第 28 卷第 3 期。

⑤ 郭晓东：《从"性"、"气"关系看张载、二程工夫论之异同》，《台湾东亚文明研究学刊》2009 年第 6 卷第 1 期。

⑥ ［美］葛艾儒：《张载的思想（1020—1077）》，第 102—103 页。

⑦ 同上书，第 109 页。

系存在各种不同看法之外，对什么是"大其心"的理解也是不一致的，概言之，有的认为"大心"是一种修养工夫，即去除成心私意，毋意、必、固、我；或者是扩充本有的道德之知。有的则将"大心"看作认识论上的一个命题或一种哲学思维方法，即"不以闻见梏其心"，充分发挥心的能动作用，实现向理性认识的升华；或者认为"大心"就是以自我之心作为认识对象，通过主观自悟达到对天理的神秘贯通。还有的是将"大心"视为一种天人合一、物我一体的人生境界。

三 "知礼成性"

"知礼成性"是"变化气质"之外张载工夫论的另一个重要内容，但对于"知礼成性"这个命题的理解，则存在以下三种不同观点。

一是从知行关系来理解"知礼成性"，但对"知"的含义理解上则有所不同。认为"知"是指以"性与天道"为认识对象的"诚明所知"。在邵显侠看来，张载所讲的"知礼成性"是从"知"与"礼"两方面来说的，亦即通过"知"与"礼"相结合来达到"变化气质"、成就圣人之性的。不过，"知礼成性"的"知"并非就一般意义而言的。具体来说，邵显侠认为，张载将人的认识能力和"知"分为感性的"见闻之知"、理性思维的"德性所知"和直觉体悟的"诚明所知"（亦即"天德良知"）。由于"见闻之知"只是有限的经验知识，属于"小知"而非"真知"；而"德性所知"是通过理性思维和"正心""养气"等道德修养"思虑勉勉"来获得的，所成就的也只是"知天德"，亦即"明"的境界，而不是"位天德"，因此要真正达到"天人合一"的圣人之境，把握"性与天道"之理，则需要靠个体"德盛仁熟"之后自然获得的"诚明所知"，"诚明所知"即是"通过直觉体认宇宙本体而获得的关于'神化'的知识"[①]。相

---

① 邵显侠：《论张载的"知礼成性"说》，《哲学研究》1989 年第 4 期。

对于"知"来说，"礼"则是"知"的外化，因此学者还必须经过守礼、行礼的道德实践才能"变化气质"以"成性"，即要"知及之"且"以礼性之"。所以对张载来说，"知"与"礼"都是"成性"的方法，二者必须相互结合，缺一不可。

认为"知"就是指对礼的认识和把握。林乐昌指出，张载所讲的"知礼成性""应当理解为知识与践行相统一的整体"，亦即"工夫论与知识论的统一"[①]。但他认为"知礼成性"的"知"指的仅是一般意义上的知识，并且有着特定对象和内容的，即"知"是"对礼之根源、礼与理之关系、'穷理'等内容的通晓和把握"，因为"作为成性工夫的'行礼'、'中礼'要以'知礼'为前提"[②]。而认识和把握了礼（"知礼"），还要在日用常行中践行礼，"使动作皆中礼"，这样才能以礼来成就自身的德性。所以，"知礼成性"就是指"对礼的本质加以理解并与道德践履相统一的工夫整体。'知礼成性'，亦即张载所说'以礼成德'"[③]。

二是从义理与实践二端并重来理解"知礼成性"。林素芬认为，张载的"知礼成性"说突显的是"知"与"礼"并重以成学的宗旨，兼重义理与实践二端的一贯之义。但她对"知"的理解与上述不同，认为"知"是"穷理而尽性"之学，亦即通过"穷理"获得的对义理的认识。换言之，"知礼成性"就是"通过'大其心'的'穷理'之智性发挥，再则济以出自天理的礼仪规范，使混杂的气质之性，转化为可以辅助至善之性的力量。人能知天理，行人礼，则能臻至成性"[④]。

三是将"知礼成性"的"知礼"看作一个词，"知礼"就是对礼的认识。如胡元玲所说："知礼成性，意即知礼以尽人之性。"[⑤]

---

① 林乐昌：《张载成性论及其哲理基础研究》，《中国哲学史》2005 年第 1 期。
② 同上。
③ 林乐昌：《张载礼学论纲》，《哲学研究》2007 年第 12 期。
④ 林素芬：《张载的"知、礼成性"论》，《东华汉学》2011 年第 13 期。
⑤ 胡元玲：《张载易学与道学：以〈横渠易说〉及〈正蒙〉为主之探讨》，第 193 页。

四　"自明诚"与"自诚明"

"自明诚"与"自诚明"可以说是张载提出的两条基本的为学之路。所谓"自明诚",是指"由穷理而尽性":"自明诚者,先穷理以至于尽性也,谓先从学问理会,以推达于天性也。"(《张子语录下》)所谓"自诚明",是指"由尽性而穷理":"自诚明者,先尽性以至于穷理也,谓先自其性理会来,以至穷理。"(《张子语录下》)这是两种明显不同的为学道路,对此,程颐曾提出不同的意见,他说:"'由明以至诚',此句却是。'由诚以至明',则不然,诚即明也。孟子曰:'我知言,我善养吾浩然之气。'只'我知言'一句已尽。横渠之言不能无失,类若此。"① 在程颐看来,"自诚明"的"诚"并非指的是工夫,而是境界,既然工夫修养已到圣人境界,就无需再有一个"由诚以至明"的过程,"诚即明也",因此张载讲"自诚明"是不对的。然而,与程颐对"自诚明"的否定不同,王夫之在解释张载的这两种工夫时说:"存养以尽性,学思以穷理。"② 显然,王夫之对"自诚明"是加以肯定的,而且认为这两种工夫是相辅相成的。那么,张载所讲的"自诚明"究竟是不是一种具体可行的为学道路,它与"自明诚"的关系为何?这也是今天学者讨论的重要内容。纵观现有研究,大体可以分为以下四种观点。

一是从理论上肯定"自诚明"作为为学之路的可能性,但认为在实际的道德实践中,张载主张和强调的是"自明诚"。黄秀玑指出,张载确信天地之间有所谓道或普遍的真理存在,而"自明诚"和"自诚明"即是张载探索这个形而上问题的两种不同的方法,"这两种方法,虽则目标是一样,然而先后是不同的。张载认为,应先明而

---

① (宋)程颢、程颐:《河南程氏遗书》卷23,《二程集》,中华书局2004年版,第308页。

② (清)王夫之:《张子正蒙注》卷3,《船山全书》(修订版)第12册,岳麓书社2011年版,第116页。

诚"①。葛艾儒也指出："人如果能大其心——拓展其智慧——也就在向尽天性迈进了。张氏当然知道，反其道而行之也是有可能的——由成就天性并因此识得世间之理。"② 前者是"自明诚"，后者是"自诚明"，这两种途径对张载来说都有可能，"只不过张氏更倾向于'自明诚'——穷理以至于尽性，所以，他劝告弟子们致力于穷理"，而"'自明诚'也是张氏本人认可的途径"③。此外，刘纪璐认为，张载区分了"自诚明"与"自明诚"，不过能"自诚明"者少之又少，即使孔子也是"学而知者""可见在先天道德理性与后天知性学习之间，张载强调的是后者"④。陈来也认为，张载很重视穷理以尽性的方法，认为"只有通过广泛的穷解事物之理，才能尽人物之性……在这个过程中，穷理是手段，尽性是目的"⑤，故张载强调的是"先穷理而后尽性"的"自明诚"道路。杨立华则更明确地指出，"由天理会通物理，以及由物理上达天理，都需要一个具体的推行过程。而这也就是'由诚致明'和'由明致诚'这两条为学进路的意义所在"，不过，"尽管张载充分肯定了'由尽性以至于穷理'这一'自诚明'的为学路径的可能性，但在实际的修养实践中，他显然认为'自明诚'的路线更具现实性"⑥。

与以上看法相近的还有，王海成也提出，"自诚明"与"自明诚"代表两种不同的工夫路线，学者选择哪条因人而异，那种天生气质粹美，于天性无一毫遮蔽之人，只需要顺其性即可，这种人适合走"自诚明"的路。然而，张载认为连孔子都是学而知之者，因此，"在理论上，这样的人，这样的途径是有的，但在实际上，张载又加以否定了"⑦。

二是认为"自诚明"是圣人的工夫，对学者来说，并不具有为学

---

① 黄秀玑：《张载》，第144页。
② ［美］葛艾儒：《张载的思想（1020—1077）》，第111页。
③ 同上。
④ 刘纪璐：《张载与王夫之的道德心理哲学》，《社会科学》2011年第5期。
⑤ 陈来：《宋明理学》，第77页。
⑥ 杨立华：《气本与神化：张载哲学述论》，第136、137页。
⑦ 王海成：《论心性论视域中张载的三种知之辨》，《东方论坛》2011年第5期。

意义，不应该作为为学道路而存在。林乐昌认为，"自明诚"是学者和大人阶段的"穷理"工夫，而"自诚明"则是圣人阶段的"尽性"工夫。[1] 方旭东则直接否定了张载所讲的"自诚明"。他以《易传》为依据，认为"'由尽性而穷理'这种图景，在《易传》那里是不可想象的，后者所设计的为学是一条'由穷理而尽性'的单行道"[2]，并指出，当张载用"先尽性以至于穷理"来解释《中庸》针对生而知之、从容中道的圣人而言的"自诚明"时暴露出来的三点困难，并以张载本人再三强调的以"穷理为先"和由"穷理尽性以至于命"的为学次序来说明"先尽性以至于穷理"这种情况是不应该存在的。基于以上分析，方旭东认为，"先穷理而后尽性"的"自明诚"道路才是张载真正感兴趣的，而"由尽性而穷理"的"自诚明"并不真正具有为学意义，它是张载在利用《易传》思想资源诠释《中庸》"诚""明"理论时过于"牵合文义、失于穿凿"的表现。[3]

三是主张"自明诚"和"自诚明"是两种交相并用的工夫。唐君毅在《中国哲学原论·原教篇》中说："诚明篇之下文，则为分论尽性穷理之工夫，以自达于至命之事。此中之尽性，即由诚而明；穷理，即由明而诚。此皆有实工夫。"[4] 并对二者之关系进行了具体阐述，指出："尽性之事在尽此心知之明以知理。理有未知，则须穷。故尽性必穷理。唯穷理、知理，而行皆合天理，乃能至于命。"[5] 罗光认为，"自明诚"就是"自己明了道理，然后诚于所知的道理"，"自诚明"是"自己诚于自己的心，则心中之性理乃明白显露，自己知道性理"，这两条路都可以走。[6] 孙振青也认为，由明而诚与由诚而明，"只是指各人的修养程序或有不同。有的人先穷理，而后实现道德行为。有的人天生纯朴，先有诚的行为，而后达到明。天生的圣

---

① 林乐昌：《张载成性论及其哲理基础研究》，《中国哲学史》2005 年第 1 期。
② 方旭东：《早期道学穷理说的演变》，陈来主编：《早期道学话语的形成与演变》，第 253 页。
③ 同上书，第 253—258 页。
④ 唐君毅：《中国哲学原论·原教篇》，中国社会科学出版社 2006 年版，第 69 页。
⑤ 同上书，第 75 页。
⑥ 罗光：《中国哲学思想史》（宋代篇），第 204 页。

人是不存在的。"① 而在程宜山看来，"自明诚"和"自诚明"体现了张载认识论与修养方法的统一，它包括两层意思："一是指认识与道德修养互为条件、互为目的，而以道德修养为终极目的；一是指认识发展的两个阶段，即人们通过学问而推达天性，在人性完成后人们就不再需要学问即可自然具有'穷神知化'的完备知识。"②

丁为祥则从尊德性与道问学、知与行统一的角度详细分析了张载"自明诚"（"穷理"）与"自诚明"（"尽性"）之间的关系，指出：一方面，"穷理"为"尽性"提供了客观基础及其自觉性；另一方面，"尽性"则是"穷理"的人生落实与实践兑现，即将内在化的天道见之于人生日用常行之中。故张载的穷理与尽性、"自明诚"与"自诚明"实际上是"一个相互包含而又相互衔接的动态过程"，"表现为一种双向的统一关系，这种双向统一，既是其天人、主客并重的表现，又是其坚持尊德性与道问学、知与行相统一的证明"③。郭晓东也认为，张载讲的"自诚明"不仅具有理论上的可能性，它同时还具有实践的意义。在他看来，"自诚明"的"诚"不只是指境界、果地，同时还指实践，亦即"学者于践履工夫上，当着实去行人生所固有的天道，也就是去行人作为人之所当行的事"④，而人之所当行的事，也就是要"知礼""守礼""行礼"。因此郭晓东认为，"自诚明"就是张载所强调的"知礼成性、变化气质"，它与"自明诚"是交相为用的，换言之，张载的工夫论是一种诚明交进的工夫论，"一方面，要在人生中以礼践行成性，则不可不知天；而从另一方面来看，仅仅穷理知天，而不在人生实践中知礼成性，则'知'非己之所有，亦非真能够知天，故在穷理知天的同时，又必须'以礼性之'"⑤。

---

①　孙振青：《宋明道学》，台北千华图书出版公司1986年版，第107页。

②　程宜山：《张载哲学的系统分析》，第114页。

③　丁为祥：《虚气相即——张载哲学体系及其定位》，人民出版社2000年版，第162页。

④　郭晓东：《从"性"、"气"关系看张载、二程工夫论之异同》，《台湾东亚文明研究学刊》2009年第6卷第1期。

⑤　同上。

此外，肯定"自诚明"之路的还有胡元玲、田智忠、李晓春等。胡元玲认为："张载以自明而诚为自穷理而尽性，意指从对道体的明了而使己心合于天道；反之，由修养己性而上合于天道以明白道体，则为自诚而明，也就是先尽性以至于穷理。"① 因此，从为学步骤来说，张载是主张先穷理而后尽性，即"自明诚"。但张载并不废心性涵养，故又要尽性，即尽人的天地之性、道德本性。也就是说，"自明诚"与"自诚明"是并进的。田智忠也认为，张载的修养工夫是诚明两进的："明理与尽性之间不是单向的关系，而是相互蕴涵、交相促进的关系：明可以促进诚，诚也可以助长明。于张载，有诚而无明是佛学的弊端，有明而无诚则是俗儒（沉迷于外在之物，往而不返）的弊端，只有诚明两进才是真儒的本色。"② 李晓春也强调，张载讲的"自诚明"与"自明诚"并不是两条互不相关的道路，而是相辅相成，互为参证，不可偏废的，"由诚而明，是尽己之天所给予之性而体天道，进而因物事而明理，不滞于物象私欲；由明而诚，则是先明细理而终体物性己性"③。

四是从认识论的角度来理解"自明诚"与"自诚明"，认为这是张载所讲的两种认识方法和认识途径。与上述观点不同，侯外庐等人认为，"穷理尽性"（"自明诚"）与"尽性穷理"（"自诚明"）是张载强调的两种不同的认识途径："一方面是通过对于事物的研究以达到与天合一的道德境界；另一方面是从'天性'出发，体会万物之性皆由于'天性'而成。"④ 张载认为，儒者应该兼备二者，重点在学习上下功夫。姜国柱也认为，由穷理而尽性的"自明诚"就是指由学习求知而体悟天性、天理，"这是由外学向内推的过程"；而由尽性而穷理的"自诚明"则是指"由先体悟、内省而达到穷理""这

① 胡元玲：《张载易学与道学：以〈横渠易说〉及〈正蒙〉为主之探讨》，第173页。
② 田智忠：《〈诸儒鸣道集〉研究——兼对前朱子时代道学发展的研究》，中国社会科学出版社2012年版，第273页。
③ 李晓春：《张载哲学与中国古代思维方式研究》，中华书局2012年版，第312页。
④ 侯外庐、邱汉生、张岂之：《宋明理学史》（上），第116页。

是由内悟向外推的过程"①。张载通过这种"内外合一"来穷尽天理，达到天命，与万物一体。

五　张载与二程工夫论比较

以上研究都是从张载工夫论本身出发来探讨其中的问题，还有一些研究则对张载与二程的工夫论进行了比较，分析了二者的异同。以下是三种主要的观点和看法。

一是认为张载的"变化气质"说与程颐的"养气"说以及程颢的"观圣贤气象"都是同一系统下的工夫论，只是方向不同而已。杨儒宾指出，虽然程颐的形上学（侧重理的存有的本体论模式）与张载的本体宇宙论不同，但在理气二分的架构下，程颐仍然将气视为限制性原理、特殊性原理，故他们两人所理解的"气质之性"的内涵大致相同，因此，"程颐的'养气'与张载的'变化气质'之说，可以确定是同一系统下的工夫论"②，即理学主流传统的"复性"模式。③ 不过，两人的体用有别，偏重亦不同，具体来说，"张载的'气'是体用论格局下的概念，它与本体是诡谲的同一，所以张载强调如何转化它的性质，使气由'沉浊'变为'清明'。程颐的气是形而下的，它与形上之理虽亦可说不杂不离，没有无理之气，也没有无气之理，但就本质而言，'理生气'的'生'其意义相当薄弱，它比较接近'指导'、'转化'的作用，所以程颐强调气要接受理或道德意识的指导"④。至于程颢，则是彻底的一本论，在他那里，性体、心体圆融地化而为一，所有的现象都是道体不容己的外显，体用、本末、内外浑然同体，因此学者只要"观圣贤气象""悟本体以化气

---

①　姜国柱：《张载关学》，陕西人民出版社 2001 年版，第 182 页。

②　杨儒宾：《变化气质、养气与观圣贤气象》，《汉学研究》2001 年第 19 卷第 1 期。

③　杨儒宾：《两种气学，两种儒学》，《台湾东亚文明研究学刊》2006 年第 3 卷第 2 期。

④　杨儒宾：《变化气质、养气与观圣贤气象》，《汉学研究》2001 年第 19 卷第 1 期。

质”，即可达至仁者境界。①

二是主张张载与程颐属于下学而上达的工夫论，程颢则是上达而下学的工夫论。郭晓东从性、气关系上分析了张载与二程工夫论的异同，指出在性、气关系上，张载与程颐的认识比较接近，都强调性气的对分，一方面有“本体”之性，另一方面则有表现在个体身上的“气质之性”，而“气质”或“气质之性”则是人性中的负面因素和成德道路上的制约因素，因此对他们来说，工夫主要是对治人身上的“气质之性”，使人的身心不放逸、不走作，所以张载与程颐的工夫可以说是一种后天的工夫，亦即下学而上达的工夫论。程颢则比较强调性气的“一本”或“不二”之关系，因此只要能真切地领会和随顺本然之性，即本体以为工夫，便能消解气禀所带来的负面作用，而不需要另外针对气质进行“防检”与“穷索”。程颢的这种直接体认本体的工夫可以说是“一种由上达而下学的工夫路数，或者可以说是一种先天的工夫路数”②。可见，张载、程颐与程颢的工夫论分属于两个不同的系统，是两种不同形态的工夫论。

三是认为张载的“变化气质”工夫论是一种“扩充式的工夫论”，而二程的工夫论是“逆觉式的工夫论”。林永胜指出，张载的工夫论主要是借由扩充一己的心、气，使之充塞宇宙而成大心、大体，这种工夫体系是一种“扩充式的工夫论”，它直接来自对孟子“知言养气”的继承和发展。而二程的“观未发”工夫论，则是借由静坐暂时隔断已发，以从念与念的间隙中透入未发之境，这种跳开气质直接见体的方式，就是牟宗三所说的“逆觉式的工夫论”。两种工夫论的不同在于，后者可以很快就有体证天道本体的经验，虽然在证得未发之中后，还要以居敬来提摄此心，以穷理来集义，等等，才能彻底完成对气质的改造，但前者则必须进行长久的工夫积累，才能在

---

① 杨儒宾：《变化气质、养气与观圣贤气象》，《汉学研究》2001 年第 19 卷第 1 期。

② 郭晓东：《从“性”、“气”关系看张载、二程工夫论之异同》，《台湾东亚文明研究学刊》2009 年第 6 卷第 1 期。

身心上形成气质变化的表征，不易快速见效。①

总之，通过以上各种观点的分析和比较，我们可以看到，张载工夫论中所存在的许多问题与其本体论的建构有很大关系，换言之，学者对其"太虚即气"含义的认识不同以及对气质是否有恶的判定都会造成对其工夫的理解不同。也许，我们很难对张载的工夫论有一个统一的认识，但是在一些具体问题的理解上，我们相信，可以通过今后更深入地研究张载思想来得到解决。而且，张载工夫论与其气论的关系也给我们留下了无穷尽的思考。

---

① 林永胜：《恶之来源、个体化与下手工夫——有关张载变化气质说的几个思考》，《汉学研究》2010 年第 28 卷第 3 期。

第四章　张载认识论研究综述

除了在本体宇宙论上提出"太虚"与"气"、在人性论上提出"天命之性"与"气质之性"这两对概念外，张载还在认识论上提出了"德性所知"与"见闻之知"的概念。此外，与"德性所知"相近的还有"诚明所知"与"天德良知"。那么，张载所讲的"德性所知"究竟是什么意思？它与二程所说的"德性之知"是否相同？"德性所知"与"诚明所知"和"天德良知"所指是否相同？关于这些问题，学者们进行了大量且细致的研究，但目前仍未得出一个共同的结论，而了解和把握以往研究中所存在的争论和不同，无疑有助于我们对这些问题有更深入的认识。

一　"德性所知"的含义

对张载认识论的研究[①]，主要散见于哲学史、有关张载哲学的论著和论文中，专篇的文章比较少。综合大陆和港台的现有研究，可以分为以下三个问题：一是"德性所知"的含义以及在道德修养中的重要作用；二是"德性所知"与"诚明所知"和"天德良知"之间的关系；三是"德性所知"与"德性之知"是否相同。

一般而言，张载所说的"见闻之知"就是指感性的经验知识

---

① 许多学者也指出，不能将张载的"见闻之知"与"德性所知"限定在认识论的领域，而忽视了其在工夫修养论上的意义。参见田智忠《〈诸儒鸣道集〉研究——兼对前朱子时代道学发展的考察》，第 274 页。

（感性认识）①，但对何为"德性所知"却看法不同，大体可以归纳为以下七种观点。

一是认为"德性所知"是一种哲学认识和精神境界。冯友兰认为，"德性之知"（即"德性所知"，下同）虽然是相对"见闻之知"而言的，但却不是通常所说的理性认识，而是从理性认识发展起来的一种"哲学认识"。② 有了这种认识的人，就能够"体天下之物"，打破主观和客观的界限，达到"天人合一""内外合一"，因此，"德性所知"又是一种精神境界，即"天地境界"。③

二是把"德性所知"看作一种神秘之知，即通过主观自悟使"心"与天理达到神秘的贯通。这种观点以侯外庐等人为代表，他们认为，通过"穷理"不可能认识和把握天理，要认识天理，就必须将认识对象转向自我之心，因此张载所讲的"德性之知"并不是在"见闻之知"的基础上通过思维而获得的理性知识，"而完全是靠脱离外界的主观自悟达到对'天理'的神秘的贯通"④。

三是认为"德性所知"就是指先验的道德知识。张立文指出，张载所讲的"德性之知""是一种超越感性的先验的道德知识"⑤，故又称为"天德良知"。这种"德性之知"不以感性知识为基础，而且亦非思虑所能及，因此它不仅是先验的道德理性，也是神秘的知识，"以弥补见闻耳目之有限与自然万物之无限之间的冲突"⑥。姜国柱也以"德性之知"为与生俱来的先天知识。⑦ 而在黄秀玑看来，张载的"德性之知"是对孟子"良知"，即人先天具有的能够辨别是非善恶的道德之知的继承。"德性之知"的对象是"无形的天道天德的良

---

① 周炽成先生则认为，张载的"见闻之知"虽然是认知哲学的概念，但它并不只限于感性认识，"凡不具有德性意义的纯粹客观知识（包括今天所说的理性认识）都属于见闻之知"。见周炽成《德性之知与见闻之知：从宋明儒家到现代新儒家》，《学术研究》1994年第2期。

② 冯友兰：《中国哲学史新编》（下卷），人民出版社2007年版，第135页。

③ 同上书，第134页。

④ 侯外庐、邱汉生、张岂之：《宋明理学史》（上），第119页。

⑤ 张立文：《宋明理学研究》，第221页。

⑥ 同上书，第222页。

⑦ 姜国柱：《张载哲学》，第177页。

知"，而对"天德良知"的认识则来自道德直觉。故黄秀玑认为，张载既非经验主义者，以知觉为知识的唯一来源，亦非理性主义者，以理性为最可靠的知识来源，而是主张直觉主义的学说，以道德直觉来使学者直接理解天地之性。①另外，王海成也把"德性所知"看作"人性中所先具的，不假外求的"②。除了个别学者的观点外，还有一些中国哲学史教材也持这一观点，如复旦大学《中国古代哲学史》即认为张载所说的"德性所知"就是指"先验的道德知识，即关于人性的自我认识，它主要通过自我反思而体悟"③。所以，张载的"德性所知""不是指认识论问题领域中的理性认识（更不是感性认识），而是指人的心性所具有的道德本质，同时又是指人的心性修养的一种境界"④。

与这一观点相近但又有所不同的是，在牟宗三看来，"德性之知"虽然是发于性体的"知"，"即知爱知敬、知是知非，当恻隐自恻隐、当羞恶自羞恶、当辞让自辞让之知"，是"那超越的道德本心无外之呈现，呈现而自显其自主自决自有天则之朗润、遍照与曲成"⑤，但"德性之知"并无认知的意义，与康德所说的先验知识不同，康德的先验知识"并无德性的意义，其所表示之心灵活动亦非德性的，乃是纯认知的，不过是纯形式的而已"⑥。蔡仁厚的观点与此相同。⑦

四是认为"德性所知"是建立在道德修养、直觉与理性思维三重基础上的知识。如程宜山说，"德性所知""因为是建立在'崇德性'的基础上并且是用来'充德性'的，故谓之'德性所知'。这种知识按其内容与获得方式来看，相当于我们今天所说的理性认识，但又不

---

①　黄秀玑：《张载》，第 128—135 页。

②　王海成：《论心性论视域中张载的三种知之辨》，《东方论坛》2011 年第 5 期。

③　复旦大学哲学系中国哲学教研室：《中国古代哲学史》，上海古籍出版社 2011 年版，第 505—506 页。

④　同上书，第 507 页。

⑤　牟宗三：《心体与性体》，上海古籍出版社 1999 年版，第 467 页。

⑥　同上书，第 466 页。

⑦　蔡仁厚：《宋明理学·北宋篇》，第 137 页。

能等同，因为它建立在道德修养、直觉与理性思维的三重基础上"①。

五是强调"德性所知"既有先验的内容，又有后天经验的内容。与将"德性所知"看作先天的道德之知不同，龚杰认为，"德性之知"并不完全是先验的，它应该从"穷理"和"尽性"两方面来理解。从"穷理"来看，"穷理"是寻求事物的条理、规律，而这种关于事物之理的知识是后天得来的。再从"尽性"来看，张载把"尽性"区分为"尽人之性"与"尽物之性"。"尽物之性"是通过穷理得到的，认识了事物的条理，也就认识了事物的本性，这也是后天得来的知识。但"尽人之性"则不同，"它既须通过穷理的途径，又须通过改变气质等内省体验的方法来实现"②，因此这方面的知识是多元的，既具有先验的内容，也包括后天经验的知识。因此，"德性所知"既包含先验的内容，又有后天经验的内容。

六是认为"德性所知"即是理性知识。陈来在其《宋明理学》中指出，人的思维中并没有先验的内容，认识的来源是外部世界，而要对宇宙和万物有所了解，就不能局限于个体感官所直接感受的范围内，而是要超越感官的局限，彻底发挥思维的能动作用，这就是"尽心"或叫"大心"，"从纯粹认识论的意义上说，张载的大心之知是指人的理性认识"③，由"大心"得到的知识也即是"德性所知"。当然，张载说"德性所知，不萌于见闻"的目的并不是要隔断感性认识与理性认识的联系，而只是在主观上强调理性认识的相对独立性。另外，陈来也认为，"大心之知又是一种意境高远的人生境界"④，有了这种境界的人就会体验到天人合一，就能"体天下之物""视天下无一物非我"了。与之相同，邵显侠亦指出，张载将人的认识能力和"知"分为感性的"见闻之知"、理性思维的"德性所知"和直觉体悟的"诚明所知"（即"天德良知"）。其中，"德性所知"是通过理

---

① 程宜山：《张载哲学的系统分析》，第 135 页。
② 龚杰：《张载评传》，第 77 页。
③ 陈来：《宋明理学》，第 79 页。
④ 同上。

性思维和"正心""养气"等道德修养，"思虑勉勉"来获得的。①
杨国荣则更明确地说明，张载的"德性之知"具有二重性："它既以
道德意识为内容，并相应地渗入了价值内涵，又呈现为认识层面的理
性品格。"②换言之，"德性之知"既具有理性的维度，又具有道德的
内涵。

　　七是认为"德性所知"是在"德盛仁熟"的基础上对天道、人
生的认识和领悟，同时也是一种道德直觉。张岱年即主张张载的"德
性所知"是"由心的直觉而有之知识，而此种心的直觉，以尽性工
夫或道德修养为基础""德性所知即是修养到'性天德'的境界而有
之知识"③，如对于神、化、性、道等的知识，都是"德性所知"。宋
志明认为，张载在解决"见闻之知"的局限性时，没有沿着感性认
识上升为理性认识的逻辑去发展，而是沿着孟子"尽心—知性—知
天"的思路，走向"视天下无一物非我"的反身内求的认识路线，
因此张载的"德性之知"是"建立在道德修养论基础上的关于宇宙、
人生最高原则的领悟"④，是一种价值预设。丁为祥也指出，张载讲
的"德性所知"并不是先验的道德知识，也不是感性经验知识的积
累和升华（理性知识），当然更不是什么脱离外界、对自己本心的神
秘体悟，而是超越于见闻，"不以见闻梏其心"的知，它是在"'德
盛仁熟'的基础上对天德天道的认识"⑤，是一种道德直觉。

　　与以上观点相似，陈俊民认为，张载所说的"德性所知""其实
质不过是一种超现实的道德修养"⑥，亦即通过"尽心"所获得的知
识，它并非后来所说的理性认识。胡元玲也强调"德性之知"是向
内而得，即通过"反求自心，修养本心而获得的道德之知"⑦。美国
学者葛艾儒说："通常来讲，知识的获取，是通过内在的感知能

---

①　邵显侠：《论张载的"知礼成性"说》，《哲学研究》1989年第4期。
②　杨国荣主编：《中国哲学史》，中国人民大学出版社2012年版，第234页。
③　张岱年：《中国哲学大纲》，江苏教育出版社2005年版，第453页。
④　宋志明：《中国古代哲学发微》，中国人民大学出版社2012年版，第268页。
⑤　丁为祥：《虚气相即——张载哲学体系及其定位》，第140页。
⑥　陈俊民：《张载哲学与关学学派》，台湾学生书局1990年版，第165页。
⑦　胡元玲：《张载易学与道学：以〈横渠易说〉及〈正蒙〉为主之探讨》，第175页。

力——心——借助感官与外界之物相联系。可是心也能直接懂得事物的常理，无需感官之助。这种认知，远胜于普通的感知，这就是'德性所知'。人如果将获取知识的途径拘限于感官，那就不可能获得更高形态的认知了。"① 可见，在其看来，"德性所知"是一种通过心的体悟而来的知识。王黔首亦认为，"德性所知"是指"德性所了解和把握的东西"②，即通过德性所获得的关于宇宙、社会、人生的整体认识和把握，是一种"整全的知识"③。田智忠则比较强调"德性所知"的境界意义，认为"德性所知"不应该算是一种知识，而是一种与天同体的境界。当然，这种境界也是基于人对天地之性的体认，并通过格物穷理来获得的。④ 另外，在一些哲学史教材中，如马克思主义理论研究和建设工程重点教材《中国哲学史》也认为，"德性所知"是关于内在德性的认识，它不是"见闻之知"所能积累出来的，"要获得超越于见闻的无限之大知，就只能通过尽心知性即内心修养的方式来实现；而在这一基础上所获得的知，就是德性所知"⑤。（不过，该教材在另一处又说："如果我们以感性认识与理性认识的关系来理解张载的'见闻之知'与'德性所知'，那就必须看到，张载确实存在着割裂感性与理性关系的倾向。"⑥ 这与上述对"德性所知"的认识有所不同。）

二　"德性所知"与"诚明所知""天德良知"

张载在《正蒙·诚明篇》中提出："诚明所知乃天德良知，非闻

---

① 葛艾儒：《张载的思想（1020—1077）》，第 104 页。

② 王黔首：《"德性所知"与"德性之知"之区别及其意义——张载〈大心篇〉解读兼论其知识论》，《贵州大学学报》（社会科学版）2011 年第 5 期。

③ 同上。

④ 田智忠：《〈诸儒鸣道集〉研究——兼对前朱子时代道学发展的考察》，第 274—275 页。

⑤ 《中国哲学史》编写组：《中国哲学史》（下），人民出版社、高等教育出版社 2012 年版，第 40 页。

⑥ 同上书，第 42 页。

见小知而已。天人异用，不足以言诚；天人异知，不足以尽明。所谓诚明者，性与天道不见乎小大之别也。"显然，"诚明所知"与"天德良知"有着相同的含义，而且它们都是"非闻见小知"。此外，张载在《大心篇》中又说："见闻之知，乃物交而知，非德性所知；德性所知，不萌于见闻。"从这里即可以看出，"诚明所知""天德良知"与"德性所知"有一个共同点，就是都与"见闻之知"无直接关系，那么，这三种"知"究竟是一种什么关系？根据目前已有研究，可以分为以下两种观点。

一是认为"德性所知"即是"诚明所知"与"天德良知"。持这种看法的比较多，上文已有所涉及。如张岱年在《中国哲学大纲》中即指出："'诚明所知'，或'天德良知'，即是德性所知。"① 也就是在道德修养或"尽性"工夫基础之上的有关性与天道的知识，这是一种境界之知。丁为祥也说："德性所知就是穷神知化之知，也就是'性与天道不见乎小大之别'的诚明所知或天德良知。"② 此外，如张立文、姜国柱、龚杰、陈来、宋志明、黄秀玑、蔡仁厚、王海成等人都认为"天德良知""诚明所知"与"德性之知"属于同一意义范畴。③ 而一些哲学史教材，如马克思主义理论研究和建设工程重点教材《中国哲学史》和复旦大学编著的《中国古代哲学史》也认为，"德性所知"与"诚明所知""天德良知"的含义相同。④ 冯达文、郭齐勇在其《新编中国哲学史》中也指出，"德性所知"是对于天道的体证和认识，从这个意义上讲，它即是"天德良知"，而"德性所知"又不来自见闻，仅完全依靠认识主体自身的德性，故又是一种

---

① 张岱年：《中国哲学大纲》，第 453 页。

② 丁为祥：《虚气相即——张载哲学体系及其定位》，第 139 页。

③ 参见张立文《宋明理学研究》，第 221 页；姜国柱《张载哲学》，第 177 页；龚杰《张载评传》，第 76 页；陈来《宋明理学》，第 79 页；宋志明《中国古代哲学发微》，第 267 页；黄秀玑《张载》，第 150 页；蔡仁厚《宋明理学·北宋篇》，第 137 页；王海成《论心性论视域中张载的三种知之辨》，《东方论坛》2011 年第 5 期。

④ 《中国哲学史》编写组：《中国哲学史》（下），第 40 页。复旦大学哲学系中国哲学教研室：《中国古代哲学史》，第 506 页。冯达文、郭齐勇：《新编中国哲学史》（下），第 47 页。

"诚明所知"。①

二是认为"德性所知"与"诚明所知""天德良知"含义不同。程宜山指出，"德性所知"与"诚明所知"其实是有区别的：其一是"德性所知"是建立在道德修养、直觉与理性思维基础上的，是思而得、勉而中的，属于尚未"成性"的学者、大人、贤人所有的知识；而"诚明所知"即"天德良知"则是建立在"仁智合一""性与天道合一"的已成之性基础上的，是不思而得、不勉而中的，属于圣人所有的知识。其二是"诚明所知"中包括关于"神化"的完备知识，是"德盛仁熟"后自然具有的，能够"穷神知化"，而"德性所知"则不包括这种知识，对"穷神知化"无能为力。其三是"德性所知"有所知也有所不知，"诚明所知"则是圣人之性中固有的良知良能，是"无不知而无知"的。因此可以说，"德性所知"是"诚明所知"的低级阶段，而"诚明所知"则是"德性所知"的高级阶段。② 在此基础上，程宜山强调张载的"德性所知"并不是一种神秘之知，而"诚明所知"与"天德良知"才是"一种神秘主义的学说"③。

邵显侠则认为，"德性所知"是指理性知识，"诚明所知"（亦即"天德良知"）则是一种直觉体悟。具体来说，"德性所知"是通过理性思维和"正心""养气"等道德修养，"思虑勉勉"来获得的，而"诚明所知"是靠个体"德盛仁熟"之后自然获得的，亦即"通过直觉体认宇宙本体而获得的关于'神化'的知识"④。因此，"德性所知"只是把握"性与天道"之理必经的一个认识过程，它所成就的只是大人、君子之性，是"知天德"而不是"位天德"。要真正达到"天人合一"，把握"性与天道"之理，还需要"诚明所知"。所以对"成性"来说，"德性所知"只是"诚明所知"的低级阶段。

---

① 冯达文、郭齐勇：《新编中国哲学史》（下），第47—48页。
② 程宜山：《张载哲学的系统分析》，第140页。
③ 同上书，第114页。
④ 邵显侠：《论张载的"知礼成性"说》，《哲学研究》1989年第4期。

三 "德性所知"与"德性之知"

在张载提出并将"闻见之知"与"德性所知"对分之后，程颐（1033—1107，字正叔）也强调："闻见之知，非德性之知。物交物则知之，非内也，今之所谓博物多能者是也。德性之知，不假闻见。"① 不过，正如许多学者所指出的，张载在《正蒙》中讲的是"德性所知"这个概念，而不是伊川所言的"德性之知"。那么，这两种"知"的内容是否相同，便构成了张载认识论上的另一个重要问题。

一是对"德性所知"与"德性之知"不作区分，认为二者意义相同。许多哲学史教材和相关研究论文与著作都直接将"德性所知"称为"德性之知"。

二是认为"德性所知"与"德性之知"有区别，二者意义不同。余英时曾指出："程氏明白以'闻见之知'与'德性之知'对举，而张氏仅云'德性所知'。"② 张岱年也说："程氏所谓'德性之知'，与张氏所谓'德性所知'，虽只一字之差，但其间区别还是明显的。"③ 这一明显区别，根据其《中国哲学大纲》所言，乃在于"德性所知"是建立在道德修养即"尽性"工夫之上的一种对性与天道的道德直觉，而"德性之知"所知之理则是人所固有的，属于先验的知识，当然，对这一先验之知的认识和把握也需要"格物"的工夫。④ 丁为祥在其《虚气相即——张载哲学体系及其定位》一书中也指出，"德性所知"不同于"德性之知"，两者具有不同的指向和意义。具体来说，张载的"德性所知"是在"德盛仁熟"的基础上对天道本体的认识，"穷神知化""诚明所知"与"天德良知"也都是

---

① （宋）程颢、程颐：《二程集》，第 317 页。
② 余英时：《中国思想传统的现代诠释》，江苏人民出版社 2004 年版，第 198 页。
③ 张岱年：《中国古典哲学概念范畴要论》，中国社会科学出版社 1987 年版，第 238 页。
④ 张岱年：《中国哲学大纲》，第 453—456 页。

就"所知"而言的，而二程的"德性之知"则是先验的道德之知。他认为："这一从'德性所知'到'德性之知'的演化是理学形态的重大转型，也是从张载的天人哲学转向内圣外王之学的表现。"① 王黔首则认为，"德性所知"的"知"是"知道""了解"之义，意为"德性所了解和把握的东西"；而"德性之知"的"知"是"知识"之义，意为"关于德性的知识，此知识的对象是德性，即道德知识"②。除了具体含义不同外，二者的认识主体也不同。"德性所知"的认识主体是"德性"，指的是理想中的圣人；而"德性之知"的认识主体则是一般意义上的人。

　　以上即是有关张载认识论上四种"知"的问题和相关讨论。我们之所以会在理解上产生如此多的分歧，一方面固然是因为张载对"德性所知"和"诚明所知""天德良知"缺少具体的说明，从而给后人留下了较大的诠释空间；另一方面，则是因为近代以来我们常常借用西方的思想和观念来解释中国哲学中的一些固有概念和范畴，这就使得对张载"德性所知"的理解更加复杂化了，也更具现代性，但同时解释上的随意性也就增加了。不过，在以上这些看法中，以"德性所知"为人先天具有的道德之知，与古人的理解比较接近③，如明代的吕柟、高攀龙等人即认为"德性所知"的是本心、本性的固有之理，高攀龙说："圣人穷理以尽其本心之全体，则知性知天而无有外之心矣。"④ 清初的王夫之也把"德性所知"理解为先验的道德之知，他说："德性诚有而自喻，如暗中自指其口鼻，不待镜而悉。"⑤ 张伯行的解释也如此："若德性所知，则气质清明，义理昭著，原不萌于

　　① 丁为祥：《虚气相即——张载哲学体系及其定位》，第142页。
　　② 王黔首：《"德性所知"与"德性之知"之区别及其意义——张载〈大心篇〉解读兼论其知识论》，《贵州大学学报》（社会科学版）2011年第5期。
　　③ 清代的华希闵则是从有私与无私的角度来理解"见闻之知"和"德性所知"的。他认为，张载的"知"与孟子"知性知天"的"知"不同，孟子是从心之本源上来说"知"的，而张载则从应事接物上说的，"盖与物相接时，见解有'见闻'、'德性'二种，则是有私、无私，大与小之别耳"。显然，这种"无私"之知只是一种经验道德上的认识。见林乐昌《正蒙合校集释》，中华书局2012年版，第377页。
　　④ 林乐昌：《正蒙合校集释》，中华书局2012年版，第376页。
　　⑤ 同上书，第374页。

见闻，此天之所与，自有生而已具。但众人则为私欲所蔽，惟圣人能全其天之本然耳。"① 然而，由于人禀气的清浊昏明与后天习染和情感欲望的影响，从而遮蔽了本然之知的发用，因此需要道德修养工夫来恢复其知之明，并在此过程中把握性与天道之理，如明代的吴讷、刘儓，清代的李光地等人对"德性所知"的解释便是建立在穷理尽性工夫基础上的，吴讷说："圣人尽性，不以见闻梏其心，即孟子所谓'知性'，智之尽也。"② 刘儓亦说："盖有外之心，乃闻见之知，非穷理尽性而为德性之知也。若穷理尽性而为德性之知，所谓天德良能，感而遂通天下之故，不外于见闻而亦不囿于见闻者也。"③ 当然，本然之知的恢复和对性与天道之理的真切认识，同时即意味着一种境界，故"德性所知"也是一种境界之知。而现代学者自然不认为人生来就具有先验的道德知识，因此许多人把"德性所知"理解为道德修养工夫即"德盛仁熟"之后对天道本体和宇宙人生的体悟和直觉。如果不考虑"知"是否先天具有的话，这一认识显然较把"德性所知"理解为理性认识或神秘之知等更贴近张载之说。

此外，明清学者在对张载"德性所知"与"诚明所知""天德良知"等进行说明时，并没有对这三种"知"做出区分，不过，在他们看来，"诚明所知"即"天德良知"，不外乎包含两层含义：一是指先天之知，如宋代刘玑说："是知也，天德自然之知，所谓圣人之德，所性而有者也，非耳目闻见之小知之可比也。"④ 王夫之也说："仁义，天德也，性中固有之而自知之。无不善之谓良。"⑤ 二是需要通过道德修养工夫来获得，如李光地说："诚者，天德也；诚而明者，天德之良知也。闻见之知亦知也，未能反身而诚，则所知者犹自于外，故曰'小知'。"⑥ 这种关于"诚明所知"和"天德良知"的认

---

① 林乐昌：《正蒙合校集释》，第 374—375 页。
② 同上书，第 375 页。
③ 同上书，第 376 页。
④ 同上书，第 285 页。
⑤ 同上书，第 285 页。
⑥ 同上书，第 286 页。

识与对"德性所知"的理解并无多大不同。至于"德性所知"是否就是"德性之知",明清学者似乎并没有给予多少关注,当然,作为程朱后学或阳明后学的他们自然是直接以"德性之知"来代替"德性所知",但考虑到张载关学与二程洛学的不同,我们比较倾向丁为祥所说的从"德性所知"到"德性之知"象征着从张载天人哲学到内圣外王之学的转向这一观点。

当然,要进一步准确把握张载这几种"知"的内涵及其相互关系以及与"德性之知"的区别,我们需要重新回到原典,在更全面更深入地把握张载思想的基础上来加以理解。然而,正如张载所说的:"吾之作是书也,譬之枯株,根本枝叶,莫不悉备,充荣之者,其在人功而已。又如晬盘示儿,百物具在,顾取者如何尔。"① 诠释的多样性和开放性也是题中应有之义,但问题在于如何将经典文本的限定性与开放性有效地结合起来,这是我们今后要注意的一个方面。

---

① （宋）张载:《张载集》,第 3 页。

第五章 张载生平、家族研究

史载张载生平及其家族情况，多有不确及分歧之处①，本章拟就武澄《张子年谱》、吕大临《横渠先生行状》及两则张载、张戬佚文，考察其生平及家族的某些情况。其中，武澄《张子年谱》、吕大临《横渠先生行状》历来被学术界认为是研究张载行实和思想的最可靠资料之一，素为学界所采用，对其纠误，有助于澄清张载生平事件；张载所撰《宋故朝奉郎尚书虞部员外郎骑都尉赐绯鱼袋宋府君墓志铭》及其弟张戬所撰《宋故师氏夫人墓志铭并序》两篇佚文，具有补史书中宋寿昌、张载、张戬事迹、家世及张氏与宋氏姻亲关系等方面之缺，亦具有重要的文献价值。

一 武澄《张子年谱》纠误八则

关于宋代关学创始人张载的年谱编撰，最早为张载后裔张同然所撰的《横渠先生张献公年谱》一卷（见于《郡斋读书附志》），但已佚失。其次，为清道光年间武澄所撰的《张子年谱》，该年谱最初附于清道光二十二年（1842）横渠祠张连科所刊《张子全书》之中，并多为后世所刊刻的《张子全书》及一些年谱类丛书所收录。② 此

---

① 参见张波《张载年谱》，西北大学出版社2015年版。

② 《张子全书》刊刻本不同，所附武澄《张子年谱》也有不同。诸如，清同治九年（1870）凤翔张述铭重刻本、《清麓丛书》本等所附《张子年谱》与清道光二十二年（1842）刻本同，均为"全本"；而清光绪十七年（1891）三原刘氏传经堂刻本所附《张子年谱》实为删节本，仅有一处立目时间不同。另外，收录《张子年谱》的年谱丛刊有：《北京图书馆藏珍本年谱丛刊》《宋明理学家年谱》等。

外，虽然后世又出现清杨耀荣的《张子年谱》、民国归曾祁的《横渠先生年谱》，及张世敏的《张载年谱》，但是三谱均十分简略，且所编内容基本上没有逾出武氏《张子年谱》，一些讹误问题依旧相传，在当前学术界也基本无人问津①，学术价值甚微。加上武澄素来被认为"辑横渠年谱，用心勤矣。其考辨亦颇持之有故"②，故而，武氏《张子年谱》在张载研究中的作用极为突出，被学术界普遍认可和广泛引用。然而，虽然该《年谱》经过武氏详细的辨惑与裁定，但是仍存在一些重大的讹误，影响到对张载行年与思想的研究；而且，至今，笔者尚未见有专家学者对武氏《年谱》中的问题加以纠正或辨惑。基于此，本章试辨析其中的八处问题，兼求证于方家。

（一）庆州大顺城筑建时间

武澄《张子年谱》"宋仁宗庆历二年"条云："张子至庆州（二十三岁），撰《庆州大顺城记》。……澄按：大顺城筑于庆历元年。"③

然而，张载《庆州大顺城记》云："庆历二年某月〔某〕日，经略元帅范公仲淹，镇役总若干，建城于柔远寨东北四十里故大顺川，越某月〔某〕日，城成。汴人张载谨次其事，为之文以记其功。"④可见，应范仲淹之邀，张载在"城成"后作《庆州大顺城记》。又据李焘《续资治通鉴长编》卷一三六："（庆历二年五月）庆之西北马铺寨，当后桥川口，深在贼腹中，范仲淹欲城之，度贼必争，密遣子纯祐与蕃将赵明先据其地，引兵随其后。诸将初不知所向，行至柔远，始号令之，版筑毕具，旬日城成，是岁三月也，寻赐名大顺。"

---

① 杨氏《年谱》见光绪间石印本《五子行状年谱》，归氏《年谱》见《孔教会杂志》第1卷第6号。就笔者陋见，大陆学术界仅有谢巍《中国历代人物年谱考录》卷六收录有关杨氏《年谱》的介绍，姜亮夫《历代人物年里碑传综表》征引归氏《年谱》中张载生卒年。张世敏为张载后裔，所编《年谱》见于"confucius 2000"等网站。该谱内容几乎均源于武氏《年谱》。笔者曾对其中有关讹误问题，咨询其本人。

② （清）郑士范：《书横渠年谱后》，《张子全书》附录，清同治九年（1870）凤翔张述铭重刻本。

③ （清）武澄：《张子年谱》，《张子全书》附录，清道光二十二年（1842）横渠祠张连科刻本。以下所引用的武澄《张子年谱》，均为该刻本，不再于文中加注标明。

④ （宋）张载：《张载集》，第353页。

下注又云："按范仲淹奏议，仲淹欲城大顺，以三月十三日往柔远寨驻剳，遣将密行占得寨地。又仲淹集有三月二十七日自大顺回见桃花诗，四月三日奏乞以寨为城，名曰大顺，今因行赏，乃著其事。"①《宋史》卷三一四《范仲淹传》："庆之西北马铺砦，当后桥川口，在贼腹中。仲淹欲城之，度贼必争，密遣子纯祐与蕃将赵明先据其他，引兵随之。诸将不知所向，行至柔远，始号令之，版筑皆具，旬日而城成，即大顺城是也。"② 可知，大顺城在庆历二年（1042）三月范仲淹就着手修建，且修建相当迅速，旬日而成。故知，大顺城建于庆历二年。武氏"大顺城筑于庆历元年"之说失考。

（二）张载讲学长安的时间

武澄《张子年谱》志张载讲学长安的时间为治平二年（1065），并考辨云："潞公判永兴军在英宗时，永兴军即所谓长安也。时先生登进士第已八年矣。若方未第时，则潞公尚同平章事，并无以故相判长安之说。考潞公皇祐三年免知益州，嘉祐三年罢判河南，治平二年始判长安。"

显然，武澄认为，张载讲学长安在其登进士已八年时的治平二年，适逢文彦博（潞公）"始判长安"。然而，张载弟子吕大临所作《横渠先生行状》却云："（张载）方未第时，文潞公以故相判长安，闻先生名行之美，聘以束帛，延之学宫，异其礼际，士子矜式焉。"③吕氏《横渠先生行状》志此事发生在张载中进士（嘉祐二年，1057年，张载中进士）之前，时文彦博为"故相"，且在长安（今西安）处理政务。可见，武说与吕氏《横渠先生行状》出现矛盾，此亦是武氏做出考辨的原因。

故针对上述异说做一甄别：《续资治通鉴长编》卷一七一："（皇祐三年十月）丁酉，殿中侍御史里行唐介，责授春州别驾。……于是

① （宋）李焘：《续资治通鉴长编》，中华书局1993年版，第3266页。
② （元）脱脱等：《宋史》，中华书局1977年版，第10271页。
③ （宋）张载：《张载集》，第382页。

劾宰相文彦博：'专权任私，挟邪为党。知益州日，作间金奇锦，因中人入献宫掖，缘此擢为执政。及恩州平贼，幸会明镐成功，遂叨宰相。昨除张尧佐宣徽、节度使，臣累论奏，面奉德音，谓是中书进拟，以此知非陛下本意。盖彦博奸谋迎合，显用尧佐，阴结贵妃，外陷陛下有私于后宫之名，内实自为谋身之计。'"又云："庚子，礼部尚书、平章事文彦博罢为吏部尚书、观文殿大学士、知许州。"《续资治通鉴长编》卷一七五："（皇祐五年闰七月）辛未，徙知青州文彦博知秦州……御史中丞孙抃言：'朝廷昨者筑城境外，众蕃之心已皆不安。今又特命旧相临边，事异常例，是必转增疑虑，或生他变。况闻知永兴军晏殊秩将满，朝廷必借彦博才望，不若遣镇关中，兼制秦凤事宜，庶蕃部不至惊扰，在于国体，实为至便。'"又云："（八月）戊申，观文殿大学士、吏部尚书、新知秦州文彦博为忠武节度使、知永兴军兼秦凤路兵马事，始用孙抃之言也。"《续资治通鉴长编》卷一八〇："（至和二年六月）戊戌，忠武军节度使、知永兴军文彦博为吏部尚书、平章事、昭文馆大学士。"①

据上述史料可知，文彦博于皇祐三年（1051）十月，受唐介弹劾，罢去了"平章事"（即"宰相"），黜免为吏部尚书、观文殿大学士，外知许州。皇祐五年（1053）七月，文彦博又徙为观文殿大学士、吏部尚书、知秦州（今甘肃天水），八月又徙为忠武军节度使、知永兴军兼秦凤路兵马事。永兴军路的首府即京兆府（今西安）。到了至和二年（1055）六月，文彦博又迁升为吏部尚书、平章事、昭文馆大学士，恢复了宰相之位，也应当于此时回到京师汴梁（今开封）。因此，在皇祐五年八月至至和二年六月间，被罢相的文彦博由于知永兴军等政务的原因，留住于长安。也就是在这一时间内，文彦博聘张载于长安学宫讲学，故《横渠先生行状》云文彦博为"故相"。可见，武澄"治平二年"说，失考于文彦博官职变动的史实，误矣。

---

① （宋）李焘：《续资治通鉴长编》，第4113、4115、4222、4228、4353页。

（三）张载"京师虎皮讲《周易》、与二程共语道学之要"的时间

武澄《张子年谱》云："嘉祐二年，先生因举进士至京师，坐虎皮讲《易》，故《宋史》特载之，而不云嘉祐初者，略也。"

关于此事的较早记载有三处：吕大临《横渠先生行状》云："嘉祐初，见洛阳程伯淳、正叔昆弟于京师，共语道学之要，先生涣然自信曰：'吾道自足，何事旁求！'乃尽弃异学，淳如也。间起从仕，日益久，学益明。"① 李幼武《道学名臣言行外录》卷四云："嘉祐初，见二程于京师，共语道学之要。"②《宋史》卷四二七《张载传》："尝坐虎皮讲《易》京师，听从者甚众。一夕，二程至，与论《易》，次日语人曰：'比见二程，深明《易》道，吾所弗及，汝辈可师之。'撤坐辍讲。与二程语道学之要，涣然自信曰：'吾道自足，何事旁求。'于是尽弃异学，淳如也。"③ 显然，较早的吕氏、李氏均以"嘉祐初"注明时间，较晚成书的《宋史》亦没有注明具体时间。

故据以下史料加以甄别：《续资治通鉴长编》卷一八五："（嘉祐二年）春正月癸未，翰林学士欧阳修权知贡举。先是，进士益相习为奇僻，钩章棘句，寖失浑淳，修深疾之，遂痛加裁抑，仍严禁挟书者。"④ 吕大临《横渠先生行状》："先生嘉祐二年登进士第。"⑤ 可见，张载嘉祐二年（1057）举进士当属无疑，时逢欧阳修嘉祐二年正月主考。依"正月"考试推测，张载理应提前于嘉祐元年（1056）至京师，并讲《易》。又据清人池生春、诸星杓《程子年谱》记载，程颢于"嘉祐元年丙申二十五岁至京师"，程颐于"嘉祐元年丙申二十四岁至京，始居河南，再至醴泉。"⑥ 二程均是于嘉祐元年来到京

---

① （宋）张载：《张载集》，第381—382 页。
② （宋）李幼武：《道学名臣言行录外集》，《宋名臣言行录外集》，清麓丛书本。
③ （元）脱脱等：《宋史》，第12723 页。
④ （宋）李焘：《续资治通鉴长编》，第4467 页。
⑤ （宋）张载：《张载集》，第381 页。
⑥ （清）池生春、诸星杓：《程子年谱》，清咸丰五年刻本。

师汴梁。故按情理推测，作为晚辈的二程亦应此时前去拜谒表叔张载，恰逢张载讲《易》，"共语道学之要"，而非武氏所志此事发生于"嘉祐二年"，更非其所谓"《宋史》特载之，而不云嘉祐初者，略也"的原因。

（四）张载为崇文院校书的时间

武澄《张子年谱》云："（熙宁二年）张载至京师，（五十岁）见帝论治道。十二月召为崇文院校书。"武氏志张载为崇文院校书的时间为熙宁二年（1069）十二月。

关于此事，吕大临《横渠先生行状》云："熙宁二年冬被召入对，除崇文院校书。"[1] 彭百川《太平治迹统类》卷一二："（熙宁二年）闰十一月，张载为崇文院校书。"[2] 可见，吕氏仅云"熙宁二年冬"，并没有注明具体月份；而彭氏云"闰十一月"，则与武说相异。故又考征于毕沅《续资治通鉴》卷六七《宋纪六七》、陈垣《二十史朔月表》、方诗铭《中国历史纪年表》等，知是年存在"闰十一月"。因此知彭说属实，武氏失考。

（五）张载与二程"洛阳议论"的时间

武澄《张子年谱》云："（熙宁十年）张子至京师。春复召还馆同知太常礼院，与礼官议礼不合，引疾归。九月邵尧夫疾，与司马君实、二程子晨夕候之，过洛见二程子。"

武氏之论据《宋史》而来。《宋史》卷四二七："（邵雍）雍疾病，司马光、张载、程颢、程颐晨夕候之，将终，共议丧葬事外庭，雍皆能闻众人所言。"[3] 然而，据程颢《邵尧夫先生墓志铭》："熙宁丁巳孟秋癸丑，尧夫先生疾终于家。"[4] 邵伯温《邵氏闻见录》卷一五："熙宁十年，吴充丞相当国，复召还馆。康节已病，子厚知医，

---

① （宋）张载：《张载集》，第381—382页。
② （宋）彭百川：《太平治迹统类》，台北成文出版社1966年版，第1004页。
③ （元）脱脱等：《宋史》，第12728页。
④ （宋）程颢、程颐：《二程集》，第502页。

亦喜谈命，诊康节脉曰：'先生之疾无虑。'又曰：'颇信命否？'康节曰：'天命某自知之，世俗所谓命，某不知也。'子厚曰：'先生知天命矣，尚何言。'子厚入馆数月，以病归，过洛，康节已捐馆，折简慰抚伯温勤甚。"卷二〇又云："先公（邵雍）与横渠先生张子厚同以熙宁十年丁巳捐馆。"① 可见，张载入馆过洛阳时，邵雍已病重，并于熙宁丁巳孟秋癸丑日（1077 年 7 月 5 日）而卒。《宋史》所谓在邵雍临终时，张载与二程"晨夕候之"，当误。武澄所谓"九月邵尧夫疾，张载与司马君实、二程子晨夕候之"，更误。亦知，在张载返乡过洛时，邵雍"已捐馆"数月，也约在是时抱病与二程兄弟讨论学术。

（六）张载与二程论"龙女衣冠"的时间

武澄《张子年谱》云："（熙宁三年）张子归眉，过洛见程子论龙女衣冠事。"

《河南程氏遗书》卷二一上云："张子厚罢太常礼院归关中，过洛而见程子。子曰：'比太常礼院所议，可得闻乎？'子厚曰：'大事皆为礼房检正所夺，所议惟小事尔。'子曰：'小事何？'子厚曰'如定谥及龙女衣冠。'子曰：'龙女衣冠如何？'子厚曰：'当依夫人品秩，盖龙女本封善济夫人。'子曰：'某则不然。既曰龙，则不当被人衣冠。矧大河之塞，本上天降祐，宗庙之灵，朝廷之德，而吏士之劳也。龙何功之有？又闻龙有五十三庙，皆曰三娘子。一龙邪？五十三龙邪？一龙则不当有五十三庙，五十三龙则不应尽为三娘子也。'子厚默然。"② 显然，论龙女衣冠之事，当发生于熙宁十年（1077）张载罢太常礼院归过洛阳之时，此论与《程氏遗书》中所收录的"洛阳议论"当在同一时期。且至第二年（元丰元年，1078）程颢为龙思所修的《永新初修龙氏族谱》作序时，亦云："张子厚罢太常礼归关中，过洛阳而见颢。颢问曰：'此太常仪礼可得闻乎？'子厚曰：

① （宋）邵伯温：《邵氏闻见录》，中华书局 1983 年版，第 161、222 页。
② （宋）程颢、程颐：《二程集》，第 270 页。

'大事皆检正，所奇小事，如定谥及龙女衣冠，则载所议，以龙女封善济夫人，衣夫人品服。'颢曰：'既云龙何能被夫人衣？'又云：'胄庙五十三所皆曰三娘，龙少不夜庙多，何止娘子？'子厚默然。今龙氏谱如易，象六龙皆是人事也。蕃衍虽百，宗庙不为多，族众虽千万女子尚为少。衣冠济济，又皆称其人。子厚问之欣然。是为序。大宋元丰元年。"① 可见，事后，程颢仍在思索此问题。因此知，武氏误以为此事发生于熙宁三年（1070）张载因其弟张戬违逆王安石，担心受累，返乡过洛之时。

（七）张载去世时间

武澄《张子年谱》云："（熙宁十年）冬十二月乙亥卒于临潼馆舍。"

武氏之论来源于吕大临《横渠先生行状》："（熙宁）十年春复召还馆，同知太常礼院。是年冬谒告西归。十有二月乙亥，行次临潼，卒于馆舍，享年五十有八。"② 武氏之说，学术界多从之。③ 然而，根据陈垣《二十史朔月表》、方诗铭《中国历史纪年表》等均可推出：熙宁十年十二月并无"乙亥"日，本月初一为丁丑日（1077 年 12 月 18 日），后推二日为十一月二十八日，恰为"乙亥"日。此外，"十有二月"又确实有"己亥"日（即公元 1078 年 1 月 10 日）。因此，可以推断，武氏所看到的吕大临《横渠先生行状》（也是目前所能见到的完整《横渠先生行状》）在传抄过程中出现了问题：或是"十有二月"为"十有一月"之误，或是"乙亥"为"己亥"之误。武氏不加分辨，盲目依从，其论有失严谨性。

---

① 龙章杰等：《龙氏族谱》，2006 年编本。中华书局版《二程集》未收该引文。为核对该注，得到龙氏后裔龙志诚先生的热情帮助，特致谢意！

② （宋）张载：《张载集》，第 381 页。

③ 更多的直云"熙宁十年"。诸如吴荣光《历代名人年谱》、钱大昕《疑年录》、张怀骧《疑年录汇编》、余嘉锡《疑年录辑疑》、姜亮夫《历代人物年里碑传综表》、〔日〕今关寿麿《宋元明清儒学年表》等年录或年表主此说。当前学术界，大多数学者则直接云"公元 1077 年"。

（八）张载下葬时间

武澄《张子年谱》云："澄按《行状》：张子卒以其丧归殡于家，卜以元丰元年八月癸酉葬于涪州墓南之兆。涪州墓在眉县横渠镇南大振口……"

显然，武氏认同了吕大临《横渠先生行状》所谓："是月以其丧归殡于家，卜以元丰元年八月癸酉葬于涪州墓南之兆。"① 然而，在吕大临《横渠先生行状》中又云："又卜以三月而葬，其治丧礼一用古，以终先生之志。某惟先生之学之至，备存于书，略述于谥议矣，然欲求文以表其墓，必得行事之迹，敢次以书。"② 可见，在吕氏《横渠先生行状》中出现"八月""三月"两次不同的下葬时间。

然而，根据张载生平注重效仿"古礼"，主张"以礼为教"，其弟子吕大钧"独信（张载之教）不疑""日用躬行，必取先王法度以为宗"，居父丧"一襄之于礼"③ 等史实看，张载的安葬应如《横渠先生行状》所说遵循古礼，"卜以三月而葬，其治丧礼一用古"。《礼记·王制》云："天子七日而殡，七月而葬。诸侯五日而殡，五月而葬。大夫、士、庶人三日而殡，三月而葬。"④ 再又据《宋史》卷一二二《礼志》："嘉祐八年三月晦日，仁宗崩，英宗立……九月二十八日，启菆宫，以初丧服日一临，易常服出。十月六日，灵驾发引，天子启奠，梓宫升龙輴。祖奠彻，与皇太后步出宣德门，群臣辞于板桥。十五日，奉安梓宫陵侧。十七日，开皇堂（笔者注：皇堂为安放皇帝棺椁的地宫），十一月二日，虞主（笔者注：虞主为古代葬后虞祭时所立的神主）至，皇太后奠于琼林苑，天子步出集英殿门奉迎，奠于幄。七日，祭虞主。二十九日，祔太庙。""治平四年正月八日，英宗崩，神宗即位。十一日，大敛。二月三日，殡。四月三日，请谥，十八日，奏告及读谥册于福宁殿。七月二十五日，

---

① （宋）张载：《张载集》，第381页。
② 同上书，第385页。
③ （明）冯从吾：《关学编（附续编）》，第8页。
④ （清）孙希旦：《礼记集解》，中华书局1989年版，第340页。

启菆。八月八日，灵驾发引。二十七日，葬永厚陵。""元丰八年三月五日，神宗崩。十三日，大敛，帝成服。十七日，小祥。四月一日，禫除。七月五日，请谥于南郊。九月八日，读谥实册于福宁殿。二十三日，启菆。十月一日，灵驾发引。二十一日，葬永裕陵。二十九日，虞主至，十一月一日，虞祭于集英殿。自复土，六虞在途，太常卿摄事，三虞行礼于殿。四日，卒哭，五日，祔庙。"① 可见，张载时期的宋仁宗赵祯、宋英宗赵曙、宋神宗赵顼的葬礼均是遵循古代礼制，停丧期均在七月左右。这可佐证张载葬礼所遵循古礼的时间，即停丧期以大夫三月计。又据《续资治通鉴》卷二八六、陈垣《二十史朔月表》知元丰元年闰正月，故张载的下葬时间则至元丰元年二月左右。而依现存吕大临《横渠先生行状》中"八月癸酉"而葬看，则离张载去世已远超三个月。因此，可以推测有两种可能：一是初卜以"卜以元丰元年八月癸酉"，因其违背了古礼，故在实际葬礼实施中并未遵循，并另卜"三月"葬。二是《横渠先生行状》在流传过程中"元丰元年八月"之"八月"为"二月"之误，是年二月亦恰有"癸酉"日。可见，武澄又不加分辨，盲目遵循"八月癸酉"而葬之说，误矣。

二 吕大临《横渠先生行状》释疑六则

吕大临（1047—1093，字与叔）为张载亲授弟子，其所作《横渠先生行状》历来被学术界认为是研究张载行实和思想最可靠的资料之一。然而，《横渠先生行状》原存在两个版本，现存版本的写作时间、内容均存在一些模糊记载，甚至前后内容相抵牾的问题，这也造成南宋以来出现了一些歧说、误说。据笔者陋见，目前尚未见有专家学者对此加以考察与辨惑，故本节试对其中的六处问题加以释疑。又因其中涉及内容多与武澄《张子年谱》重复，为方便阅读计，不作删改。

---

① （元）脱脱等：《宋史》，第 2853、2854、2854—2855 页。

（一）现存《横渠先生行状》撰成时间蠡测

现存吕大临《横渠先生行状》云："嘉祐初，见洛阳程伯淳、正叔昆弟于京师，共语道学之要，先生涣然自信曰：'吾道自足，何事旁求！'乃尽弃异学，淳如也。间起从仕，日益久，学益明。"① 然而，据《河南程氏外书》卷一一载："吕与叔作《横渠行状》，有'见二程尽弃其学'之语。尹子言之，先生曰："表叔平生议论，谓与颐兄弟有同处则可；若谓学于颐兄弟，则无是事。"② 朱熹《伊洛渊源录》又云："案《行状》今有两本，一云'尽弃其学而学焉'，一云'于是尽弃异学，淳如也'。其他不同处亦多，要皆后本为胜。疑与叔后尝删改如此，今特据以为定。然《龟山集》中有《跋横渠与伊川简》云：'横渠之学，其源出于程氏，而关中诸生尊其书，欲自为一家。故予录此简以示学者，使知横渠虽细务必资于二程，则其他固可知已。'按横渠有一简与伊川，问其叔父葬事，末有提耳恳激之言，疑龟山所跋，即此简也。然与伊川此言，盖退让不居之意，而横渠之学，实亦自成一家，但其源则自二先生发之耳。"③ 可见，吕大临《横渠先生行状》有二本，内容不同处较多，且均为朱熹所见。因后本（现存《横渠先生行状》）为删改本，较初写本为胜，故导致初写本逐渐佚失。有关二本内容的差异，除上述朱熹的记载外，已难以考索。

据上述引文亦可知，吕大临《横渠先生行状》初写本完成后，程颐勒令其删改其中关于张载学源出于程氏的说法。作为"横渠门人之肖者"④ 的吕大临为何初撰《横渠先生行状》时漠视张载"学有本原，四方之学者宗之"⑤ 的事实，现亦已难考知。但是，可以确定的是，吕大临所删改而定的现存本《横渠先生行状》必是在张载殁后

① （宋）张载：《张载集》，第381—382页。
② （宋）程颢、程颐：《二程集》，第414—415页。
③ （宋）朱熹：《伊洛渊源录》，《朱子全书》第12册，第1002页。
④ （宋）胡宏：《胡宏集》，中华书局1987年版，第189页。
⑤ （宋）张载：《张载集》，第382页。

继学于二程之时。又据《河南程氏遗书》卷二上云："元丰己未吕与叔东见二程语"。① 元丰己未即元丰二年（1079）。是年，吕大临方东入洛阳求学于二程。因此，可以蠡测现存《横渠先生行状》约撰成于元丰二年，吕大临入洛后不久。

（二）"嘉祐初"释疑

吕大临《横渠先生行状》云："嘉祐初，见洛阳程伯淳、正叔昆弟于京师，共语道学之要，先生涣然自信曰：'吾道自足，何事旁求！'乃尽弃异学，淳如也。间起从仕，日益久，学益明。"② 可见，吕氏志张载"京师虎皮讲《周易》、与二程共语道学之要"的时间为"嘉祐初"，这也是目前能见到的有关此事的最早记载，后世学者多有沿用。诸如李幼武《道学名臣言行外录》卷四云："嘉祐初，见二程于京师，共语道学之要。"③《宋元学案》、今人侯外庐等主编《宋明理学史》、黄秀玑《张载》等亦从此说。然而，这一记载并不确切，具有模糊性，以致后世许多学者认为"嘉祐初"为"嘉祐二年"。诸如武澄《张子年谱》云："嘉祐二年，先生因举进士至京师，坐虎皮讲《易》，故《宋史》特载之，而不云嘉祐初者，略也。"④ 今人张岱年《张载——十一世纪中国唯物主义哲学家》、韦政通《中国思想史》、陈俊民《张载哲学思想及关学学派》等亦从此说。

然而，据《续资治通鉴长编》卷一八五载："（嘉祐二年）春正月癸未，翰林学士欧阳修权知贡举。先是，进士益相习为奇僻，钩章棘句，寖失浑淳，修深疾之，遂痛加裁抑，仍严禁挟书者。"⑤ 吕大临《横渠先生行状》又云："先生嘉祐二年登进士第。"⑥ 可知，张载

① （宋）程颢、程颐：《二程集》，第 13 页。
② （宋）张载：《张载集》，第 381—382 页。
③ （宋）李幼武：《道学名臣言行外录》，《宋名臣言行录外集》，清麓丛书本。
④ （清）武澄：《张子年谱》，《张子全书》附录，清道光二十二年横渠祠张连科刻本。
⑤ （宋）李焘：《续资治通鉴长编》，第 445 页。
⑥ （宋）张载：《张载集》，第 381 页。

于嘉祐二年（1057）举进士当属无疑，时逢欧阳修嘉祐二年正月主考。依"正月"考试推测，张载理应提前于嘉祐元年（1056）至京师，并讲《易》。又据清人池生春、诸星杓《程子年谱》记载，程颢于"嘉祐元年丙申二十五岁至京师"，程颐于"嘉祐元年丙申二十四岁至京，始居河南，再至醴泉。"① 二程亦均是于嘉祐元年（丙申）来到京师汴梁（今开封）。故按情理推测，作为晚辈的二程亦应于此时前去拜谒表叔张载，恰逢张载讲《易》，"共语道学之要"。因此看，吕大临所说的"嘉祐初"当为嘉祐元年，而非张载举进士的时间，武澄等后世学者误矣。

（三）"方未第时"释疑

吕大临《横渠先生行状》云："（张载）方未第时，文潞公以故相判长安，闻先生名行之美，聘以束帛，延之学宫，异其礼际，士子矜式焉。"② 显然，吕氏志张载讲学长安之事发生于张载中进士（嘉祐二年，1057年）之前，时文彦博（1006—1097，字宽夫）为"故相"，且在长安（今西安）处理政务。然而，或许是此记载时间不确切，武澄《张子年谱》针对吕说辨惑云："潞公判永兴军在英宗时，永兴军即所谓长安也。时先生登进士第已八年矣。若方未第时，则潞公尚同平章事，并无以故相判长安之说。考潞公皇祐三年免知益州，嘉祐三年罢判河南，治平二年始判长安。"③ 显然，武氏认为吕大临记载有误，并志张载讲学长安的时间为治平二年（1065）。因此，有必要重新考察《横渠先生行状》所云"方未第时"具体为何年。

征引以下史料：《续资治通鉴长编》卷一七一："（皇祐三年十月）丁酉，殿中侍御史里行唐介，责授春州别驾。……于是劾宰相文彦博：'专权任私，挟邪为党。知益州日，作间金奇锦，因中人入献

---

① （清）池生春、诸星杓：《程子年谱》，清咸丰五年刻本。

② （宋）张载：《张载集》，第382页。

③ （清）武澄：《张子年谱》，《张子全书》附录，清道光二十二年横渠祠张连科刻本。

宫掖，缘此擢为执政。及恩州平贼，幸会明镐成功，遂叨宰相。昨除张尧佐宣徽、节度使，臣累论奏，面奉德音，谓是中书进拟，以此知非陛下本意。盖彦博奸谋迎合，显用尧佐，阴结贵妃，外陷陛下有私于后宫之名，内实自为谋身之计。'"① 又云："庚子，礼部尚书、平章事文彦博罢为吏部尚书、观文殿大学士、知许州。"②《续资治通鉴长编》卷一七五："（皇祐五年闰七月）辛未，徙知青州文彦博知秦州……御史中丞孙抃言：'朝廷昨者筑城境外，众蕃之心已皆不安。今又特命旧相临边，事异常例，是必转增疑虑，或生他变。况闻知永兴军晏殊秩将满，朝廷必藉彦博才望，不若遣镇关中，兼制秦凤事宜，庶蕃部不至惊扰，在于国体，实为至便。'"③ 又云："（八月）戊申，观文殿大学士、吏部尚书、新知秦州文彦博为忠武节度使、知永兴军兼秦凤路兵马事，始用孙抃之言也。"④《续资治通鉴长编》卷一八〇："（至和二年六月）戊戌，忠武军节度使、知永兴军文彦博为吏部尚书、平章事、昭文馆大学士。"⑤

　　据上述史料可知，文彦博于皇祐三年（1051）十月，受唐介弹劾，罢去了"平章事"（即"宰相"），黜免为吏部尚书、观文殿大学士，外知许州。皇祐五年（1053）七月，文彦博又徙为观文殿大学士、吏部尚书、知秦州（今甘肃天水），八月又徙为忠武军节度使、知永兴军兼秦凤路兵马事。永兴军路的首府即京兆府（今西安）。到了至和二年（1055）六月，文彦博又迁升为吏部尚书、平章事、昭文馆大学士，恢复了宰相之位，也应当于此时回到京师汴梁。因此，在皇祐五年八月至至和二年六月间，即吕氏所谓的"方未第时"，被罢相的文彦博由于知永兴军等政务的原因，留住于长安。也就是在这段时间内，文彦博聘张载于长安学宫讲学，故《行状》云文彦博为"故相"。

---

① （宋）李焘：《续资治通鉴长编》，第4113页。
② 同上书，第4115页。
③ 同上书，第4222页。
④ 同上书，第4228页。
⑤ 同上书，第4353页。

（四）"十有二月乙亥"释疑

吕大临《横渠先生行状》云："（熙宁）十年春复召还馆，同知太常礼院。是年冬谒告西归。十有二月乙亥，行次临潼，卒于馆舍，享年五十有八。"① 显然，在现存《横渠先生行状》中，吕氏记载张载卒于熙宁十年"十有二月乙亥"。自南宋以来，学者亦大致从此说，诸如，（宋）吕中《宋大事记讲义》卷一四："熙宁十年十二月张载卒。"② 武澄《张子年谱》："宋神宗熙宁十年张子至京师……冬十二月乙亥卒于临潼馆舍。"③

然而，据陈垣《二十史朔月表》、方诗铭《中国历史纪年表》等均可推出：熙宁十年十二月并无"乙亥"日，本月初一为丁丑日（1077 年 12 月 18 日），后推二日为十一月二十八日，恰为"乙亥"日。此外，"十有二月"又确实有"己亥"日（即 1078 年 1 月 10 日）。因此，可以推断，现存吕大临《横渠先生行状》在传抄过程中出现了问题：或是"十有二月"为"十有一月"之误，或是"乙亥"为"己亥"之误。

（五）"卒于馆舍"之因释疑

吕大临《横渠先生行状》云："（熙宁十年）十有二月乙亥，行次临潼，卒于馆舍，享年五十有八。"④ 吕氏以"卒于馆舍"简要记述了张载去世时的情况，没有详述其卒因。

吕氏的记述受到后世一些学者的臆测。诸如，刘荣庆认为："张载被召封为礼官，在封建礼仪上倡导复古，却得不到赵宋皇帝和同僚的支持，处境十分孤立，就连最隆重的郊庙之礼'不致严'，'亟欲正之，而众莫之助'，生了满肚子的窝囊气，其实现平

---

① （宋）张载：《张载集》，第 381 页。
② （宋）吕中：《宋大事记讲义》，文渊阁《四库全书》本。
③ （清）武澄：《张子年谱》，载《张子全书》附录，清道光二十二年横渠祠张连科刻本。
④ （宋）张载：《张载集》，第 381 页。

生主张与施展才能的寄托，连连碰壁，他心理上遭到的打击和受到的压力是很大的。'疾'是心里吃力引起的，又是还乡的借口，政治上、精神上的雪上加霜当是他卒于骊山之下的横渠书院（今临潼县华清小学）的重要原因之一。"① 刘氏将张载"疾"因主要归结为"心里吃力"，还乡为"借口"，政治、精神的双重原因是其真正卒因。

然而，据吕大临《横渠先生行状》："（熙宁三年）会弟天祺以言得罪，先生益不安，乃谒告西归，居于横渠故里，遂移疾不起。"② 张载《诗上尧夫先生兼寄伯淳正叔》云："先生高卧洛城中，洛邑簪缨幸所同。顾我七年清渭上，并游无侣又春风。病肺支离恰十春，病深樽俎久埃尘。人怜旧病新年减，不道新添别病深。"③《续资治通鉴长编》卷二八一又载："（熙宁十年三月）戊午，诏著作佐郎、前崇文院校书张载归馆供职。载前以寻医去，秦凤路经略使吕大防请召还，故有是诏。"④ 故可以看出，早在熙宁三年，张载弟张戬累章论王安石变法而获罪时，张载就已经身患病症，且西归横渠故里。这不仅仅因为张戬之事，也存在求医、治病的原因。再者，从《诗上尧夫先生兼寄伯淳正叔》云"病肺支离恰十春"知，张载所患乃是慢性肺病。又据司马光《又哀横渠诗》："近应诏书起，寻取病告旋；旧庐不能到，丹旐风翩翩。"⑤ 邵伯温《邵氏闻见录》卷一五："子厚入馆数月，以病归，过洛，康节已捐馆，折简慰抚伯温勤甚。见二程先生曰：'某之病必不起，尚可及长安也。'"⑥ 脱脱等《宋史》卷四二七《张载传》："（张载）与有司议礼不合，复以疾归。中道疾甚，沐浴更衣而寝，旦而卒。"⑦ 可见，熙宁十年，张载已力感病重，归至

---

①　刘荣庆：《张载卒时、卒因辨》，《人文杂志》1984 年第 1 期。关注刘文及此处问题，得到魏涛兄提醒，特此注明。

②　（宋）张载：《张载集》，第 383 页。

③　同上书，第 370 页。

④　（宋）李焘：《续资治通鉴长编》，第 6881 页。

⑤　（宋）张载：《张载集》，第 388 页。

⑥　（宋）邵伯温：《邵氏闻见录》，第 161 页。

⑦　（元）脱脱等：《宋史》，第 12724 页。

中道临潼，已预感大限将至。之所以有此预感，乃是基于张载深知医术（《邵氏闻见录》云其为邵雍诊脉），及其具有存顺没宁、知天乐命的思想。故而知，刘说虽来源于《横渠先生行状》，但又徒增添了错误臆测。①

（六）"元丰元年八月"释疑

吕大临《横渠先生行状》所谓："是月以其（张载）丧归殡于家，卜以元丰元年八月癸酉葬于涪州墓南之兆。"② 然而，《横渠先生行状》又云："又卜以三月而葬，其治丧礼一用古，以终先生之志。某惟先生之学之至，备存于书，略述于谥议矣，然欲求文以表其墓，必得行事之迹，敢次以书。"③ 可见，吕氏记载张载于"元丰元年八月"下葬，并遵循"三月而葬"的古礼。

从张载生平注重效仿"古礼"，主张"以礼为教"的思想看，张载的安葬理应遵循古礼，吕氏所记，当不误。据《礼记·王制》载："天子七日而殡，七月而葬。诸侯五日而殡，五月而葬。大夫、士、庶人三日而殡，三月而葬。"④ 可知，张载的停丧期当以大夫三月计。又据《续资治通鉴》卷二八六、陈垣《二十史朔月表》知元丰元年闰正月，故张载的下葬时间则至元丰元年二月左右。显然，《横渠先生行状》所谓"元丰元年八月"下葬当误。因此，可以推测有两种可能：一是初卜以"元丰元年八月癸酉"，因其违背了古礼，故在实际葬礼实施中并未遵循，并另卜以停丧"三月"而葬。二是《横渠先生行状》在流传过程中"元丰元年八月"之"八月"为"二月"之误，而是年二月亦恰有"癸酉"日。

---

① 此外，刘文尚有一处明显错误：张载"卒于骊山之下的横渠书院"。吕大临《横渠先生行状》云"卒于馆舍"。刘氏所据应为《建横渠书院碑记》，此碑记乃是纪念张载于临潼寿终，而建祠祭祀之作，书院亦是张载殁后而建。刘氏误将书院视为张载病卒之所。

② （宋）张载：《张载集》，第381页。

③ 同上书，第385页。

④ （清）孙希旦：《礼记集解》，第340页。

三　张载家族研究中的几个问题——以张载、张戬佚文二则为中心的考察

张载及其弟张戬以传播理学闻名，被关中学者尊称为"二张"。① 关于张载的著作，中华书局于 1978 年出版的《张载集》为目前学术界常备用的著作。该集以明万历四十八年凤翔府《张子全书》官刻本为底本，参校现存的吕柟《张子抄释》、张伯行《正谊堂丛书》所收录的《张横渠集》，并于吕祖谦《宋文鉴》辑出四篇文章。其后，李裕民辑得张载文 14 篇（四篇完整），诗 61 首（四首为残句）。② 日本学者山际明利从朱子《论语精义》中统计出《横渠论语说》121 条（其中三条重复）。③ 林乐昌根据朱熹《孟子精义》《孟子或问》《孟子集注》，朱熹、吕祖谦《近思录》，黎靖德《朱子语类》，黄履翁《古今源流至论别集》，蔡谟《孟子集疏》，胡广《四书大全·孟子集注大全》等书，辑出张载《孟子说》133 条。④ 笔者也从《永乐大典》中找出张载《真像堂记》《与吕和叔书》《与范巽之书》等数篇文章。⑤ 关于张戬的著述，《（嘉靖）陕西通志》载其著有《丧仪纂要》九卷，但未传于世。《全宋文》仅辑其奏议六篇。今又发现张载所撰《宋故朝奉郎尚书虞部员外郎骑都尉赐绯鱼袋宋府君墓志铭》与张戬所撰《宋故师氏夫人墓志铭并序》，且均未被《宋文鉴》、中华书局本《张载集》《全宋文》等收录。

---

① （明）冯从吾：《关学编（附续编）》，第 6 页。

② 参见李裕民《张载诗文的新发现》，载《晋阳学刊》1994 年第 3 期。但是，李裕民所辑 61 首诗歌中又杂有多首杨时、吕本中、朱熹、陆游之作。参见王利民《张载诗真伪考辨》，载《中国典籍与文化》2006 年第 3 期。

③ 参见［日］松川健二编《论语思想史》，台湾万卷楼图书出版股份有限公司 2006 年版，第 177 页。另有邱忠堂从《论语精义》《正蒙》《张子语录》《经学理窟》《朱子语类》《真山读书记》《性理大全》等中辑出张载《论语说》157 条。参见陕西师范大学 2010 年硕士毕业论文《张载〈论语〉学研究》附录。

④ 参见林乐昌《张载佚书〈孟子说〉辑考》，载《中国哲学史》2003 年第 4 期。

⑤ 参见拙作《关学学术编年·宋代编》，三秦出版社 2008 年版。

（一）张载、张戬佚文

张载、张戬佚文全文抄录如下：

宋故朝奉郎尚书虞部员外郎骑都尉赐绯鱼袋宋府君墓志铭

承奉郎守秘书省著作佐郎崇文院校书张载撰

将仕郎守光禄寺丞知同州韩城县事范育书

承奉郎试大理评事权陇州防御判官雷寿之篆盖

宋氏本帝高辛，概见《诗》《书》。史官由春秋而后，支播中国，其族系世次，盖无从考证，不可得而详云。府君讳寿昌，字延之。五世祖勲、四世祖德权，皆仕唐末五代，为州从事别驾，土著西郑为渭南人。大王父鸾始显，本朝为监察御史。王父玙以魁磊奇特，荣名乾德中。祖宗两朝不次宠用，所历皆方面要剧，终左谏议大夫。父明远，擢进士，卒职方员外郎，累赠至光禄卿。府君幼袭先训，涉经史。天圣中，以职方致仕，恩授试将作监主簿，初仕环州司法，次庆州录事参军，从路兵城大顺川，以功迁感德军节度推官，监环州，入中仓，举转大理寺丞，知京兆府蓝田县事，就陞太子中舍。皇祐三年，知凤翔府扶风县，改殿中丞。至和三年，通判邠州事，迁国子博士虞部员外郎。嘉祐六年，除通判宁州，未赴，丁所生永安太君刘氏忧。七年夏五月二日戊申，以疾终长安私居，享年六十四。

府君气质和易，临事内敏。有谋官环庆十年，方西兵扰攘，共事皆武夫悍卒，所职修举而能尽人人欢心。庆府之开，有若范文正、孙、田、滕、尹数公，皆一时重望，相继出镇，莫不曲被，慰荐引为腹心。蓝田下车之始，击去大奸一人，邑民信惧且悦，无敢轻犯。在扶风，辨获麟游真盗，雪岐民几死者数人。所至州县，狱无钜细必反坐告者，其简厚中理得仁术之大端焉。

先卿垂年语之戒酒，因奉行终身未尝亟饮，雅好推人生禄命，精究其术。始娶师氏，翰林学士颎之后；再娶张氏，给事中复之孙，封清河县君。男四人，长曰奇，举乡进士；次曰章，皆

早卒。次曰翊，次曰京。孙男女存者六人，皆幼未婚聘。

　　府君捐馆十年，乃得从葬先茔，实熙宁辛亥岁冬十二月之庚申也。载外姻，宿契，且迫请诸生，既为撰志行事，重为铭八章章四句：

　　　　生事承颜，彼非克艰。一语终身，孝思所难。
　　　　猛吏诛恶，弊弃威作。君举不烦，万夫悦跃。
　　　　枉鞠既臣，彼奸方获。匪善得情，死生冤隔。
　　　　伯乐弗顾，权奇孰分。慰荐交章，具惟俊臣。
　　　　乃祖瑰异，庙堂英器。勋业未融，泽存后裔。
　　　　诗美硕人，公侯子孙。婉婉师张，来仪庆门。
　　　　师则同穴，张兹奉祀。兹训皇皇，惕其中圮。
　　　　龙首北阜，太仓旧田。先德之依，松楸万年。

翟秀刊

宋故师氏夫人墓志铭<small>并序</small>

将仕郎试秘书省校书郎守凤翔府普润县县令张戬撰

　　夫人氏师，世京兆人，翰林学士吏部郎中颜之孙、比部员外郎仲说之子、今虞部员外郎宋君寿昌之先配。生二男：奇、章，皆谨恪应进士贡。二孙男：子立、子美，幼从学；四孙女在室。

　　夫人妇道婉柔，居室有仪范，族人安之，内外无间。言君始仕而夫人遽卒，享年三十六。以嘉祐六年仲冬，始从永安太君丧会，葬龙首岗太仓社，祔先大卿兆次。

　　先期宋君泣书请铭，南阳张戬既已铭永安之墓，因为其辞云：

　　　　彼苗而良，胡夺而栽。
　　　　彼蘖而暴，胡恩而茂。
　　　儵来忽反兮，曷足追亡而究有？
　　　　日庚申，岁辛丑。
　　　　归龙首，铭不朽。

狄道李寂篆盖，京兆安元吉刻

上述墓志铭均出土于陕西西安市，碑石现藏于西安市文物保护考古所。《宋故朝奉郎尚书虞部员外郎骑都尉赐绯鱼袋宋府君墓志铭》的志、盖均为方形。盖文四行字，为篆书"宋故朝奉郎尚书虞部员外郎骑都尉赐绯鱼袋宋府君墓志铭"；志文三二行，为楷书，由张载撰文、范育书丹，雷寿之篆盖，翟秀刻字。《宋故师氏夫人墓志铭并序》的志、盖亦为方形，盖文三行字，为篆书"宋故师氏夫人墓志铭"；志文十七行，为楷书，由张戬撰文，李寂篆盖，安元吉刻字。笔者在抄录上述碑石文字时，加以标点，并将个别俗字、异体字改为简体正字。

（二）张载家族研究中的几个问题

这两篇《墓志铭》具有重要的文献价值，揭示了张载家族研究中值得注意的几个问题：

首先，补正史宋寿昌传记之缺。《宋史》《续资治通鉴长编》等史书未记载宋寿昌事迹。《宋史》卷二七六有《宋珰传》。据张载《宋故朝奉郎尚书虞部员外郎骑都尉赐绯鱼袋宋府君墓志铭》知，宋珰为宋寿昌祖父，宋寿昌父为"明远，擢进士，卒职方员外郎，累赠至光禄卿"。《宋珰传》载其后世子孙仅云："明远，淳化三年进士，后为都官员外郎。次子柔远，亦举进士及第。垂远，阁门祗候。"①通过墓志铭可以看出，宋寿昌在环州、庆州任职十年，曾参与大顺城的建设，并深得范仲淹等人的赏识；又担任感德军节度推官、大理寺丞；后又任职于蓝田、凤翔府扶风县、邠州等地，颇有政绩。生平"好推人生禄命，精究其术"，曾戒酒，并持之以恒。始娶师氏，再娶张氏，有子四人，去世时孙男女六人。

其次，补史书张载、张戬事迹与家世介绍之缺。除了吕大临所撰《横渠先生行状》《张御史行状》《张公文集后序》《宋故清河县君张氏夫人墓志铭》，张载所撰《张天祺墓志铭》及《宋史》《东都事

---

① （元）脱脱等：《宋史》，第9392页。

略》等史书外，介绍张载家世的著述主要有张载年谱及其族谱。张载年谱主要有宋张同然《横渠先生张献公年谱》、清武澄《张子年谱》、归曾祁《横渠先生年谱》等。然惜张同然年谱未传于今世，武氏、归氏二谱，详略互见，其中讹漏杂见，故亦未为完本。① 今传张载族谱，主要有《眉县谱》《凤翔谱》《齐村谱》《荆门谱》《淮安沭阳谱》等，但笔者所寓目的较早族谱为清乾隆时期所修撰，且记载较简，故很难作为研究张载、张戬的确证。② 通过上述墓志，可知：

其一，在上述墓志铭中，张载官职为"承奉郎守秘书省著作佐郎崇文院校书"，张戬为"将仕郎试秘书省校书郎守凤翔府普润县县令"，其中张载任"秘书省著作佐郎崇文院校书"，张戬任"凤翔府普润县县令"虽为二人的行状所记载，但其散官职"承奉郎"与"将仕郎"不仅不见于二人行状，也不见于各类史书。此外，据吕大临《横渠先生行状》《宋会要辑稿·选举三三·特恩除职上》所载吕公著荐张载奏书知：张载先为"秘书省著作佐郎"，后又迁为"崇文院校书"。据墓志铭所记亦可确认张载为"崇文院校书"时，亦兼任"秘书省著作佐郎"。

其二，张载、张戬有一个姐姐，且于宋真宗大中祥符二年（1009）后随父迁居长安，这为二人行状、年谱、族谱及各类史书所不载。《宋故朝奉郎尚书虞部员外郎骑都尉赐绯鱼袋宋府君墓志铭》云："再娶张氏，给事中复之孙，封清河县君。"张复乃张载的祖父，张氏当为张载同胞姊妹。吕大临《宋故清河县君张氏夫人墓志铭》又云："昔者闻诸横渠先生曰：'吾伯姊以贤行闻'……元祐四年十有二月戊戌，夫人以疾卒于家。……少从其父殿中丞迪徙家长安……享年八十，卒以寿终。"③ 可知，张氏夫人为张载、张戬的姐姐，卒

---

① 参见拙文《武澄张子年谱纠误八则》，载《宋史研究论丛》，河北大学出版社2009年版，第582—592页。

② 笔者曾于张氏宗亲负责人张载第28代孙张世敏先生处及宝鸡市档案馆、张载祠等地查阅多种张载族谱。

③ 参见王其祎、周晓薇《"关学"领袖张载家族人物新史料——〈宋故清河县君张氏夫人墓志〉研读》，载《碑林集刊》第14期，陕西人民美术出版社2008年版，第72页。

于宋哲宗元祐四年（1089），生于宋真宗大中祥符二年（1009），长张载（生于宋真宗天禧四年，1020）十二岁；亦知张载父迪徙家长安至早不超过大中祥符二年，补二人《行状》及史书不载张迪迁居长安时间问题。

其三，提供张氏家族郡望南阳说。《宋故师氏夫人墓志铭》云："南阳张戬。""南阳张戬"说不见于宋人著述或其他相关史书。从历代记载张载或张戬的籍贯看，主要有五说：（1）长安人。王称《东都事略》《宋史》、王洙《史质》、刘元卿《诸儒学案》、沈坤山《编年考》、《（雍正）陕西通志》《（乾隆）西安府志》等持此说。（2）汴人（或大梁人、开封人、京师人）。张载所撰《庆州大顺城记》、吕大临《横渠先生行状》、晁公武《郡斋读书志》、郭子章《圣门人物志》等持说。（3）眉人。《（嘉靖）陕西通志》、冯从吾《关学编》等亦持此说。（4）凤翔人。周汝登《圣学宗传》《（雍正）凤翔县志》等持此说。（5）秦人。赵希弁《郡斋读书志附志》持此说。事实上，张载祖籍大梁，生于长安。幼时因父亲张迪卒于涪州任上，而家贫力单，不堪返乡路途之遥远，遂于归途中侨寓凤翔眉县横渠镇，故又为凤翔人，或为眉人。以上诸说并不矛盾。而在《宋故师氏夫人墓志铭》中，张载弟张戬却自云为"南阳"人。武澄《张子年谱》云其母亲为陆氏，民国以来所编张氏族谱又云陆氏为南阳人。张戬以"南阳"自称或据其母陆氏祖籍而言，但笔者未见古人有这类情况，故推测南阳当为张氏郡望。在张戬时期也存在诸多以郡望自称的例子，如苏轼、刘攽：苏轼为四川眉州人，因苏氏为赵郡的望族，故以"赵郡苏轼"自称。刘攽为临川新喻（今江西新余）人，著有《彭城集》《中山诗话》，而彭城和中山均为刘氏郡望，并非其人籍贯。

其四，揭示张氏与宋氏姻亲关系。张载《宋故朝奉郎尚书虞部员外郎骑都尉赐绯鱼袋宋府君墓志铭》云："（宋寿昌）再娶张氏，给事中复之孙，封清河县君。……男四人，长曰奇，举乡进士；次曰章，皆早卒。次曰翊，次曰京。……载外姻，宿契。"张戬《宋故师氏夫人墓志铭_{并序}》云："夫人氏师……今虞部员外郎宋君寿昌之先

配。生二男，奇、章。"可见，张载因其姐嫁于宋寿昌而与宋氏结为姻亲；宋寿昌有四子：宋奇、宋章、宋翊、宋京，① 其中宋奇、宋章为师氏所生，而宋翊、宋京为张载姐所生。又据吕大临《横渠先生行状》"（张载）殁之日，惟一甥在侧"②，武澄《张子年谱》"冬十二月乙亥，卒于临潼馆舍。……甥宋京从游"③ 等史料，可以看出张载与宋氏关系密切，其外甥宋京曾跟随身边学习，甚至在其临终与之相伴。

　　① 王其祎、周晓薇认为，宋京"名京而字翊京"，且云"翊京当是长子身份"，实误。参见王其祎、周晓薇《"关学"领袖张载家族人物新史料——〈宋故清河县君张氏夫人墓志〉研读》，《碑林集刊》第 14 期，陕西人民美术出版社 2008 年版，第 74 页。

　　② （宋）张载：《张载集》，第 385 页。

　　③ （清）武澄：《张子年谱》，《宋明理学家年谱》第 2 册，北京图书馆出版社 2005 年版，第 56 页。

第六章 张载"神"论的意义结构研究

"神"是张载哲学中出现最多的哲学范畴，仅在《正蒙》《横渠易说》中就出现约304处；且"神"的意涵较为复杂：有作为名词与形容词的"神""天道之神""物性之神""变化之神""神道"等，也有作为动词的"神化""存神""知神""穷神""圆神"等。关于张载"神"论的研究，至21世纪大陆学术界虽然有部分学者进行某些角度的解读，典型者如丁为祥以"太虚本体"的视域区分"神"的"实体义"与"作用义"的双层功用①，引起了学术界的广泛关注。其后杨立华又从气本论的立场出发对丁说做出回应与诘难，并突出天道神化的功用②，在某种程度上也推动了张载"神"论的研究。但是，从总体上看来，大陆学术界对张载"神"论的研究仍存在两方面的不足：一是立足于张载哲学中"虚""气""性""理"等范畴讨论时言及"神"，忽略了对"神"不同意涵的辨析和系统化阐述。二是对"神"在张载哲学体系中的定位不明确。造成上述不足的原因，笔者认为多在于未能将张载关于"神"的论述放入其思想体系中考察各种论"神"言论的内在关系；换言之，缺乏将张载"神"论作为具有独特系统的意义结构来展示。故本章拟通过对《张载集》（中华书局本）中"神"的鉴别与考察，分析张载神论的意义结构，认为张载"神"论主要存在以下基本意涵，即"天，神也""妙万物而谓之神""合一不测为神""穷神知化""存神顺化""神

---

① 丁为祥：《虚气相即——张载哲学体系及其定位》，第83页。
② 杨立华：《气本与神化——张载哲学述论》，第51—65页。

道设教",并且这些意涵构成贯穿本体、工夫、社会实践等层面的意义结构。

一　"天，神也"

在张载哲学中，天、太虚异名同义，均指称本体。他说："由太虚，有天之名"（《正蒙·太和篇》），"太虚者天之实也。万物取足于太虚，人亦出于太虚"（《张子语录·语录中》），"虚者天地之祖，天地从虚中来"（《张子语录·语录中》）。天（太虚）为宇宙万物创生之本和最终根源，是形而上的本体之"实"。同时，张载又认为："天地以虚为德，至善者虚也"（《张子语录·语录中》），"诚者，虚中求出实"（《张子语录·语录中》），"虚者，仁之原"（《张子语录·语录中》）。太虚（天）也是诚、仁等道德价值的来源。为了形象地阐发太虚（天）的上述意蕴，张载创造性地引入了"神"的哲学范畴。

其一，"清通而不可象为神"。张载之学"以易为宗"①。《易·乾·象》云："大哉乾元，万物资始，乃统天。"天，在卦为乾，乾知大始。形上之天乃万物创生的根源。如何描述"天"？一方面，张载说："乾坤亦何形？犹言神也。人鲜知天，天竟不可体，姑指日月星辰处，视之为天。"（《横渠易说·系辞上》）"天"以其无形无方又不可以体，故可视之为"神"。另一方面，张载又对作为"气之本体"的无形之太虚（天）进行了描述，强说之为"清"或"清通"。"太虚为清，清则无碍，无碍故神"（《正蒙·太和篇》），"清极则神"（《正蒙·太和篇》），"清通而不可象为神"（《正蒙·太和篇》）。本体清通无碍，超越了形象和时空的限制，故也被张载称为"神"；因而牟宗三以"就真体自身而作之形上的陈述"论之，是合理的。②可见，"神"是太虚（天）的异名词，亦基于此，张载又屡屡言及

---

① （元）脱脱等：《宋史》，第 12724 页。

② 牟宗三释张载哲学以"太虚神体"说"道体"，此处释"清通而不可象为神"云："清通虚体之神虽是寂然不动感而遂通，然这只是就真体自身而作之形上的陈述，即真体自身自如此。"（牟宗三：《心体与性体》，上海古籍出版社 1999 年版，第 359、381 页）

"天之神"（《正蒙·大心篇》）、"天载之神"（《正蒙·天道篇》）等。

其二，"神而有常谓天"。张载说："天之不测谓神，神而有常谓天。"（《正蒙·天道篇》）天之不测谓本体的创生义。"常"则是相对于变化而异形的万物而言，当指本体的绝对性与永恒性。在张载看来，"金铁有时而腐，山岳有时而摧，凡有形之物即易坏，惟太虚无动摇，故为至实"（《张子语录·语录中》）。"太虚"（天）无形，不仅不存在生成或消亡，而且寂然不动，永恒至一，故为"常"，也即"神"，实为"天道"。张载又说："物形乃有小大精粗，神则无精粗，神即神而已，不必言作用"（《横渠易说·系辞上》），"万物形色，神之糟粕"（《正蒙·太和篇》）。万物有形而驳杂，"神"无形而至一。相对于"神"而言，有形万物不过是宇宙生成过程（神妙）中的渣滓，神亦非在万物形色之外。故清儒杨方达说："万物形色，莫非神也。神者，变化之妙也。"① 据此看，张载强调"神而有常谓天"更多的是侧重于宇宙生化的规律而言，故其云："太虚者自然之道。"（《张子语录·语录中》）

其三，"位天德则神"。张载说："神，天德。德，其体"（《正蒙·神化篇》），"位天德则神，神则天也"（《横渠易说·上经·乾》）。天德即天的本性良能。"天不言而信，神不怒而威；诚故信，无私故威。"（《正蒙·天道篇》）天与神为同位词，诚与"无私"同为"神"（"天"）的价值指向。诚则无私，"诚"与"无私"所指一致。就"诚"而论，张载说："至诚，天性也"（《正蒙·乾称篇》），"诚则实也，太虚者天之实"（《张子语录·语录中》），"天所以长久不已之道，乃所谓诚"（《正蒙·诚明篇》）。据此看来，诚又为天德。神与诚、天德同义异名，为道德价值的来源。

综上，在张载哲学中神与天（太虚）作为同位词，具有明显的本体论特征，存在绝对性、永恒性、根源性和价值性等不同的指向，这也是其神论中最内在的根源性意义结构。

---

① （清）杨方达：《正蒙集说》卷1，清乾隆复初堂刻本。

二 "合一不测"与"妙万物"为神

张载在阐述宇宙生成变化时也屡屡提出了"神""神化"等命题，其中最为典型的阐述有二：

其一，"合一不测为神"。张载说："气有阴阳，推行有渐为化，合一不测为神。"（《正蒙·神化篇》）张载这种描述与其体用理论密不可分，也只有在其体用理论的架构下，才能有效明晰"合一不测为神"的命题。学术界关于张载体用论争论的焦点是关于"太虚即气"的阐释。一般而言，坚持张载哲学为气本论者认为"即"为"是"，"太虚即气"为"太虚是气"，将太虚与气同质化，这样一来，不仅张载所说"合虚与气有性之名"中的虚气成了无必要的同义反复，也无法理解"知虚空即气，则有无、隐显、神化、性命通一无二"（《正蒙·太和篇》）等语。实际上，"太虚即气"与"合虚与气"的意涵是一致的，"即"则等同于"合"。①"太虚"合"气"恰恰是说明体用关系，体用相即不离，这乃是受到了《周易》的影响，展现的是"通一无二""有无混一之常"（《正蒙·太和篇》）的特点。张载谈"合"，仅《正蒙》中就多达50余处，如"合虚与气"（《正蒙·太和篇》）、"合性与知觉"（《正蒙·太和篇》）、"义命合一"（《正蒙·诚明篇》）、"仁智合一"（《正蒙·诚明篇》）、"阴阳合一"（《正蒙·诚明篇》）、"性与天道合一"（《正蒙·诚明篇》）、"合内外之德"（《正蒙·大心篇》）。张载论"神"也强调"合一"的特征，他说："气有阴阳，推行有渐为化，合一不测为神。"（《正蒙·神化篇》）"气有阴阳"即"一物两体，气也"（《正蒙·参两篇》）。两体虽就阴阳之气而言，但从"合一"处说又是"一物"。"太虚之气，阴阳一物。"（《横渠易说·系辞下》）"太虚之气"并非仅言气，而是着重虚气相合时"神"体与"气"用的相合，故张载说："一故神，（两在故不测）。两故化，（推行于一）。此天之所以参也。"

---

① 林乐昌：《张载两层结构的宇宙论哲学探微》，《中国哲学史》2008年第4期。

(《正蒙·参两篇》)"神一"即天，阴阳之气"推行于一"即天道流行化育。

再看"不测"。"不测"源于《周易·系辞上》"阴阳不测之谓神"语。张载对"不测"的阐述，大致包括两个方面：一是指形上之神的不测。张载所说的"天之不测谓神"（《正蒙·天道篇》），"神为不测，故缓辞不足以尽神"（《正蒙·神化篇》）等均是着眼"神"作为本体义的不测功用而言，这是自上而下言，侧重论"合一"之神。另指形下的变化不测，这也是与"两"连用时所指，即"两在故不测"（《正蒙·参两篇》）。"不测"为阴阳之气的变化不测，展现的是气化过程，即"阴阳不测之谓神"。换言之，气之聚散、推荡均"妙乎神"（《横渠易说·系辞上》）。在张载看来，这种气化不测之神有所偏滞，需要受制于"合一"本体之神。气的存在状态虽有"有无、隐显、神化、性命"（《正蒙·太和篇》）的变化，但"气之性本虚而神，则神与性乃气所固有"（《正蒙·乾称篇》）。气之"性体"（虚、神）无不存在于气化之中，从"体"上看所有的气化也都是"通一无二"的。因此，张载以"合一""不测"连用论神的目的在于从本体的高度来探求天道创生的功能与天人相贯的德性之渊。

其二，"妙万物而谓之神"。《周易·说卦传》云："神也者，妙万物而为言者也。"张载诠释说："神者，太虚妙应之目，凡天地法象皆神化之糟粕尔。"（《正蒙·太和篇》）太虚的妙应即本体（太虚）的功用，张载亦视之为"神"；换言之，这也给《说卦传》中的"无限妙用"的神找到了本体论支撑。如何展现"妙应"之"神"？张载亦注重将其置于其易学体系加以阐述。他说："《易》所谓'原始反终故知死生之说'者，谓原始而知生，则求其终而知死必矣。此夫子所以直季路之问而不隐也。体不偏滞，乃可谓无方无体。偏滞于昼夜阴阳者物也，若道则兼体而无累也。以其兼体也，故曰'一阴一阳'，又曰'阴阳不测'，又曰'一阖一辟'，又曰'通乎昼夜'。语其推行，故曰'道'；语其不测，故曰'神'；语其生生，故曰'易'；其实一物，指事而异名尔。"（《横渠易说·系辞上》）张载认

为，宇宙生化（阴阳之气的变化）要受其体的支配（"兼体"、太虚作用），在这一过程中"道""神""易"三者虽异名但同为一事，其区别在于生化规律则为"道"、变化莫测为"神"，生生不已为"易"。事实上这也是对《易传》中"神无方易无体"的诠解，在通乎生死、昼夜的幽明之道中，道即妙应之"神"，也是不断变化之"易"，无法用方所空间加以限制。可见，张载发掘了《易传》的形而上意蕴。据此，张载所谓"神者，太虚妙应之目"（《正蒙·太和篇》）、"妙万物而谓之神"（《正蒙·乾称篇》）之"神"不过是对太虚本体作用下的阴阳作用、万物气化过程的描述。

综上，从张载对《周易》的吸收及其体用理论的建构看，"合一不测为神"和"神者，太虚妙应之目"展示了其神论的作用结构，均是对宇宙万物生化过程的描绘，二者具有一致性，只不过后者是对前者的细化说明。

三　"穷神知化"与"存神顺化"

朱熹说："'神、化'二字虽程子说得亦不甚分明，惟是横渠推出来。"[1]朱熹认为，张载于"神""化"的区分方面超越了盛谈理气的程颐，此论较为公允。在张载看来，"神"与"化"乃是合理阐发儒家工夫论的重要范畴。他认为，儒家工夫论指向两种不同的境界："圣"与"大"。"神化者，天之良能，非人能；故大而位天德，然后能穷神知化。"（《正蒙·神化篇》）"无我而后大，大成性而后圣，圣位天德不可致知谓神。故神也者，圣而不可知"（《正蒙·神化篇》），"大人成性则圣也化，化则纯是天德也。圣犹天也，故不可阶而升。圣人之教，未尝以性化责人，若大人则学可至也"（《横渠易说·上经·乾》）。"圣"之境界纯粹由神化之天德所决定。圣人自来与天为一，德盛仁熟，故能够冥契至诚的天性，即达到"未之或知以上事"（《正蒙·神化篇》）。因此，"圣"作为儒家至诚至高的道德境界，被

---

[1]　（宋）朱熹：《朱子语类》，《朱子全书》第17册，第3303页。

张载谓为"神"。常人非德盛自然，故无法达到"圣"的境界，即"不可以神属人而言"（《横渠易说·上经·乾》）；但是，可以通过修为"勉学""无我"、变化气质，达至"大"的境界，即其所谓"精义入神，利用安身，此大人之事。大人之事则在思勉力行，可以推而至之"（《正蒙·神化篇》）。

张载在设定"圣""大"的道德境界的同时，也对工夫论提出了要求，阐发了"穷神知化"与"存神顺化"的命题。

其一，"穷神知化"。此命题源自《周易·系辞下》"穷神知化，德之盛也"语。张载说："《易》谓'穷神知化'，乃德盛仁熟之致。"（《正蒙·神化篇》）在张载那里"德盛仁熟"的境界乃是"穷神知化"所致。圣人德盛自致，"以其道变通无穷，故谓之圣〔人〕。圣人心术之运，固有不疾而速、不行而至、默而识之处，故谓之神"（《横渠易说·说卦》）。换言之，圣人无须思勉，自然可以穷神知化；但是，对于追求圣人境界的学者而言，仍需要"穷理尽性""穷理亦当有渐，见物多，穷理多，从此就约，尽人之性，尽物之性"（《横渠易说·说卦》）。张载在解释《中庸》"至诚为能化"时又说："至诚，天性也；不息，天命也。人能至诚则性尽而神可穷矣，不息则命行而化可知矣。学未至知化，非真得也。"（《正蒙·乾称篇》）明儒高攀龙释之云："天性无妄，天命不已，性即神，命即化，故至诚无息而性命、神化一以贯之。"[1] 据此看，张载的"至诚为能化"乃阐述了"心能尽性"思想，以己之神（心）穷天之神（性）；换言之，通过扩充道德主体而追求"性与天道合一"的工夫，这是对大人而言的，是"修而可至"（《横渠易说·上经·乾》）的。但这种大人之"穷神知化"，并非自然而然，乃是张载所谓的"曲成而不害其直，斯尽道矣"（《正蒙·至当篇》）。换句话说，大人虽将个体精神升华到极致，但展现的是对天人的"知化"境界的追求，并非自然而然的。

其二"存神顺化"。张载在阐述"穷神知化"外，又阐述了"存

---

① （明）高攀龙集注、徐必达发明：《正蒙释》卷4，明万历刻本。

神顺化"思想。"存神"源自《孟子·尽心下》"夫君子所过者化，所存者神"语。张载说："神不可致思，存焉可也；化不可助长，顺焉可也。"（《正蒙·神化篇》）神为天德，化为天之良能。换言之，神即化之体，化即神之用。故张载认为，在"修而可至"的大人之事之外，还有"大而化之"的圣人之事。圣人德盛仁熟，所彰显之事虽如大人般与阴阳合其德，与天地同流，神体化用一原；但其"穷神知化"之道，乃是自然而然的"存神顺化"。故张载说"大人成性则圣也化，化则纯天德也"（《横渠易说·上经·乾》）。对于圣人而言，展现的是"天德"所支配下的自然之"化"，并不需要经验层面的努力，张载虽也称之为"穷神知化"，但强调的是"自然顺化"。如其云："神不可致思，存焉可也；化不可助长，顺焉可也。存虚明，久至德，顺变化，达时中，仁之至，义之尽也"（《横渠易说·系辞上》），"若大人以上事则无修，故曰'过此以往，未之或知'，言不可得而知也，直待己实到穷神知化，是德之极盛处也"（《横渠易说·上经·乾》）。"仁至""义尽"即为"成性"。可见，圣人穷神、存神的目的就是顺化天德，即实现天人合一、达到"仁至""义尽"的道德境界，这是"天之良能，非人能"（《横渠易说·系辞下》），故仅可适用于"德之极圣"的圣人。

事实上，上述张载的阐发是以"大"与"圣"的境界为前提的，这是"神"论意义结构中的工夫修养论意涵，也和其哲学中"见闻之知"与"德性之知"的区分相一致。"见闻之知"是"大而扩"的结果，"德性之知"是"穷神知化""存神顺化"的结果，通过"变化气质""虚心"而"尽心""成性"。

四　"神道设教"

张载之学"黜怪妄，辨鬼神"[1]，其云："鬼神，往来、屈伸之义，故天曰神，地曰示，人曰鬼。"（《正蒙·神化篇》）伸者为神，

---

[1]　（元）脱脱等：《宋史》，第 10724 页。

屈者为鬼，伸曲变化不过是气化活动。张载又说："凡物能相感者，鬼神施受之性也；不能感者，鬼神亦体之而化矣。"（《正蒙·动物篇》）清儒冉觐祖释之云："物有动植之不同。动物本诸天而亲上，以其一呼一吸，即为聚散之渐；植物本诸地而亲下，以其阴阳之一升一降，为聚散之渐。凡此者皆气之为也。"[1] 可见，从生成孕育处看，虽然动物能相感，而植物无法感通，但是鬼神体物，阴阳之气屈伸的作用都是存在的。[2] 张载则以气之聚散重新阐释了传统的鬼神观念；但是，鬼神乃儒家祭祀传统所强调之物，因此注重"以礼为教"的张载亦须阐发鬼神新观念在祭礼中的作用，诸如其云："祭接鬼神，合宗族，施德惠，行教化。"（《经学理窟·祭祀》）张载认为，就祭祀祖先而言，明报本返始，"顺人情而为之"（《经学理窟·祭祀》），实为儒家孝道所致，通过祭祀延续感念祖先之德。"祭祀"为工具，人文教化为目的，"鬼者只是归之太虚"（《经学理窟·祭祀》），所祭所怀的不过是宗族的精神与恩德。与上述诠释取向相似，张载对"神道设教"进行了阐释。[3]

"神道设教"源自《易·观·彖》："中正以观天下。观，盥而不荐，有孚颙若，下观而化也。观天之神道，而四时不忒，圣人以神道设教，而天下服矣。"宗庙的祭祀符合天之神道，四季轮回有则有序，圣人也依此制定了教法。因此，当百姓在看到实行隆重的盥礼降神的仪式后，便对"神道"产生敬畏之感，并服膺安居，从而天下治平。显然，"神道"展现的是四季自然秩序，而这种自然秩序所蕴含的道德准则恰是通过圣人的设教，在祭祀礼仪中展现出来，进而实现社会教化。据此看，"神道"实为具有浓厚人文意蕴的"天道"，通过借助于圣人进行设教，沟通天道与人道。换言之，"神道设教"亦可称之为"圣人设教"。张载在诠释时云："神道，如'盥而不荐'之类，

---

① （清）王植：《朱子注释濂关三书》，清雍正元年刻本。
② 张波：《张载生死观新论》，《船山学刊》2009 年第 4 期。
③ "祭祀自然之神"与"祖先神"也是张载关注的重要内容，于张丽华先生的《张载的鬼神观》（《中国哲学史》2006 年第 2 期）一文中已有详细阐述，故笔者不再赘言，仅选择其未涉及的"神道设教"加以论述。

盥简洁而神，荐亵近而烦"（《横渠易说·上经·观》）。在张载看来，盥礼因其特征简洁而可以作为教化之道，这和"天不言，藏其用而四时行"是一致的。而圣人与天道感通，体现天道天德，故张载又说："凡教化设施，皆是用感也，作于此化于彼者，皆感之道，圣人以神道设教是也。天不言而四时行，圣人〔神道〕设教而天下服，诚于此，动于彼，神之道欤！"（《横渠易说·上经·观》）后儒王夫之张载"神道设教"亦有论述："《观》之象曰：'神道设教'，非假鬼神以诬民也，不言而诚尽于己，与天之行四时者顺理而自然感动，天下服矣。天以化为德，圣人以德为化，惟太和在中，充实诚笃而已。"①王氏之论甚为持平！张载论神道不是"假鬼神以诬民"，而是设教承续《周易》乃至《中庸》天道与人道相会通，"诚者，天之道"的理路，不仅将天道视为万物创生的根源，也将其视为个人修为工夫的归宿，以"思诚""诚尽于己"的修为感化教化民众，这显然摆脱了汉代以来以祭祀为主要方式的神道（天道）民俗化、宗教化的泥沼。

如果将上述张载"神"论意义结构中社会实践思想与张载十分注重阐发的《周易》"感"的思想相联系来看："天包载万物于内，所感所性，乾坤、阴阳二端而已，无内外之合，无耳目之引取，与人物蕉然异矣。人能尽性知天，不为蕉然起见则几矣。"（《正蒙·乾称篇》）"天之感"实际上即"神道"，指太虚（天）以"感"为能、为发用的乾坤、阴阳相感，这也是天道化育万物的过程。显然，在这种思想的支配之下，神道设教不过是阐发礼仪形式所蕴含的人文理念，远离了民俗宗教意义上的鬼神观念。

综上，如果说"天，神也"是对"神"的本体意蕴的阐释，"妙万物而谓之神"与"合一不测为神"是对"神"之作用的描绘；那么，"穷神知化"与"存神顺化""神道设教"则分别对人的工夫修养与社会实践进行了有效阐发。可见，在张载哲学中，"神"的基本意涵，贯穿于形上与形下的意义结构，既展现了太虚（天）的永恒性（常）与价值性，又揭示了在太虚本体支配下的宇宙生成过程，

---

① （清）王夫之：《张子正蒙注》，中华书局1975年版，第51页。

将本体论与宇宙生成论有机地结合起来,在宋代新儒学中凸显出对汉儒元气生成论与魏晋玄学本体论的一种融合与超越。同时,既展现了对传统儒家思想的继承;不仅对儒家传统工夫论做出了新的诠解,也对传统民俗鬼神观进行了有效的改造,达到"黜怪妄,辨鬼神"的目的,为宋明新儒学宗教观念的人文化发展奠定了基础。

第七章　庄子与张载气论之比较

　　气论是庄子和张载哲学中共有的理论，广泛涉及他们对宇宙论、本体论、修养论、生死观诸多方面的构建。综览学术界对二人"气论"的研究，笔者认为存在两个薄弱的环节：一是拘泥于二人各自的理论体系，鲜有专文（著作）对二人气论的关系做出揭示。二是由于张载以反佛道著称，一些学者视庄子的某些观点为其批判对象，而深入他们思想体系内部，从整体上比较二人气论的研究更为匮乏。因此，以下拟围绕二人气论中共有或相似的论述，试图系统地揭示二人气论特征，并比较其异同。

一　通天下一气

　　"气"在《庄子》中出现 46 处，"气"作为宇宙生成的本源，即"通天下一气"（《庄子·田子方》）。分而言之：其一，万物气化而成。《庄子·庚桑楚》说："春气发而百草生，正得秋而万宝成。"成玄英疏："夫春生秋实，阴阳之恒；夏长冬藏，物之常事。故春秋岂有心施于万实，而天然之道已自行焉，故忘其生有之德也。"① 春华秋实均是阴阳之气变化的结果，遵循自然天道。《庄子·在宥》又说："欲合六气之精以育群生。"六气指阴、阳、风、雨、晦、明六种万物生长所依据的气象。六气调和，四时成序，万物才能成长。此外，庄子也使用"云气""噫气"（表征"风"）、"天气""地气"

———————

① （清）郭庆藩：《庄子集释》，中华书局 2004 年版，第 771 页。

"春气"等表征自然界的生成变化。人作为万物之灵，其生命也与"气"有关。庄子用"血气""人气""神气""志气"等表征生命现象，并说："人之生，气之聚。聚则生，散则死。"（《庄子·知北游》）可见，庄子也视人的生命存在遵循气化活动：气聚则生，气散则亡。

其二，"一气"为万物生成的根源。《老子》第42章云："道生一、一生二，二生三、三生万物。万物负阴抱阳，冲气以为和。"如果说老子已将作为生成之源的"道"用阴阳未分时的"一"（一气）进行规定，视"道"与"一"为同位哲学范畴进行诠释的话，那么庄子更加确认了这种整体规定之"一"或"一气"说。在《庄子》中以"一"表"气"，把气作为具有实体意义的独立词来看待的现象存在十余次。诸如《庄子·至乐》说："气变而有形，形变而有生。"《庄子·秋水》又说："万物皆出于机，皆入于机。"郭象注："一气而万形。"① 万物虽有千差万别，但本源为一气。故《庄子·田子方》说："万物一也，是其所美者为神奇，其所恶者为臭腐；臭腐复化为神奇，神奇复化为臭腐。故曰'通天下一气耳。'"从表面看，神奇之美、腐臭之恶造成了各种物性人情的差异，但是从其产生的根源上看都是一气的流转，并无差异。

当庄子把"一气"作为万物生成的根源时，又试图把物质性的"一气"实体化。《庄子·田子方》说："通天下一气耳，圣人故贵一。"成玄英疏："夫体道圣人，智周万化，故贵此真一，而冥同万境。"② "一气"即"真一"，与"道"等同。庄子的"道"具有本体论的特征，不仅存在于天地之先，无所不在，无始无终；又具有明鉴洞照、趣机若响、视而不见等特征。《庄子·至乐》又说："察其始而本无生，非徒无生也而本无形，非徒无形也而本无气。杂乎芒芴之间，变而有气，气变而有形，形变而有生。"从"道"的角度看，宇宙万物原本没有生成和形体，只是由于气的凝聚变化，才构成形体，

---

① （清）郭庆藩：《庄子集释》，第629页。
② 同上书，第734页。

产生生命。如果进一步推下去，作为万物创生的根据（本体）必然是"未始有夫未始有无"的"无"。然而，庄子对本体的揭示尚不清晰，更多的是停留在对"气母"（《庄子·大宗师》）、"种有机"（《庄子·至乐》）等具有强烈生成论色彩词汇的描述上。即使《庄子·知北游》所云"夫昭昭生于冥冥，有伦生于无形。精神生于道，形本于精，而万物以形相生"，用精神心灵替换"气"，支配万物的生成，仍没有摆脱道为气之源的生成论问题。

与庄子比较看，张载对"气"的论述更为广泛，仅《正蒙》中就出现84处，不仅吸收了庄子气论，而且加以深化、纠正与批判。在生成论方面，张载也以气之聚散言说万物的生死存亡。在论述时，张载使用了"阴阳之气""太虚之气""天地之气""游气""戾气""和气"等。他说："阴阳，气也"（《正蒙·大易篇》），"气有阴阳"（《正蒙·神化篇》）；又说："太虚之气，阴阳一物也。然而有两，健顺而已""一物两体，气也"（《正蒙·参两篇》）。气分阴阳仅是表征其作用不同，在本质上却是一物（一气），共同参与宇宙化生，即"游气纷扰，合成质者，生人物之万殊；其阴阳两端循环不已者，立天地之大义"（《正蒙·太和篇》）。在描述万物生成与消亡的气化现象时，张载往往使用"聚散""屈伸""升降"等表示变化不居的词汇，其中"聚散"义最为圆满。"气不能不聚而为万物"（《正蒙·太和篇》），气聚为万物，即万物得以生。"散入无形"，即万物的消亡。故明儒韩邦奇说："吾之体本太和之气所聚也，今死而散入无形得吾本然之体。"[①] 显然，在张载哲学中，气在万物的生化活动中起到质料的作用，具有形而下的特征，这与庄子并无二致。

但是，在本体论方面，张载则发展完善了庄子气化思想。其一，确立"太虚"本体。"太虚"较早出现于《庄子·知北游》中："若是者外不观乎宇宙，内不知乎太初，是以不过乎昆仑，不游于太虚。"庄子以太虚描绘充满气的茫茫宇宙。张载吸取"太虚"一词，诸如"气坱然太虚"（《正蒙·太和篇》）。当太虚作为无形的虚空状

———————

① （明）韩邦奇：《性理三解》，清乾隆十六年成氏刻本。

态时，类似庄子对道、"造物者""地母""种机"等的描绘。但是，太虚在张载哲学中更多地被视为宇宙万物存在的本体，诸如"太虚无形，气之本体"（《正蒙·太和篇》），"由太虚，有天之名"（《正蒙·太和篇》），"天也，形而上也"（《正蒙·作者篇》），"天惟运动一气，鼓万物而生"（《横渠易说·系辞上》）。太虚即形上之天，支配着气化生成活动，创生万物。同时，张载又说："天地以虚为德，至善者虚也"（《张子语录·语录中》），"虚者，仁之原"（《张子语录·语录中》），"诚则实也，太虚者天之实也"（《张子语录·语录中》）。太虚又是"德""善""诚""仁"等德性的来源，即如清儒王植所说："张子以太虚为性命之原，万物之本。"① 可见，张载不仅超越了庄子的气化自然之道，而且更进一步确立了太虚本体的价值意蕴。

其二，建构"太虚即气"的体用关系。张载说："太虚即气"，"太虚者，气之体"（《正蒙·乾称篇》）。太虚为气之本体，"即"为"不离""不二"之义。太虚在气化过程中起创生作用。如何展示这种创生？张载又引入"神"的概念。他说："神者，太虚妙应之目"（《正蒙·太和篇》），"气之性本虚而神，则神与性乃气所固有"（《正蒙·乾称篇》）。"神"是太虚与气相感合生成万物的创造力量②，具有妙用善应的特质，"神之应也无穷；其散无数，故神之应也无数"（《正蒙·乾称篇》）。气化活动周流不息，万物得以延续。可见，张载论"神"是基于"太虚即气"的体用关系，展示万物创生的过程。

实际上，虚与气的结合也使张载气论中的本体义与生成义相互辅助，圆融贯通。张载说："太和所谓道，中涵浮沉、升降、动静、相感之性，是生絪缊、相荡、胜负、屈伸之始""气不能不聚而为万物，万物不能不散而为太虚"（《正蒙·太和篇》）。明儒高攀龙说："太和，阴阳会合冲和之气也。《易》曰：'一阴一阳之谓道'。张子

---

① （清）王植（辑）：《朱子注释濂关三书》，清雍正元年刻本。
② 林乐昌：《张载对儒家人性论的重构》，《哲学研究》2000 年第 5 期。

本《易》以明器即是道，故指太和以名道。盖理之与气，一而二、二而一也。"① 虽然从张载哲学体系看，高氏以"理"论"太虚"难以完全妥帖，但此处所论可取。从实然层面看"太和之道"即气化生成之道，"攻取百涂"（《正蒙·太和》），聚为万物，但从价值层面看又是"吾体""吾常"的太虚本体之显现。故清儒王植又说："周乎天地人物之先，而贯乎其内，乃气之发用，即太和之谓也。言其清通则曰太虚，言其流行则曰太和，异名而同质者也。"王氏以体用、流行相联系来理解张载气论中本体论与生成论的双方面建构是可取的，这也是张载与庄子气论理论建构中最大的区别。

二　心斋与虚心

在二人哲学中，气不仅是人的一种存在形式，也是人与物、人与道之间的连通环节，因而在他们修养论构建中气也必然具有重要作用。以二人修养论中的核心概念析之：

"心斋"集中体现庄子修养论的特征。在《庄子·人世间》中，庄子借孔子之语说："若一志，无听之以耳而听之以心，无听之以心而听之以气！听止于耳，心止于符。……虚者，心斋也。"专注一心，便会不起异念，耳根自然会虚寂，进而便能遣除心中对外界的一切感触，进入道的玄妙境界，即成疏所谓"虚心者，心斋妙道"②。在庄子看来，清虚之气所具有的纯净空灵寂静特征恰是道的特征，"唯道集虚"。顺应自然之道，摒弃一切成见、欲望、好恶、智巧等的干扰，心固然也具有了与道一样"清虚"的特征，进而以虚心体道。可见，在《庄子》中，"心斋"与"虚己""无己""忘己""丧我""忘我"等修养工夫相同。进而，庄子提出了"守纯气""养其气"的修养工夫说。《庄子·达生》："纯气之守也，非知巧果敢之列。"摒弃心智、巧诈、果断等行为，保守纯和清虚之气，便能培育恬淡之心。又说：

---

①　（明）高攀龙集注，徐必达发明：《正蒙释》，明万历刻本。

②　（清）郭庆藩：《庄子集释》，第148页。

"壹其性，养其气，合其德，以通乎物之所造。"遵循自然本性，保养元气，心境淡漠，便会与大道合德，进入道的境界，从而达到精神上的逍遥与自由。

显然，"心斋"不能通过一般的感知或对知识的学习所达到。人生有限，而知却无涯，以有限之生追逐无涯之知，必然会形劳神疲。《庄子·大宗师》又说："知天之所为者，天而生也；知人之所为者，以其知之所知以养其知之所不知，终其天年而不中道夭者，是知之盛也。"人的认知心所知，不外乎通过眼耳鼻舌、四肢等所接触而得到，受感觉器官与所接触之事物的限制。但是，如果用所知道的来培养所不知道的"知"就会达到盛美之知，这种盛美之知即为通过心斋获得的与道冥合的虚静灵明境界。

与庄子相比较，张载在论述功夫修养时，也注重"心""气"合说，提出了"虚心"说。张载认为："合虚与气，有性之名"（《正蒙·太和篇》）。明儒徐必达谓："性者万物之一源，故曰其总，然后有天地之性、气质之性两者，故曰合两。"① 徐氏以性为总说，分而言说则为"天地之性"与"气质之性"。太虚（虚）为天地之性的来源。天地之性是至善的，且为人人所具有。而气质之性则是在气化流行生成人的形体之后才具有的，不仅有饮食、男女等自然欲求，还有善恶之分，对天地之性起到不同程度的蔽覆。因此，为使人们保持至善的天地之性，必须做"善反"功夫，即"变化气质"。"学者先须变化气质，变化气质与虚心相表里。"（《经学理窟·义理》）变化气质与虚心一体两面，内在的虚心功夫也就是进行变化气质。张载在解释《论语·子罕》中"子绝四"（毋意，毋必，毋固，毋我）章时说："意，有私也。必，有待也。固，不化也。我，有方也"（《张子语录·语录中》），"毋四者则心虚也。虚者，止善之本也，若实则由纳善矣"（《张子语录·语录上》）。心虚即"毋四""绝四"，需要摆脱主观上的"私""待""不化""有方"四个方面的困扰，做到无意为善，从而返回人性本然之善。只有这样才能与

---

① （明）高攀龙集注，徐必达发明：《正蒙释》，明万历刻本。

"天地合德，日月合明，然后能无方体；无方体，然后能无我"
（《张子语录·语录中》），超越形下的界限，达到与天地万物为一体
的境界，天地至善的本性才能显露无遗。而至善的太虚本性又规定
着人的道德本质："天地以虚为德，至善者虚也"（《张子语录·语
录中》），"虚则生仁"（《张子语录·语录中》）。可见，张载"变化
气质""虚心"的修养论是以儒家"仁爱"为归宿，即所谓"安土
敦乎仁，故能爱"（《横渠易说·系辞上》），亦如孟子所谓"亲亲而
仁民，仁民而爱物"。

　　此外，和庄子类似，张载也面对着知识在修养论中的作用问题。
张载说："合性与知觉，有心之名。""性"为知觉的本体，"知觉"
为性的发用呈现，即心的内容。在张载看来，"性"分"天地之性"
"气质之性"，与之对应的"心"也分为两种结构：一是"存象之心"
（《正蒙·大心篇》）。此心存储感官所知，是经验认知之心，又称为
"受教之心"（《正蒙·大心篇》）。二是"知象之心"。《正蒙·大心》
说："知象者心。""知"为"体悟之知"。"知象之心"则超越感官、
经验层次的认识，能"廓太虚，合天心"，是一种道德体悟之心。基
于此，张载提出了"见闻之知"与"德性之知"的命题："见闻之知
乃物交而知，非德性所知，德性所知，不萌于见闻。"（《正蒙·大心
篇》）"见闻之知"指由经验获得的知识，来源于受见闻、成见、积
习支配的"存象之心"，此心不足以作为道德的本心；而"德性之
知"能"合内外耳目之外"，悟彻太虚本性，固然是"知象之心"的
发用。因此，张载着眼于"知象之心"说："虚心则无外以为累。"
（《张子语录·语录中》）"大其心则能体天下之物""圣人尽性，不
以见闻梏其心，其视天下无一物非我"（《正蒙·大心篇》）。只有将
心从经验认识层面超拔至道德的高度，才能达到"体万物不遗而合天
心"的德性之知。这与孟子"尽其心者，知其性也。知其性，则知
天矣"如出一辙；但是，张载又说"虚心然后能尽心"（《张子语
录·语录中》），把"虚心"看成比"尽心"更为基本的修养工夫。

　　综上可以看出，庄子和张载都借助气论，把修养工夫转向内心，
但不同的是庄子的心斋指向的是道家自然境界，追求的是精神上的逍

遥与自由；而张载的虚心则指向儒家的道德境界，追求的是"民吾同胞，物吾与也"的仁爱观。

三 聚则为生，散则为死

以"气"论生死，是二人生死观的重要特色。庄子大致认为，其一，死生一体。《庄子·知北游》说："是天地之委形也；生非汝有，是天地之委和也；性命非汝有，是天地之委顺也；子孙非汝有，是天地之委蜕也。""天地"指瞬息万变的自然世界，而自然世界又是由气化而成，故天地赋予人形体，支配生命的过程。进一步，庄子又说："杂乎芒芴之间，变而有气，气变而有形，形变而有生，今又变而之死。"（《庄子·秋水》）"生也死之徙，死也生之始，孰知其纪！人之生，气之聚也。聚则为生，散则为死。"（《庄子·知北游》）芒昧恍惚之道，杂和清浊，形成阴阳二气。气聚为形，有形则为生；气散形亡，形亡则死。而"气"的周流不息，又构成了生死相与，生之时即走向死亡，这是无法改变的自然规律。故庄子说："死生有待邪？皆有所一体"（《庄子·知北游》），"万物一府，死生同状"（《庄子·天地》）。庄子视生死为"一体""同状"。从来源处说，生死都是气化而致，万物同为一气；从存在处讲，生死是生命的两个方面：生中有死的趋势，死中也有生的因素，生死不二。

其二，安时处顺。庄子视不可改变的生死规律为"命"。《庄子·大宗师》："死生，命也，其有夜旦之常，天也。人之有所不得与，皆物之情也。彼特以天为父，而身犹爱之，而况其卓乎！"如同昼夜为自然之道，死生为人之分命，不存在无生无死的现象。而"人之有所不得与，皆物之情也"（《庄子·大宗师》），人们之所以悦生恶死、哀乐存怀在于不能通晓自然物情（规律），"遁天倍情"（《庄子·养生主》）、"遁天之刑"（《庄子·列御寇》）。反过来讲，庄子认为："安时处顺，哀乐不能入也，古者谓是帝之悬解。""悬解"即指以安时处顺、以与变俱往的态度消除对死亡的恐惧，摆脱"见卵而求时夜，见弹而求鸮炙"（《庄子·齐物论》）。

　　其三，全生保身。在庄子看来，通晓物情不能仅停留在遵循生死规律方面，还应该"乘物游心"，顺通物情。其中之义便是"养生"。在《庄子·在宥》中，庄子借助广成子说道："至道之精，窈窈冥冥；至道之极，昏昏默默。无视无听，抱神以静，形将自正。必静必清，无劳女形，无摇女精，乃可以长生。目无所见，耳无所闻，心无所知，女神将守形，形乃长生。"庄子认为，精神常寂，昏默玄绝，便能摆脱感官、形体的干扰，冥契精微的大道，达到长生，甚至可以通过修道达到 1200 年的寿命。又说："缘督以为经，可以保身，可以全生，可以养亲，可以尽年。"（《庄子·养生主》）成疏说："缘，顺也，督，中也。经，常也。夫善恶两忘，刑名双遣，故能顺一中之道，处真常之德，虚夷任物，与世推迁。养生之妙，在乎兹矣。"[1]缘督即"养中"，顺应至中大道，便会"和之以天倪"（《庄子·齐物论》），无身形之累，应物游心，这便是保身、全生、养生之道。

　　其四，超越生死。相对于全生保身，庄子更追求超越生死的精神自由。庄子在《庄子·至乐》中借助髑髅说："死，无君于上，无臣于下；亦无四时之事，从然以天地为春秋，虽南面王乐，不能过也。"人死后，便上无国君，下无臣属；也无春夏秋冬的变化，悠游于宇宙之间。以天地为春天，即达到混合时空的自由境界，这是人间的国君无法享受的自由快乐！实际上，这种混合时空的境界也是对形上道境的描绘。体悟了道，生命便摆脱生死哀乐的"假象"，精神得到无上的解脱。故《庄子·天道》说："知天乐者，其生也天行，其死也物化。……言以虚静推于天地，通于万物，此之谓天乐。"了悟自然之道，便冥合物我，无生无死，"其生也同天道之四时，其死也混万物之变化也"[2]。

　　与庄子相似，首先，张载生死观也以气的聚散论生死，他认为，植物以地的纯阴至静之气为根木，其生长死亡遵循阴阳之气的升降、昼夜四季的变化；动物（包括人）则以天的浮阳至动之气为根本，

————————————

① （清）郭庆藩：《庄子集释》，第 117 页。

② 同上书，第 464 页。

其生死存亡和植物一样：气聚则生气散则亡。其次，张载提出"存顺没宁"的命题。他说："存，吾顺事，没，吾宁也"（《正蒙·乾称篇》），"从心而不逾矩，老而安死"（《正蒙·三十篇》）。当生命与"天地参，无意、必、固、我"（《正蒙·三十篇》），生命不过是"顺性命之理，则所谓吉凶，莫非正也"（《正蒙·诚明篇》），这类似庄子"安时处顺"说，也与庄子般把对生命追求融入一种精神（或道德）境界之中。

　　然而，张载对生死观论述又颇异于庄子，具体而言，其一，"太虚者自然之道"。《庄子·秋水》在论述"生"的本源时说："察其始而本无生，非徒无生也而本无形，非徒无形也而本无气。杂乎芒芴之间，变而有气，气变而有形，形变而有生，今又变而之死。"成疏云："庄子圣人，妙达根本，故睹察初始本自无生，未生之前亦无形质，无形质之前亦复无气。从无生有，假合而成，是知此身不足惜也。大道在恍惚之内，造化芒昧之中，和杂清浊，变成阴阳二气；二气凝结，变而有形；形既成就，变而生育。且从无出有，变而为生，自有还无，变而为死。"①"气"最初被视为"恍惚""芒昧"的状态，又由于这个状态之中和杂清浊之气，相互凝结便出现了有形的生命。显然，庄子视气化为一种自然生化之道。而张载虽然也讲自然生化之道，但其"自然之道"已经受"太虚"本体所支配。他说："太虚者自然之道。"②"太虚"即"天"，天道创生借助的是"气"的形式。"太虚不能无气，气不能不聚而为万物，万物不能不散而为太虚。循是出入，是皆不得已而然也。"（《正蒙·太和篇》）"太虚不能无气"即为"太虚即气"的体用义言，在太虚的作用下，气化创生，万物生来死往。

　　其二，"鬼神者，二气之良能也"。在庄子哲学中存在大量具有宗教与民俗色彩的鬼神观念。诸如"神鬼神帝"（《庄子·大宗师》），"鬼神"（《庄子·人间世》）。而张载反对这种"鬼神"观念，认为

---

① （清）郭庆藩：《庄子集释》，第615页。
② 同上书，第325页。

世人从未真切见过鬼神样貌，所谓之见又描绘不同。且"今之言鬼神，以其无形则如天地，言其动作则不异于人，岂谓人死之鬼反能兼天人之能乎"（《拾遗·性理拾遗》）。无形之物与有形之物所规定的对象不同，无形之鬼神也无法做出类似有形之人的动作。何况鬼神又违背人间亲情、赏善罚恶的实际情况。进而，张载从气化的角度重新诠释了鬼神观念。他说："鬼神，往来、屈伸之义，故天曰神，地曰示，人曰鬼。（自注：神示者归之始，归往者来之终。）"（《正蒙·神化篇》）又说："鬼神者，二气之良能也。"（《正蒙·太和篇》）阴阳、鬼神之气屈伸相感（良能），伸者为神，屈者为鬼，均"以二气自然之妙言"[1]。

其三，"道德性命是长在不死之物也"。与庄子通过认识生死"一体""同状"而超越生死达到精神至上的逍遥自由或顺通物情、全生保真的生死观不同，张载更注重强调从"生"处言生死，彰显生命的价值意义。他说："学者但养心识明静，自然可见，死生存亡皆知所从来，胸中莹然无疑，止此理尔。孔子言'未知生，焉知死'，盖略言之。死之事只生是也，更无别理。"（《经学理窟·学大原上》）"知生"即知生之所从来与生之意义，死之事自然从属于对"生"的认识。张载又认为，"天所性者"是人道德性命的来源，即所谓的"天地之性"。"天地之性"通极于太虚天道，又流行于气质之内，受气质昏明与世间吉凶遭际的遮蔽。故所谓"气之不可变者"，存在着"死生修夭"。但是，若能尽天地之性、以天德为性命指归，生死问题即为道德追求问题。"道德性命是长在不死之物也，己身则死，此则常在"（《经学理窟·义理》），有限生命便具有了不朽意义。

综上，庄子与张载哲学中的"气"论，不仅在内在结构上具有众多的相似性与继承性，也均把万物存在的本源与根据、个人生命的意义与价值等紧密联系在一起。通过"气"论，前者既从外部宇宙现象的自然本质消解生死所带来的困惑与恐惧，又通过"心斋""坐

---

[1] （明）高攀龙集注，徐必达发明：《正蒙释》，明万历刻本。

忘"等修养工夫消解我执，开显了一个充分逍遥自由的精神境界。后者不仅建构了完整的"太虚即气"的本体论，揭示了万物生化的来源与根据，又规引了儒家的内圣修为，挺立出一个天道性命相贯通的德性世界。二者气论的比较也折射出宋初儒家学者为建构新儒学，立足于传统儒家思想，在"批判佛老"的表层姿态掩盖下，以开阔的胸怀积极吸收与转化佛道思想。

第八章　王夫之与张载生死观之比较

生死问题涉及人生的终极关怀。在佛教兴起之前，儒家基本上本着孔子"未能事人，焉能事鬼""未知生，焉知死"（《论语·先进》）的态度，注重对生之意义的追寻和探讨。但随着佛教的流行和在生死问题上对儒学与世人的影响日渐增大，宋明理学创立之初，学者们就开始有意识地进入这个被视为佛教胜场和魅力所在的领域，这其中尤以张载的气之聚散理论较具特色，而明清之际的王夫之（1619—1692，字而农）在吸收晚明以来社会上流行的"善恶报应"观念的基础上又发展了张载关于生死的认识，从而使儒家的生死观在既具有儒学本色的同时又兼具宗教的情怀。因此，对张载与王夫之的生死观进行比较，有助于我们更深入地认识宋明理学对生死的看法及其思想演变。

一　张载的气化生死论

对于生死问题，二程曾说："佛学只是以生死恐动人。可怪二千年来，无一人觉此，是被他恐动也。圣贤以生死为本分事，无可惧，故不论生死。佛之学为怕生死，故只管说不休。下俗之人固多惧，易以利动。……学禅者曰：'草木鸟兽之生，亦皆是幻。'曰：'子以为生息于春夏，及至秋冬便却变坏，便以为幻，故亦以人生为幻，何不付与他。物生死成坏，自有此理，何者为幻？"① 二程认为，佛学只

---

① （宋）程颢、程颐：《二程集》，中华书局2004年版，第3—4页。

是用生死来吓唬人，佛教徒也是出于利心，即因为怕死才去学佛。但圣人则将生死看作是自然界所有生物都必然经历的一个过程，"有生便有死，有始便有终"①，故不怕死而以生死为"本分事"。二程对释氏与生死问题的态度后来影响了不少理学家，如陆九渊（1139—1193，字子静）即认为释氏之所以说"生死事大"，要人摆脱生死轮回，是因为其着眼点只在一己之身，故其心为利为私；而儒者教人却不是为了生死之事，而是要尽人道，辨明是非，与天地并立，故其心为义为公。②

不过，与二程、象山等人将生死看作"本分事"，因而"不论生死"，或只用公私、义利来判别儒释的生死观不同，张载则采用传统的气化论对生死问题做了说明。他说："气之为物，散入无形，适得吾体；聚为有象，不失吾常。"③ 又说："形聚为物，形溃反原，反原者，其游魂为变与！所谓变者，对聚散存亡为文，非如萤雀之化，指前后身而为说也。"④ 这即是说，万物之所以有生有死，乃是天地之气的聚散往来，生是气之聚，死则是气之散。当然，张载这里的说法看起来不过仍然是在重复前人之说，但他所要论述的重点却不在于此，他说："聚亦吾体，散亦吾体，知死之不亡者，可与言性矣。"⑤从这里可以看出，张载强调的乃是"死之不亡"。而人能够"死之不亡"则在于气散不灭。故张载反复申明，气消散后，是"散亦吾体"，是"形溃反原"，而不是消失无有。正因为气散不灭，故内在于气，与气为一体的湛一之性（即太虚之性）亦"长在不死"，而这正是人的"天地之性"的根源，也是人间价值的形上根据，故曰："虚者，仁之原。"⑥ "天地以虚为德，至善者虚也。"⑦ 这样，通过气之聚散与气散不灭、"形溃反原"的理论，张载不仅正面说明了生死

①　陈荣捷：《近思录详注集评》卷1，华东师范大学出版社2007年版，第24页。
②　（宋）陆九渊：《陆九渊集》，中华书局1980年版，第17页。
③　（宋）张载：《正蒙·太和篇》，《张载集》，第7页。
④　（宋）张载：《正蒙·乾称篇》，《张载集》，第66页。
⑤　（宋）张载：《正蒙·太和篇》，《张载集》，第7页。
⑥　（宋）张载：《张子语录中》，《张载集》，第325页。
⑦　同上书，第326页。

现象，而且亦肯定了道德生命的价值，指出"道德性命是长在不死之物也，已身则死，此则常在"①。

然而，对于张载的气之"聚散"说，程颐却持有不同看法，他说：

> 若谓既返之气复将为方伸之气，必资于此，则殊与天地之化不相似。天地之化，自然生生不穷，更何复资于既毙之形，既返之气，以为造化？近取诸身，其开辟往来，见之鼻息，然不必须假吸复入以为呼，气则自然生。人气之生，生于真元。天之气，亦自然生生不穷。至如海水，因阳盛而涸，及阴生而生，亦不是将已涸之气却生水。自然能生，往来屈伸只是理也。盛则便有衰，昼则便有夜，往则便有来。天地中如洪炉，何物不销铄了？②

程颐认为，气"自然能生"，天之气自然生生不穷，故天地之化亦自然生生不穷。如果依靠"既毙之形，既返之气，以为造化"的话，那么就意味着生生之理有断绝息灭的时刻，天地有不生之时。故程颐认为，个体死后，其所禀之气便消散无余、往而不返了，"天地中如洪炉，何物不销铄了"，新生命的产生则出于新生成的气，旧气不断散尽，新气不断产生，不能把生生之理局限在循环往复的气中，否则就与释氏的"轮回"之说无法区别了。朱熹（1130—1200，字晦庵）就说："横渠辟释氏轮回之说，然其说聚散屈伸处，其弊却是大轮回。盖释氏是个个各自轮回，横渠是一发和了，依旧一大轮回。"③ 不过，从前面对张载气化论的分析中可以看出，张载用气之聚散来说明生死现象，其重点不是像程朱所说的那样是为了批判释氏的轮回说，而是通过气散不灭来肯定道德生命的永恒，因而张载对释氏生死观批判的重点应该是在"断灭"上。但这点在程朱看来，宇

---

① （宋）张载：《经学理窟·义理》，《张载集》，第 273 页。
② （宋）程颢、程颐：《二程集》，第 148 页。
③ （宋）黎靖德编：《朱子语录》卷 99，中华书局 1986 年版，第 2537 页。

宙的生化本身就是生生不息的，自然，气也是生生不息的，而生生不息即意味着对"断灭"的否定，当然也不需要依靠"既返之气复将为方伸之气"来形成新的生命，朱子说："乾坤造化，如大洪炉，人物生生，无少休息，是乃所谓实然之理，不忧其断灭也。"① 所以程朱都认为形体死亡后，其气就会消失无有，而不是像张载所说的返回于太虚之中。

虽然，张载的生死观最终强调的是道德生命的永恒，而非个体形躯的不死，但他并没有完全解决生死的问题，至少张载给人们留下了两个疑问，即道德性命如何"长在不死"？如果为恶，死后又会怎样？

二　王夫之的"善恶生死"说

对张载生死观所留下的问题，明末清初的王夫之在继承其气论的基础上做了回答。首先，王夫之肯定张载用气之聚散来解释生死现象，其曰：

> 气之聚散，物之死生，出而来，入而往，皆理势之自然，不能已止者也。不可据之以为常，不可挥之而使散，不可挽之而使留，是以君子安生安死，于气之屈伸无所施其作为，俟命而已矣。②

这就是说，生死是自然之理，也是永恒的法则，人是无可奈何的，"不可据之以为常，不可挥之而使散，不可挽之而使留"。这是因为人和物都是由阴阳二气所生，而阴阳本身又各具有不同的性情，"其中阳之性散，阴之性聚，阴抱阳而聚，阳不能安于聚必散，其散

---

① （宋）朱熹：《答廖子晦》，《晦庵先生朱文公文集》（叁）卷45，《朱子全书》第22册，第2082页。

② （清）王夫之：《太和篇》，《张子正蒙注》卷1，《船山全书》第12册，岳麓书社1996年版，第20页。

也阴亦与之均散而返于太虚"①。这样，王夫之就通过阴阳二气体性的不同进一步解释了人的生死现象，生死聚散乃是阴阳之气性情之使然，同时也是理势之必然，"不能已止者"。这不仅比张载的气之聚散说在理论上更进了一步，而且使人们能够更加理性地看待生死问题，从而有效地克服对死亡的恐惧。既然人在生死面前是无可奈何的，那么理性的做法在王夫之看来就应该是"安生安死"，坦然地接受这一自然过程，"俟命而不以死为忧"②。

其次，王夫之肯定张载气散不灭和往复循环的说法。他说：

> 《易》言往来，不言生灭，"原"与"反"之义著矣。以此知人物之生，一原于二气至足之化；其死也，反于细缊之和，以待时而复，特变不测而不仍其故尔。生非创有，而死非消灭，阴阳自然之理也。朱子讥张子为大轮回，而谓死则消散无有，何其与夫子此言异也！③

王夫之指出，《易》所谓"原始反终，故知死生"，其中"原"与"反"指的即是气的聚散往来。阴阳二气变合而生天地人物，这是气之来、气之聚；当生命结束时，构成其形体的气并不会就此消散无有，而是返回到太虚细缊之中进行新的生化过程，这就是气之往，气之散，所以说"生非创有，而死非消灭"，这是阴阳自然之理，故曰："散而归于太虚，复其细缊之本体，非消灭也。聚而为庶物之生，自细缊之常性，非幻成也。"④王夫之认为，如果像朱子所讲的那样，一死则消灭无余，这不但与《易》理不同，而且从自然界和生活中的现象来看并非如此，例如春夏生物之气在秋冬时并非就消失不见了，而是潜藏于地中，"枝叶槁而根本固荣，则非秋冬之一消灭而更无余也"；车薪之火最后虽或化为焰、化为烟、化为灰，但"木者仍

① （清）王夫之：《参两篇》，《张子正蒙注》卷1，《船山全书》第12册，第57页。
② （清）王夫之：《动物篇》，《张子正蒙注》卷3，《船山全书》第12册，第103页。
③ （清）王夫之：《周易内传》卷5上，《船山全书》第1册，第520页。
④ （清）王夫之：《太和篇》，《张子正蒙注》卷1，《船山全书》第12册，第19页。

归木，水者仍归水，土者仍归土"，只是"特希微而人不见尔"①。可见气并不因个体、形器的毁灭而消失无有，而是重新返回到太和絪缊之中，故对气来说，只能言往来、屈伸、幽明，而不能言生灭。说生灭者，乃是释氏的主张。况且，如果按照朱子所说的，"使一死而消散无余，则谚所谓伯夷、盗跖同归一丘者，又何恤而不惩志纵欲，不亡以待尽乎"②，既然人生在世的善恶行为也会随着个体的死亡而消失无遗，圣贤和盗贼的归宿完全相同，那么人们就会认为善恶的分别其实没有意义，因为无论是为善还是为恶，最终都会随肉体的死亡而在一夜之间化为乌有，这样就会导致人们在生时毫无顾忌地纵情肆欲。所以王夫之认为，朱子对张载的批评是不对的，反而是朱子之说正近于释氏"灭尽"之言。

当然，王夫之肯定气散不灭和气的往复循环并不只是为了维护张载之说，而正是为了解决张载生死观所遗留的问题。他说："聚而不失其常，故有生之后，虽气禀物欲相窒相牿，而克自修治，即可复健顺之性。散而仍得吾体，故有生之善恶治乱，至形亡之后，清浊犹依其类。"③ 在这里，王夫之明确指出，人的善恶在死后亦不会消失无有，而是依照其类或化为清明之气或化为浊恶之气永远留存于天地之间，所谓"尧舜之神，桀纣之气，存于絪缊之中，至今而不易""善气恒于善，恶气恒于恶，治气恒于治，乱气恒于乱，屈伸往来，顺其故而不妄"④。不仅如此，在王夫之看来，这种留存于天地之间的善恶治乱之气会对人间社会产生重大的影响。他说："所行之清浊善恶，与气俱而游散于两间，为祥为善，为眚为孽，皆人物之气所结。"⑤ 又说："人能存神尽性以保合太和，而使二气之得其理，人为功于天而气因志治也。不然，天生万殊，质偏而性隐，而因任糟粕之嗜恶攻取以交相竞，则浊恶之气日充塞于两间，聚散

---

① （清）王夫之：《太和篇》，《张子正蒙注》卷1，《船山全书》第12册，第21页。
② 同上书，第22页。
③ 同上书，第19—20页。
④ 同上书，第23、19页。
⑤ （清）王夫之：《动物篇》，《张子正蒙注》卷3，《船山全书》第12册，第102页。

相仍，灾眚凶顽之所由弥长也。"① 不仅会影响人间，而且会影响宇宙的生化。

> 惟于其生也，欲养其形而资外物以养之，劳形以求养形，形不可终养，而适以劳其形，则形既亏矣；遗弃其精于不恤，而疲役之以役于形而求养，则精之亏又久矣。若两者能无丧焉，则天地清醇之气，由我而博合。迨其散而成始也，清醇妙合于虚，而上以益三光之明，下以滋百昌之荣，流风荡于两间，生理集善气以复合，形体虽移，清醇不改，必且为吉祥之所翕聚，而大益于天下之生。②

王夫之指出，如果人在有生之时能够不断地进行工夫修养，存养其清明之气，那么在死后，这份清明之气仍然会往来于天地之间，使天地"恒有清气在两间以成化"，使后来之人能恒禀有清气、善气在身而"大益于天下之生"。因此，虽然对前人来说其形体已不存在了，但其清醇之气依旧会对后人产生有益的作用，故其德亦长存天地。显然，王夫之的这一说法与民间流行的"善恶报应"论比较相似，或许是受到此种观念的影响③，不过这也使得王夫之的生死观在凸显儒家本色的同时又兼具一种宗教的情怀。

通过以上分析可见，王夫之对生死问题的看法与张载、二程等人是有所不同的。张载强调的是道德生命的永恒，而二程则是以生死为"本分事"，他们都没有说明"死后会怎样"。因为在他们看来，此生所进行的道德修养实践是"无所为"的，就像朱子所说的："圣贤所谓归全安死者，亦曰无失其所受乎天之理，则可以无愧而死耳；非以为实有一物可奉持而归之，然后吾之不断不灭者得以晏然安处乎冥漠之中也。夭寿不贰，修身以俟之，是乃无所为而然者。与异端为生死

① （清）王夫之：《太和篇》，《张子正蒙注》卷1，《船山全书》第12册，第44页。
② （清）王夫之：《达生》，《庄子解》卷19，《船山全书》第13册，第293页。
③ 陈来：《诠释与重建：王船山的哲学精神》，北京大学出版社2004年版，第325页。

大事、无常迅速然后学者，正不可同日而语。"① 但王夫之却强调人生前的善恶在其死后会转化为清浊之气并对宇宙和社会产生重大影响，这就在凸显为善去恶的必要性的同时，使得修身在某种程度上看起来是"有所为"的，从而与宋儒的生死观存在一定差别。

总之，王夫之通过赋予既散之气以伦理道德的意涵以及气对人间社会和宇宙生化所产生的影响回答了道德性命何以"长在不死"以及为恶又会怎样的问题，强调了道德修养的必要性："惟存神以尽性，则与太虚通为一体，生不失其常，死可适得其体，而妖孽、灾眚、奸回、浊乱之气不留滞于两间，斯尧舜周孔之所以万年。"②

三　"全而生之，全而归之"

虽然王夫之认为，在对待生死问题上应该有一种"安生安死"即顺任生死自然的理性态度，但在他看来，"安生安死"并非人生的全部意义，人生的意义，对王夫之而言则是"全而生之，全而归之"。

"全生全归"这一思想来自于儒家的经典传统，最早见于《大戴礼记》《礼记》等书中，后来二程、朱子、张栻（1133—1180，号南轩）、王阳明及其弟子后学都对此有所阐发，内容也从较简单的尽孝事亲扩展到存心养性以事天。③ 那么何谓"全而生之，全而归之"呢？首先，我们来看王夫之对"全而生之"的解释。

> 人之所以异于禽兽者，禽兽有其体性而不全，人则戴发列眉而尽其文，手持足行而尽其用，耳聪目明而尽其才，性含仁义而尽其理，健顺五常之实全矣。全故大于万物而与天地参，则父母生我之德昊天罔极，而忍自亏辱以使父母所生之身废而不全，以

---

① （宋）朱熹：《答廖子晦》，《晦庵先生朱文公文集》卷45，《朱子全书》第22册，第2082页。
② （清）王夫之：《太和篇》，《张子正蒙注》卷1，《船山全书》第12册，第22页。
③ 陈来：《诠释与重建：王船山的哲学精神》，第319—326页。

同于禽兽乎？人子能体此而不忘，孝之实也。①

　　父母之生我，使我禀得天地理气之全，"戴发列眉""手持足行"
"耳聪目明""性含仁义"，从而使吾人既异于禽兽，又大于万物而能
与天地参，这就是王夫之所说的"全而生之"的含义。既然父母是
"全而生之"，那么身为人子的当然要"全而归之"，才可以称之为
"孝"。如何才能"全归"？王夫之发挥《礼记·祭义篇》所说的
"不亏其体，不辱其身"之义，指出："敬身以敬亲，故无往而不尽
其所当为，乃可以守身而事亲。"② 这就是说，"不亏其体，不辱其
身"即是"敬身"，但"敬身"并不是以声名为重，汩没于名利当
中，而是"无往而不尽其所当为"，如此才是敬重此身、不负此身之
义，也唯有如此才可以守身而事亲，故"敬身之道不舍孝弟而别为一
端"。这是从事亲意义上说的"全生全归"。此外，王夫之还从事天
意义上讲"全生全归"。他指出，天以其理气而生我，使我既具形体
又具天性，这是天的"全而生之"。既然如此，人在此生就应努力保
全此形体和天性，才能在死后"全而归之"于天。具体应如何做？
王夫之指出，对吾身形体、天性的保全一方面是要"不暴其气"。
"暴者，虐而害之之谓"，其主要表现在两个方面：一是陵压其气：
"陵压其气，教他一向屈而不伸。"二是使气："执著一段假名理，便
要使气，求胜于人，到头来却讨个没趣，向后便摧残不复振起。"③
然而，"不暴其气"并不意味着气就可以完全不受约束，因为气除了
能够体现理、落实理之外，同时它还会受形体的拘囿，容易被外物牵
引，导致"役气而遗神，神为气使而迷其健顺之性"④，故另一方面
还要"以神御气"⑤"存神尽性"。神是二气清通之理，在天为道，凝
于人为性，因此，"以神御气"就是使气的发用能够合乎其自身所固

---

①　（清）王夫之：《礼记章句》卷24，《船山全书》第4册，第1134页。
②　同上书，第1129页。
③　（清）王夫之：《读四书大全说》卷8，《船山全书》第6册，第924—925页。
④　（清）王夫之：《太和篇》，《张子正蒙注》卷1，《船山全书》第12册，第16页。
⑤　（清）王夫之：《神化篇》，《张子正蒙注》卷2，《船山全书》第12册，第78页。

有的理则，达到"气与神和"。这就是说，人生在世时若能存神尽性、为仁行道，那么他的生命就能与天地同其体用，与太和絪缊本体相合无间。能做到这一点，在王夫之看来就能够"生以尽人道而无歉，死以返太虚而无累"，就能够"其生也异于禽兽之生，则其死也异于禽兽之死，全健顺太和之理以还造化"①，这便是"全而生之，全而归之"，即所谓"理明义正而道不缺，气正神清而全归于天，故君子之生，明道焉尔，行道焉尔，为天效动，死则宁焉"②。

---

① （清）王夫之：《太和篇》，《张子正蒙注》卷1，《船山全书》第12册，第20、18页。
② （清）王夫之：《诚明篇》，《张子正蒙注》卷3，《船山全书》第12册，第118页。

隨州文物精華

中 豐

第九章　河东之学与明代关学

作为理学思潮的河东之学是由明初大儒薛瑄（1389—1464，号敬轩）所开创的。薛瑄是山西河津南薛里人（今属万荣县），是明代初期继曹端之后北方程朱理学的主要代表。他在家乡河津的讲学吸引了众多北方士子前来听讲问学，这其中就有不少来自陕西的弟子。而正是这些陕西弟子又将薛瑄之学传入关中，并成为明代关学的一个主要思想来源。因此，在黄宗羲的《明儒学案》中传承河东之学的主要是关中学者。但薛瑄之学在传到关中之后，它是如何传播发展的？明代关学又在多大程度上吸收了薛瑄之学？等等，对这些问题的讨论，有助于我们更深入地认识薛瑄与明代关学的关系。

一　薛瑄之学在明初关中的传播

薛瑄创立的理学派别被称为"河东学派"，是有明一代北方之学脉。从黄宗羲在《明儒学案》中所立的"河东学案"来看，包括薛瑄在内共立传 15 人，其中河南 2 人，陕西 9 人，甘肃 2 人，福建 1人。而甘肃的兰州和天水在明清时亦属"关中"这一地理范围，可见在薛瑄之后，其学主要是在关中地区传播和发展的。另外，黄宗羲在"三原学案"中说："关学大概宗薛氏，三原又其别派也。其门下多以气节著，风土之厚，而又加之学问者也。"① 这是把兴起于陕西本地的"三原学派"视为薛瑄河东之学的别派。虽然黄宗羲的这一

---

① （清）黄宗羲：《明儒学案》（修订本），第 158 页。

说法并不十分准确，但三原学派中的韩邦奇（1479—1555，号苑洛）、杨爵（1493—1549，号斛山）以及王之士（1528—1590，号秦关）确与薛瑄有一定关系。

由于薛瑄在明初思想界的巨大影响，再加上明初讲学之风不怎么盛行，可供学者选择的理学名儒不多，薛瑄在其家乡河津的讲学（讲学场所即后来的文清书院和文清公祠堂）吸引了山西本地及周边陕西、河南、山东等省不少学者前来问学。特别是陕西的韩城与薛瑄所在的河津县仅一水（黄河）之隔，故其陕西籍弟子较其他外省更多，①其中，最著名的有凤翔的张杰（1421—1472，号默斋）、咸宁的张鼎（1431—1495，字大器）和韩城的王盛（号竹室）等。正是这些陕西学者，使薛瑄之学得以传播到关中地区，并成为明初关中理学最主要的思想资源。

张鼎是这些门人中比较著名的一个。他曾花费数年工夫搜辑校正薛瑄的文集，并刊刻成书，对薛瑄著作的保存和流传做出了较大贡献。在思想上，张鼎"终身恪守师说，不敢少有逾越"，有"理学传自文清公，高名可并太华峰"之誉。②而张杰则在其家乡用"五经"教授学生，名重一时。在教授诸生之余，张杰还经常与兰州的段坚（1419—1484，号容思）、安邑的李昶、秦州（在今天水）的周蕙（号小泉）等往来讲学。段坚除与张杰等人一起讲学外，还曾问学于薛瑄在洛阳的弟子阎禹锡与白良辅，"以溯文清之旨"，故其虽不是薛瑄及门弟子，却有"文清之统，惟公是廓"之名③，属于私淑有得者。周蕙之学由段坚导入进门，但二人属于亦师亦友的关系，何景明说："先生于容思先生，其始若张横渠之于范仲淹，其后若蔡元定之于朱紫阳也。"④周蕙后来又从学于薛瑄门人李昶，"得薛文清公之

---

① 薛瑄弟子王盛在《薛文清公书院记》中记录同门74人，其中，来自山西39人，陕西17人，河南6人，山东4人，其他地方8人。这里面又以山西河津、陕西韩城的弟子最多。见薛瑄《行实录》卷3，《薛瑄全集》，山西人民出版社1990年版，第1656—1658页。

② （明）冯从吾：《关学编（附续编）》，第33页。

③ （清）黄宗羲：《明儒学案》（修订本），第127页。

④ （明）冯从吾：《关学编（附续编）》，第32页。

传，功密存省，造入真纯，遂为一时远迩学者之宗"①。刘宗周则认为，薛瑄之学传至周蕙时"一变至道"，而且周蕙又培养了渭南的薛敬之（1435—1508，号思庵）、咸宁的李锦（1436—1486，号介庵）和秦州的王爵（字锡之）等著名关中学者，遂开创了河东之学在明初关中发展的盛况。

从思想宗旨来看，明初关中这些理学家基本上还是墨守薛瑄之传，以"主敬穷理"为学。如段坚"其功一本于敬"，主张"主敬以致知格物"。周蕙则"慨然以程朱自任"，李锦也"专以主敬穷理为事"，王爵"切切以诚敬为本"，等等。② 但这并不等于说关中的河东之学就没有发展。正如以往研究曾指出的，明代初期，学者普遍由对理气、性命等形上问题的讨论转向对心体与躬行实践的重视。③ 同样，河东之学在明初关中传播时，也体现出这两个特点。如段坚在以主敬穷理为学的同时，还注重心体的自主性，把心体视为道德实践的根源，他说："吾之心即天地之心，吾心之理即天地之理，吾身可以参天地、赞化育者在于此。"④ 张杰也被时人称为"明心学于狂澜既倒之余"，其论学诗中则有"今宵忘寝论收心"之语。⑤ 薛敬之更是认为"为学不从心地做工夫，则却无领要，纵然力研强记，不过卤莽灭裂，成甚气质，况可望德业之过人"⑥，强调"千古圣贤非是天生底，只是明得此心分晓"⑦。因此他主张学者为学要认识心与气的关系，"识得此心是何物，此气是何物，心主得气是如何，气役动心是如何，方好着力进里面去"。其次便是要"以心驭气""以心节气"，所谓"学者切须要节气。气但不节，则近名外慕之心生，而遂流荡忘返，无所存主。其何以读天下之书，论天下之事，而欲有以达古人之地

---

① （明）冯从吾：《关学编（附续编）》，第 31 页。
② 以上引文分别见冯从吾《关学编（附续编）》，第 28、31、34、32 页。
③ 吕妙芬：《胡居仁与陈献章》，台湾文津出版社 1996 年版，第 32 页。
④ （明）冯从吾：《关学编（附续编）》，第 28 页。
⑤ 同上书，第 30 页。
⑥ （明）薛敬之：《思庵野录》卷中，清咸丰元年渭南武鸿模重刻本。
⑦ （明）薛敬之：《思庵野录》卷上。

哉"。① 可见在薛敬之那里，学问的方向已开始由"主敬穷理"转向在心体上做功夫，已逐渐接近重视确立道德本心的心学一路了。

此外，陕西关中自北宋张载以来，其理学传统就一直绵延不绝，也因此关中一直比较重视经学、礼教和躬行，刘宗周就说："关学世有渊源，皆以躬行礼教为本。"② 如陕西三原学派的开创者王承裕不仅"自始学好礼，终身由之"，而且还在三原实行蓝田《吕氏乡约》《乡仪》以教化乡人。对弘道书院诸生，王承裕更是要求其每日读经，且"五经各治一经，余四经亦当次第而观"，并将"学礼"做为弘道书院的一项学规，③ 故其门人弟子多以经学和礼教名于世，如马理就既有解释"五经"的著作，又"执礼如横渠"④。于是当薛瑄之学传入关中地区时，就很快与本地读经重礼与躬行实践的学风结合起来，如张杰被时人称为"五经先生"，他还特别重视礼教，后人称其"以五经教授，明心学于狂澜既倒之余；以四礼率人，挽风化于颓靡不振之秋"。周蕙也"究通五经，笃信力行"，又"正冠、婚、丧、祭之礼以示学者"。李锦则因"践履醇茂"而被关中学者称为"横渠"。⑤ 可以说，正是关中重视经学、礼教、实行之风的结合，使得关中的河东之学显得更加朴实无华，并对形而上的理论思辨普遍缺乏兴趣，从而影响了此后关中理学的发展。

二　吕柟对河东之学的发展

在薛敬之之后，陕西高陵的吕柟则将河东之学推向了发展的高峰。吕柟师从薛敬之，其学问渊源从薛瑄—段坚、李昶—周蕙—薛敬之一路过来。他曾在南京与湛若水、邹守益共主讲席，"风动江南，

---

① 薛敬之：《思庵野录》卷上。
② （清）黄宗羲：《明儒学案·师说》（修订本），第11页。
③ （明）冯从吾：《关学编（附续编）》，第39页。
④ 同上书，第48页。
⑤ （明）冯从吾：《关学编（附续编）》，第30、31、34页。

环向而听者前后几千余人"①，是明代中期北方程朱理学的一位主要
代表。

吕柟一方面继承了薛瑄对"主敬穷理"的重视，强调格物穷理、
知先行后，黄宗羲说："先生之学，以格物为穷理，及先知而后行，
皆是儒生所习闻。"②《明史》也说，吕柟"接河东薛瑄之传，学以穷
理实践为主"③。但另一方面，吕柟又改变了薛瑄对理气、心性等形
上问题的关注，而把学问的重心转移到力行实践上来，并将宋明儒所
重视的"万物一体"之精神与先秦儒家的仁学结合起来，开创了一
条"以天为学""以仁为学"的学问之路。

具体来说，在理气观上，薛瑄虽然反对朱子的"理先气后"说，
主张理气无先后，"理只在气中"，但他的"水月"和"日光飞鸟"
之喻，以为"理如月，气如水""理如月光，气如飞鸟"④，却说明薛
瑄仍然把理气看作"二物"，即两个各自独立的实体，因此在工夫论
上，薛瑄强调"复性"，他说："千古圣贤教人之法，只欲人复其性
而已。""尽性者圣人，复性者贤人至于圣人。圣人相传之道，不过于
此。"⑤ 认为只要能够"复性"，就能够达到"性天通"的境界，因此
工夫的目的是通过道德实践来体证形上之理。但吕柟进一步改造了薛
瑄的这种理气论和工夫的意义，提出"理气非二物"和"在气上求
理"的思想。如针对张载"合虚与气，有性之名"的说法，吕柟
指出：

> 观合字，似还分理气为二，亦有病。终不如孔孟言性之善，
> 如说"天命之谓性"，何等是好！理气非二物，若无此气，理却
> 安在何处？故《易》言"一阴一阳之谓道"。⑥

---

① （明）冯从吾：《关学编（附续编）》，第 44 页。
② （清）黄宗羲：《明儒学案》（修订本），第 138 页。
③ （清）张廷玉：《明史》，中华书局 1974 年版，第 7244 页。
④ （明）薛瑄：《薛瑄全集》，第 1120、1121、1145 页。
⑤ 同上书，第 1423、1426 页。
⑥ （明）吕柟：《泾野子内篇》，中华书局 1992 年版，第 124 页。

此外，吕柟对朱子的"气以成形而理亦赋"之说以及认为孔子"性相近"是兼气质而言的观点等也进行了批评，指出用"亦"用"兼"都不对，都是在把理和气当做"二物"，他说："却不知理无了气，在哪里求理？有理便有气，何须言兼。"①

性气关系也是如此，如论孟子的"夜气"说，吕柟说：

> 孟子此言气字，即有性字在。盖性何处寻？只在气上求，但有本体与役于气之别耳，非谓性自性，气自气也。彼恻隐是性发出来的，情也；能恻隐，便是气做出来，使无是气，则无是恻隐矣。先儒喻气犹舟也，性犹人也，气载乎性，犹舟之载乎人，则分性气为二矣。试看人于今，何性不从气发出来？②

这就是说，理与性出于气，是气之理，亦即气自有之条理。换言之，气本身就蕴含着价值，因此价值道德也必须在气上才能显现，所以吕柟说："天命只是个气，非气则理无所寻着，言气则理自在其中，如'形色天性也'即是，如耳目手足是气，则有聪明持行之性。"③又说："性、神皆在气中，只一物耳。故养成浩然之气，性命皆得"④，强调"'致曲'工夫就便是'明诚'尽头"⑤，亦即下学的同时即是上达，并非下学之后还有个上达，因而工夫本身就具有终极意义，而非只是为了体证本体、呈现本体，把握形上超越的天理。显然，吕柟的思想已不是朱子的理本论所能范围的，而是转向了以气为首出的气学。

吕柟在理气论上的这一转向，使得他较少关注形上的理气、性命等问题，而把学问的重心放在如何身体力行上，以及如何实现理学所讲的"民胞物与"和"万物一体"的人生理想与境界追求上。对此，

---

① （明）吕柟：《泾野子内篇》，第150页。
② 同上书，第116页。
③ （明）吕柟：《四书因问》卷2，《景印文渊阁四库全书》第206册。
④ 同上。
⑤ （明）吕柟：《泾野子内篇》，第80页。

吕柟将目光由宋儒转向孔子。首先，吕柟认为，无论是王阳明的"良知说"，还是周敦颐的"主静"、二程的"主敬"和张载的"以礼教人"等都有不足之处，比如有的人天生好静，这时就不能再告诉他要"静"，而是"别求一个道理"；同样，有的人暂时还做不到"诚"和"敬"，则需要针对其问题所在而教之对治办法。总之，以上各人的学问就像日月星辰、风云霜露一样，都是"各指其一者言之"，而不像天一样广大无边。不仅如此，"天"本身还以"万物一体"为心，象征着"至公至仁"，他说："若天地之所以为天地，只是一个至公至仁。如深山穷谷中，草木未尝不生，如虎、豹、犀、象也生，麟、凤、龟、龙也生。圣人与之为一，如有一夫不得其所，与天地不相似。观夫舜欲并生，虽顽谗之人也要化他，并生与两间，要与我一般，此其心何如也！"① 天地之所以为天地，就在于其能以"万物一体"为心，包容万物，做到"至公至仁"，如即使深山穷谷，也有草木生长，又如世间既有麒麟、凤凰之类的灵兽，也有老虎、豹子之类的猛兽，等等。在吕柟看来，圣人之心也是如此，圣人想要天下的每一个人都能各得其所，并生于天地之间，哪怕是"顽谗之人"也要教化他，"如有一夫不得其所，便与天地不相似"，故圣人与天为一。因此，为学当要"以天为学"，亦即要以圣人为学，学习圣人的学问，吕柟这里所说的"圣人"主要指孔子。这样，吕柟就将孔子的思想与宋儒的"万物一体"精神结合起来了。

其次，在吕柟看来，孔子"仁"的思想不仅直接体现了天的"万物一体"精神，而且为学者指明了实现这一精神境界的具体方向，故他说："圣人之学，只是一个仁。""孔门教人，只是求仁。"② 强调"凡尽力于学，须要学仁学天，方是无有不足处。孔颜之所为乐处者，盖得于此"③。吕柟认为，仁是为人的本质，但这个"仁"并不仅限于个体自身的成就和满足，而是要视"天下犹一家，万民犹一

---

① （明）吕柟：《泾野子内篇》，第190页。
② 同上书，第67、167页。
③ （明）吕柟：《四书因问》卷3。

人"，使万物各得其所，也就是要"天下之人疾痛疴痒与我相关，一民饥曰我饥之也，一民寒曰我寒之也"①。可见，在吕柟仁学中，"万物一体"是其最核心的内容。不过，吕柟讲的"万物一体"之仁既不像张载那样是通过"穷神知化"的理性思考或直觉体验而得来的，也不像程颢那样凸显的是对儒家最高精神境界的追求，②而是正如其重实践力行的思想特点一样，表现为一种具体的道德行为，所以他强调要在日常的生活和施政过程中培养"仁心"，实践"仁"，强调"见那鳏寡孤独无告穷民，皆要使之各得其所"③。

最后，正如我们前面所指出的，薛瑄的河东之学传到关中之后，很快便与张载读经重礼、重实践的学风结合起来，成为关中河东之学的一个重要特色，吕柟的思想中无疑也具有这些特点，如吕柟认为，"五经"与"四书"并无高下之分，二者都是"圣人精蕴所发"，因此学者每日都应阅读经书，进行研习。他还认为"五经"同"四书"一样，与宋儒的性理之学是相互贯通、相互发明的。吕柟甚至把"五经"看作治国理政的基础，认为"经书是平天下梁肉，未有舍经而能致治者"④，等等。吕柟这种对经学的重视显然与薛瑄不同，薛瑄更注重宋儒用以阐发形上思想的《周易》《太极图说》《正蒙》和"四书"，认为"千古入道之门，造道之阃，无越于此"⑤，并视"四书"地位在"五经"之上。对于礼，吕柟也非常强调，在其著作中不仅有大量关于冠、婚、丧、祭等礼的讨论，而且还有专门论礼的著作——《礼问》一书。另外，吕柟也很重视礼的日常实践，他在山西解州为官时，建了一所解梁书院，选民间俊秀子弟于其中歌诗习礼，并让人于每月朔望讲读《会典》诸礼，他还在解州推行《吕氏乡约》和《朱子家礼》等。这些都与薛瑄的河东之学有所不同，而是受到了关中本地学风的影响。

---

① （明）吕柟：《泾野子内篇》，第294页。
② 陈来：《宋明理学》，第91页。
③ （明）吕柟：《泾野子内篇》，第292页。
④ 同上书，第50页。
⑤ （明）薛瑄：《薛瑄全集》，第1186页。

三　韩邦奇与河东之学

黄宗羲在《明儒学案》中曾专门记录了当时崛起于陕西三原地区的一个学派，即三原学派，并说："关学大概宗薛氏，三原又其别派也。其门下多以气节著，风土之厚，而又加之学问者也。"① 黄宗羲对三原学派特点的这一简明概括会使人以为三原学派就是河东之学的分支，是薛瑄思想在关中的发展，事实上，这种认识并不符合实际，三原学派其实是以程朱为宗，继承张载"以礼为先"的学风，"独撰心得，自成一家"。但黄宗羲所列的三原学案中却有几人与三原学派无论是从地域范围还是从学问渊源上来说并无多大关系，反而与薛瑄的河东之学有着或多或少的联系，他们便是韩邦奇、杨爵与王之士。

三原学派，顾名思义，是因其创始人王承裕及其弟子多为陕西三原人，故名之。王承裕的学问主要来自其父王恕，而王恕在潜心于经书传注之外，亦为王承裕的弟子讲学，故黄宗羲将王恕也列入三原学案。但三原学案中的韩邦奇与杨爵、王之士则分别为陕西朝邑（今属大荔）、富平、蓝田人，他们既非三原人，亦非王恕、王承裕的弟子。具体来说，韩邦奇一方面家学渊源，另一方面则"原出王虎谷先生之门"②。王虎谷（1465—1517），名云凤，字应韶，山西和顺人，唐龙在《少司马涂水先生传》中说："夫自薛文清公倡道河汾，先生与和顺王公云凤并宗其学。"③ 可见，韩邦奇之学可因王云凤而上溯自薛瑄，从学问渊源上来说是出自河东之学。另外，韩邦奇门人白璧也指出，韩邦奇"学问精到，明于数学，胸次洒落，大类邵尧夫，而论道体乃独取张横渠。少负气节，既乃不欲为奇节异行，而识度汪然，涵养宏深，持守坚定，躬行心得，中正明达，

---

① （清）黄宗羲：《明儒学案》（修订本），中华书局 2008 年版，第 158 页。

② （清）范鄗鼎：《理学备考序》，《理学备考》，《四库全书存目丛书》史部第 121 册。

③ （明）寇天叙：《涂水先生集》卷 6，《四库全书存目丛书》集部第 65 册。

则又一薛敬轩也"①。这或多或少说明了韩邦奇的学问与薛瑄之间有着相似之处。至于杨爵，则为韩邦奇弟子，与杨继盛（1516—1555，号椒山）并称"韩门二杨"。

最后是王之士。王之士从小就随其父王旌（号飞泉）学习，通晓《诗》《礼记》《易》。王之士好友冯从吾在《秦关全书序》中说：

> 蓝田王秦关先生，理学醇儒也，其学以尽性无欲为宗……顷先生冢嗣伯敬持先生著作若干种，乞余订正，会余病，不能细读，乃留伯敬数日，命门人辈稍为编次以归之，而以文简公《粹言》及飞泉公《语录》列于前，见先生学问渊源所自，其曰"先师遗训，先君遗训云"者，先生所自命也。②

这里，冯从吾在序文中所说的文简公即指吕柟，"文简"为其谥号。正如上文所述，吕柟师承薛敬之而源自薛瑄。虽然吕柟去世时，王之士年仅十四五岁，并未及门（又见《明史·儒林传》），但王之士却以吕柟为先师，可见其学问除了家学外，便是本自吕柟。对此，清末民初的牛兆濂在《秦关先生拾遗录序》中也认为王之士"学本泾野"。这样，王之士的学问便又通过吕柟而与河东之学联系起来。

虽然从学问渊源上，韩邦奇、杨爵与王之士都与薛瑄的河东之学有着某种关系，但毕竟这种联系非常薄弱，因而也不能过于夸大薛瑄之学对他们的影响。不过，正因为如此，他们才能更多地吸收和融合本地的学术思想资源，传承家学。由于资料的限制，以下则以韩邦奇为例探讨其思想特点。

韩邦奇的学问比较博杂，除理学外，还精通音律、象数等。在理学上，韩邦奇主要继承和发展了张载的气论，对程朱理学做了较大的修正。首先，他与吕柟一样，也反对朱子分理气为二，把理和气看作

---

① （明）冯从吾：《关学编（附续编）》，第50页。
② （明）冯从吾：《秦关全书序》，《冯恭定公全书》卷13，清光绪二十二年刻本。

是宇宙中两个各自独立的实体。韩邦奇认为，"天地万物本同一气"，
"天地之间，气而已"①。那么，理在何处？他说：

> 混沌之初也，一元之气，渣滓融尽，湛然清宁，而万象皆具
> 一极中，《易》所谓太极，天之性也。及其动静继成之后，气化
> 形生，并育并行，是天率之性而行，是之谓天道。②

> 一元未辟，浑浑沌沌，太极之未形也，是天之性也。如尧舜
> 之心，至静未感，万理咸具，即太极也，是尧舜之性也。③

这两段话指出，天地之间，只是气而已，太极或理不是别的，而
是"渣滓融尽，湛然清宁"之气，此时的气自然是全气为理，或者
说即气即理，即理即气，因此对韩邦奇来说，理就是气之理，是气自
身固有的条理、理则，而不是存在于气之外的另一物。但由于受传统
理学的影响，韩邦奇也没有完全或直接以气为太极，而是把气之理或
气的清虚状态看作本体，作为世间道德价值的依据，换言之，韩邦奇
所说的形上与形下、体与用是在一气之中划分的。他的这一思想与吕
柟一样，都属于气学，而明显与薛瑄的"理在气中"的理气二元论
不同。

其次，韩邦奇批评宋儒把"道"与气分成形而上与形而下，并
以太极和理来规定"道"而将"道"置于气之上。他认为，"道"
其实就是人们通常所说的"路"，是就"流行发见者而言"的，
所谓：

> 人有人之性，人率人之性而行，发而见诸行事为道，子思所
> 谓"率性之谓道"是也。天有天之性，天率天之性而行，发而见

---

① （明）韩邦奇：《正蒙拾遗·太和篇》，《性理三解》，清嘉庆七年重刻本。
② （明）韩邦奇：《正蒙拾遗序》，《性理三解》。
③ （明）韩邦奇：《正蒙拾遗·太和篇》，《性理三解》。

诸化育流行为道,孔子所谓"一阴一阳之谓道"是也。至于凡物,卵为性,发而为鸡,知觉运动是道也;核为性,发而为树,荣瘁开落是道也,孔子"逝者如斯"、子思"鸢飞鱼跃"皆谓是也。①

可见,"道"是"感而遂通"者,太极、性和理才是"寂然不动"者,若以"道"为太极为理,就是以感为寂、以动为静、以已发为未发,颠倒了体用之间的关系,韩邦奇说:"性是天之性,太极之理,体也。道是天之道,天率天之性,一阴一阳之迭运化育流行,用也。然皆实理也。"② 太极、性和理是体,"道"则是用,不能将二者混同。

最后,韩邦奇反对宋儒以"主静"和静坐为心性涵养的工夫。他指出,"养心"之法是无间于动静的。具体来说,在无事之时,应该预防此心,"勿使非念之萌",而平日居家和临政之时以及应事接物之际,则要省察此心是否符合道义,"一有非念之萌即遏之,勿使达之事为之著",动静结合,这才是真正的"养心"之法。如果忽略穷理、博学、切问这些工夫而专以静坐为主,就必定会遗弃伦理日用而与释氏等同,韩邦奇说:"天地混沌后,若无是气,则无开辟之时矣。人心既静,若无是气时,则死而再无动时矣。达乎此,则可以知老氏之非及诸子见道未真者也。"③ 因此,学问的重心应该在气上,在力行实践中培养德性,进行"养心"。

通过以上对吕柟和韩邦奇思想的讨论可以看到,薛瑄之学在传入关中之后,由于这种传承和影响并不十分紧密和强大,因而关中的学者在消化这一资源的同时,还从多方面吸收了其他的思想资源,如孔子的仁学、张载的气论以及读经重礼等内容,从而使得关中地区的河东之学体现出自己的特色。

---

① (明)韩邦奇:《正蒙拾遗·太和篇》,《性理三解》。
② (明)韩邦奇:《正蒙拾遗·诚明篇》,《性理三解》。
③ (明)韩邦奇:《正蒙拾遗·太和篇》,《性理三解》。

四　吕柟之后的河东之学

吕柟虽然一生讲学不辍，影响也很大，"风动江南，环向而听者前后几千余人"，使河东之学达到其发展的顶峰，但实际上，也正是从吕柟开始，河东之学逐渐由盛转衰。究其原因，是在于吕柟（连同韩邦奇）改变了朱子"理气二分"的致思方向，使理成为气之理，从而将学问重心转移到气上，强调在气上见理，重视下学实践，而对于形上的理气、心性等问题阐发较少，即使有些论述，也往往过于言简意赅，在思想的深刻性上也与同为朱子学的罗钦顺和后来的王夫之无法相比，就算是在其所重视的"气"的问题上，吕柟的思考也远不及后来的黄宗羲、陈确、颜元等人，高攀龙就说："薛文清、吕泾野语录中无甚透悟语，后人或浅视之，岂知其大正在此。他自幼未尝一毫有染，只平平常常，脚踏实地做去，彻始彻终，无一差错，既不迷，何必言悟？所谓悟者，乃为迷者而言也。"① 所以吕柟培养的弟子也大多注重功夫实践，故刘宗周称："一时笃行自好之士，多出先生之门。"② 黄宗羲也说："河东之学，悃愊无华，恪守宋人矩矱，故数传之后，其议论设施，不问而可知其出于河东也。"③

总之，吕柟强调体认躬行、践行孔门仁学以及以礼为先、重视经学等，虽然成就了他的学问特色，但也确实抑制了其思想朝形上思辨的方向发展，因此在吕柟之后，河东之学也逐渐走向衰微，这主要表现在：一是吕柟在关中的弟子基本上都遵守师训，恪守成法，如泾阳的吕潜（1517—1578，号槐轩）"凡一言一动，率以泾野为法""刻意躬行，远声色，慎取予，一毫不苟，而尤严于礼，诸冠婚丧祭，咸遵文公惟谨，即置冠与祭器，式必如古人，或以为迂，弗恤也"④。张节（1503—1582，号石谷）则"日坐南园草屋中读书穷理，涵养

① （清）黄宗羲：《明儒学案》（修订本），第1433页。
② （清）黄宗羲：《明儒学案·师说》（修订本），第11页。
③ （清）黄宗羲：《明儒学案》（修订本），第110页。
④ （明）冯从吾：《关学编（附续编）》，第55—56页。

本原，至老不倦"①。咸宁的李挺（字正立）认为"生须肩大事，还用读《春秋》"②。另外，与吕潜交好且一同读书讲学的郭郛（1518—1605，号蒙泉）也是"笃于伦理而兢兢持敬，自少至老，一步不肯屑越"，并说："学道全凭敬作箴，须臾离敬道难寻。"③ 二是在吕柟之后，关中数十年间没有再出现较大的讲学活动，只有吕潜与郭郛曾讲学于泾阳的谷口洞中，吸引了当地和周边的一些士子前来问学，但已不复当年吕柟讲学的盛况了，这种状况一直到万历十二年（1584）许孚远出任陕西提学副使并讲学于正学书院时才得以改变。

---

① （明）冯从吾：《关学编（附续编）》，第57页。
② 同上。
③ 同上书，第58页。

第十章　王承裕与三原弘道书院

王承裕（1465—1538，号平川）是明代前期重要的关学学者，三原学派的创始人，而弘道书院则是三原学派最重要的讲学书院，由王承裕的弟子为其创立。王承裕在弘道书院的讲学，不仅标志着明代关中地区书院讲学之风的兴起，同时还推动了明代关学进入一个新的发展时期，在关学史上具有重要的意义。

一　王承裕与弘道书院的建立

弘道书院（清乾隆时改为"宏道书院"）始建于明弘治八年（1495），次年完工，是三原学派的标志性书院。三原学派则是明代中期崛起于陕西关中地区的一个著名的理学学派，因其创始人王承裕及其弟子多为陕西三原人，故名之。弘治六年（1493），王恕由吏部尚书致仕，而其子王承裕亦于这一年中进士，未出仕，便陪王恕返乡。回乡后，王承裕先是在僧舍讲学，取名为"学道书堂"①，马理（1474—1555，号谿田）、秦伟（字世观，号西涧）、雒昂（字仲俛，号三谷）等人皆从之游，从而开创了三原学派。后来由于学者众多，僧舍容纳不下，遂建弘道书院。关于弘道书院的建立情况，王云凤（1465—1517，号虎谷）在《建弘道书院记》中有详细的记载：

---

① （明）马理：《南京户部尚书平川先生王公行实》，《谿田文集》卷5，《马理集》，西北大学出版社2015年版，第325页。

　　弘道书院者，三原王君天宇之所建也。始君举进士，即侍父太宰公归。诸生秦伟、马理、雒昂辈从之学，假僧舍以居，题曰"学道书院"。君于后堂自构一室，曰"弘道书屋"。弘治乙卯（1495），太宰公命如京受职，拜兵垣。数月，复以疾归，从者益众。秦伟谋于众，欲作书院，锓疏遍告里之富而好礼者、商贾之游于其地者，鸠缗钱若干，择地之爽垲，得永清坊之普照废院。其地以丈计袤四十，广十二，遂白于官而肇工焉。外为缭垣，门曰"仰高"，以对南山仰止也。重门曰"忝敬"。内为小垣三，其门中曰"中立"。中立门内为弘道堂，后为考经堂，又后为春光亭。弘道堂之东荣为庖，西为库，堂前东西建学舍各十一楹。考经堂前东为清风轩，西为明月庵，门曰忠孝。堂稍后东北隅为清谷草堂，西北隅为嵯峨山房。草堂之门曰卧云，山房之门曰立雪……①

　　从王云凤的记述中可以看见，王承裕在弘治八年时曾奉父命回京城受职，任兵科给事中。然而，数月后王承裕即称病又回到三原，此后，从学者日众。于是在这一年，秦伟发动众门人，谋建书院，地点选在三原县永清坊的普照寺旧址，而书院的建设资金则来自当地商贾士绅的捐助。弘道书院的主要建筑有弘道堂和考经堂，其中，弘道堂是讲学之堂，考经堂则兼具讲学、藏书之作用。

　　弘道书院的管理较为严格。王承裕为弘道书院立有学规 20 条，分别是：明德、学道、诵读、讲解、察理、学礼、作古文、作诗文、博观、明治、考德、改过、作字、游艺、会食、夜课、考试、遵守、归宁、给假；又立小学规 14 条（《弘道书院学规》）。对于来学者，亦进行区别，所谓"冠者有堂上、堂外生徒之别，童子亦有堂外、堂下，皆君以勤惰、修窳而登降者"，而"群弟子辰至酉归，执经受业，罔敢或懈"（《建弘道书院记》）。此外，王承裕又"出书数千卷，厨之考经堂"（《建弘道书院记》）。正是归于王恕、王承裕父子的有效管理，弘道书院的讲学在当时很兴盛。弘治十三年（1500），时任陕

───────────────

① （明）王云凤：《建弘道书院记》，载来时熙《弘道书院志》，明弘治十八年刻本。

西提学官的王云凤曾慕名来访，见到"冠者数十人，童子数十人，进退周旋惟谨"（《建弘道书院记》）的情景，甚为叹服。

弘道书院的建立在当时具有重要的意义。在弘道书院之前，明代关中学者的讲学并无专门的书院或讲堂，如段坚"结庐兰山之麓，扁曰南村、曰东园"①；张杰则以家塾为讲学之地，《（乾隆）重修凤翔府志》说：张杰"不复仕进，肆力于学，弟子从者日众，乃拓家塾，以五经教授，学者远近悉至"②。这些讲学都没有专门的书院为基础。正式建立书院以讲学的即是王承裕所创建的弘道书院。虽然当时三原还有学古书院，但并非专门的讲学书院，对当地的理学教育亦未起多大作用。因此，弘道书院的建立开创了明代关中地区的书院讲学之风，为关学的发展提供了较为稳定的物质基础。③

在弘道书院建立不久以后，关中地区以书院为基础的讲学之风亦逐渐流行开来。弘治九年（1496），当时的陕西提学副使杨一清（1454—1530，号邃庵）在西安府重建正学书院，④ 选陕西各地有才华的诸生入正学书院，并收集各府县学校的图书于书院之中。此外，杨一清还在凤翔府陇州（今陕西陇县）创建岍山书院，在武功建绿野书院。这些书院的建立与三原弘道书院共同推动了明代关中理学的发展。

二　弘道书院的讲学特色

当时主持弘道书院讲学的主要是王承裕，王恕则优游于西园、东

---

① （清）张骥：《段容思先生》，《关学宗传》卷3。

② （清）达灵阿：《（乾隆）重修凤翔府志》，《中国方志丛书》，台北成文出版社1970年版。

③ 弘道书院自创建后，历经明清两代，一直是陕西关中地区的一个重要讲学书院。清代因避乾隆帝讳，改名为"宏道书院"。光绪二十八年（1902），督学沈卫改书院为宏道高等工业学堂。宣统初，学政余堃改之为宏道中等工业学堂。

④ 正学书院始建于元朝，本为北宋时"横渠张子倡道之地"，后来元儒许衡亦讲学于此，于是创建为书院，祀张载、许衡二人。明初，书院旧址为兵民所据。正学书院重建后，成为陕西关中地区最著名的书院，直至万历三十七年（1609）冯从吾创建关中书院。清康熙六十一年（1722），正学书院并入关中书院。

园，潜心于经书传注之中，亦偶尔为王承裕的弟子讲学。王氏父子讲学的重点首先在经学，强调读经、治经，如王承裕要求学院诸生每日读经书，并且"五经各治一经，余四经亦当次第而观"（弘道书院学规》），并在弘道书院内专门设有"考经堂"。王恕说：

> 吾儿承裕以《诗经》登弘治癸丑进士。是岁，吾年七十有八，乞休，得请承裕侍吾归。既抵家，定省之暇，与从游之士始则讲学于释氏之刹，近则即前普照院之故址建为弘道书院以居，自名其后堂曰"考经"。其意以为从游之士有治《易经》者，有治《书经》、《诗经》者焉，亦有治《春秋》、《礼记》者焉。①

可见，考经堂即是弘道书院专门的讲经之所。又因王恕、王承裕分别以《易》《诗》中进士，故其门人弟子亦多治此二经。从《弘道书院出身题名》著录的42人来看，其中治《易》者16人，治《诗》者11人，两者相加共27人，占了总数的一半以上，余者或治《书》（4人）或治《礼记》（7人）或治《春秋》（4人）。总之，弘道书院注重经学的思想，对关中士人产生了很大的影响。杨一清督学关中时曾说："康（康海）之文辞，马（马理）、吕（吕柟）之经学，皆天下士也！"② 三原学派对经学的重视，与南方的阳明学注重对道德形上本体的体悟形成鲜明的对比，可以说是明代关学的一个基本特征。

虽然，弘道书院的讲学是以经学为主，强调对儒家经典的学习，但其经学并非只是口耳记诵，而是主张以心证经、以心考经。王恕说："考经者固不可不用传注，亦不可尽信传注，要当以心考之也。"③ 其晚年所著的《石渠意见》与《玩易意见》即根据自我身心的体认来质疑程朱对四书、五经的一些解释，所谓"至于颇有疑滞，

---

① （明）王恕：《考经堂记》，《王端毅公文集》卷1，《四库全书存目丛书》集部第36册。

② （明）冯从吾：《关学编（附续编）》，第47页。

③ （明）王恕：《考经堂记》，《王端毅公文集》卷1。

再三体认，行不去者，乃敢以己意推之"①。王恕于经书强调要"以心考之"，而不迷信程朱传注，不仅对马理等人影响很大，而且在当时还是"此亦一述朱，彼亦一述朱"②的明初思想界中亦显得难能可贵。

其次，于读经之外，弘道书院还非常重视礼教。以礼教人自北宋张载开始，一直以来都是关中的传统学风。如明末刘宗周说："关学世有渊源，皆以躬行礼教为本。"③清初的张履祥也说："关中之教，以知礼成性为先。"④王承裕在弘道书院的讲学也继承了关学的这一学风。他为弘道书院所定学规中就有"学礼"一项，要求"有志学礼之士先读《朱子家礼》，次读《仪礼》、《周礼》诸书，身体力行，以化风俗"（《弘道书院学规》），而小学规的第一条即是"学礼"。此外，"凡弟子家冠、婚、丧、祭，必令率礼而行"⑤，可见王承裕对礼教的重视。王承裕不仅要求诸生学礼，而且他本人也"自始学好礼，终身由之"⑥，故教人以礼为先，并刊布蓝田《吕氏乡约》《乡仪》等书，以礼教化乡人。据说，正是王承裕对礼教的重视，使得"三原士风民俗为之一变"⑦。受其影响，弟子马理亦"特好古《仪礼》，时自习其节度"，并"执礼如横渠"⑧。

再次，王恕、王承裕父子亦十分注重理学的教育。这是因为弘道书院的宗旨并非仅以举业为目的，更重要的是弘"道"。王云凤在《建弘道书院记》中即指出了这一点：

嗟乎！作书院而名以弘道，学者其有惕然于心者乎？嗟乎！是道也，君子之所以治身，先王之所以治天下者也，而今之学者

---

① （明）王恕：《石渠意见请问可否书》，《王端毅公文集》卷3。
② （清）黄宗羲：《姚江学案》，《明儒学案》（修订本），第178页。
③ （清）黄宗羲：《师说》，《明儒学案》（修订本），第11页。
④ （清）张履祥：《张杨园全集》，中华书局2002年版，第132页。
⑤ （明）冯从吾：《关学编（附续编）》，第39页。
⑥ 同上。
⑦ （清）黄宗羲：《明儒学案》（修订本），第164页。
⑧ （明）冯从吾：《关学编（附续编）》，第47页。

乃讳言之。……君以弘道名书院，非挺然有独见之智不及此。嗟
乎！凡学于此者，其有惕然于心者乎？吾有是身，固有天命于我
者之性，学者亦惟尽吾性焉。尔尽性之大目，则君所谓为学大道
理，所以尽之，所谓正功者也。夫能此之谓弘道，持此不懈在主
敬，以察此惟恐以坏之在谨独。吾性既尽，然必尽人物之性，至
于赞化育，参天地，乃为弘道之极功，而亦非吾性外事也。嗟
乎！凡学于此者，其有惕然于心者乎？若徒以举业为务，以科目
为念，以功名显达自期，待毁方合，以求避世俗之笑，则安用此
书院，抑岂所谓弘道者哉？

王云凤指出，王承裕以"弘道"为书院之名，即表明书院的讲
学并非只限于科举之学，而是以"尽性"为为学大道理，不仅要尽
吾人之性，还要尽人物之性，以至于参赞天地、化育万物，这才是
"弘道"之意。对此，马理也说："先生教以宗程朱以为阶梯，祖孔
颜以为标准。"[1] 在理学思想上，王氏父子则表现出重视"心"的特
色，王恕说："人能竭尽其心思而穷究之，则能知其性之理。盖性乃
天之所命，人之所受，其理甚微，非尽心而穷究之，岂易知哉！既
知其性，则知天理之流行而付于物者，亦不外是矣。"[2] 强调心对认
识性之理的重要性。王恕又说："吾心具天命之性，为神明之舍，含
动静之机，知古今之事，作五官之主，为应酬之本，持变通之权，
蓄治安之计，契圣贤立言之意，遵当仁不让之训，辨诸儒传注之非，
释后学积年之惑，帅浩然刚大之气，存扶世立教之志。"[3] 如果说在
王恕那里，肯定的还只是心的认识作用与能动作用，而到了王承裕，
心已经成了一身之主，强调的则是修身意义上的"正心"，他说：
"人之一身，惟心为主，心正则身正，心不正则身亦不正矣。""心
正则身正，身正则万事皆正矣。是故正万事莫如正身，正身莫如正

---

① （明）马理：《南京户部尚书平川先生王公行实》，《谿田文集》卷5，《马理集》，
第325页。
② （明）王恕：《心箴》，《石渠意见》卷3，《四库全书存目丛书》经部第147册。
③ （明）王恕：《心箴》，《石渠意见》卷3。

心也。"① 凸显出对主体心性修养的重视。王氏父子思想上的这一特点与当时渭南的薛敬之相似。薛敬之之学源出于河东薛瑄，以程朱理学为宗，但他却认为"心者，理之天，善之渊也。养心者，则天明渊澄而理与善莫不浑然发外矣"，强调"学者第一要心存，心一有不存，便与道畔"②。虽然王恕、王承裕还没有达到以心为理的地步，但他们对"心"的重视，无疑与薛敬之相同，都是要求学者由口耳记诵转向自我身心道德修养。

最后，王恕、王承裕父子的讲学，崇尚气节，不为空谈，故"其门下多以气节著"，如马理、雒昂与张原（1473—1524，字士元）等人，皆因上疏谏议而遭受廷杖，雒、张二人因此丧身。后来，富平的杨爵更是以气节闻名。冯从吾说，杨爵"险夷如一，初终不贰；磨礲精光，展拓胸次，其所涵养者诚深，故鼎镬汤火，百折不回，完名全杰，铿鍧一代不偶也。彼世之浅衷寡蓄，眈眈以气节自多者，视先生当愧死矣"③。因而，重气节也是明代关学的又一个特征。

另外，弘道书院为关中地区培养了大量的理学人才。《弘道书院出身题名》即著录了42人，其中如马理、秦伟、雒昂、张原、李伸、赵瀛等人尤为有名。而在王承裕之后，马理与高陵吕柟的往来讲学，则成就了明代关学发展的第一次高峰，冯从吾在《关学编·自序》中说："光禄（马理）与宗伯（吕柟）司马金石相宜，钧天并奏，一时学者歙然响风，而关中之学益大显明于天下。"④

三　弘道书院讲学的影响

综合以上所述，王恕、王承裕父子的三原弘道书院讲学，以经学为主，但其解经不拘泥于程朱传注，而是强调以心证经和体认躬行；

---

① （明）王承裕：《进修笔录》，《少保王康僖公文集》卷1，清道光十八年李锡龄、王穉刻本。

② （明）薛敬之：《思庵野录（附行实）》卷上。

③ （明）冯从吾：《关学编（附续编）》，第55页。

④ 同上书，第1页。

并重视主体的心性修养，强调"尽性"以弘道。而弘道书院的创建，则不仅开创了明代关中地区书院讲学之风，培养了马理等大量的理学人才，同时也为关学的发展提供了长久稳定的物质基础。此外，王氏父子的讲学，重视礼教，崇尚气节，不为空谈，这些都对三原士子和其他关中学者产生了较大的影响。虽然弘道书院的讲学最后作为支流汇入渊源于河东薛瑄之学的关中理学发展潮流之中，但他们为明代关学的发展提供了新的思想资源，并凸显了关中地区理学的特色。《四库全书总目提要》说："关中之学，大抵源出河东、三原。"① 晚清关中学者柏景伟也说："段容思起于皋兰，吕泾野振于高陵，先生王平川、韩苑洛，其学又微别。"② 而清末的张骥则曰："北都沦陷完颜，代兴奉元，一脉不绝如缕，几同闰位。迨石渠公唱道三原，康僖缵承家学，学风丕变。"③ 这些都肯定了三原学派不同于河东之学和它对明代关学发展所起的重要作用。

---

① （清）纪昀："《愿学编》二卷"条，《四库全书总目》卷96，海南出版社1999年版，第495页。

② （明）冯从吾：《关学编（附续编）》，第69页。

③ （清）张骥：《关学宗传·自序》，陕西教育图书社1921年排印本。

第十一章　吕柟的理学思想

吕柟（1479—1542），字仲木，号泾野，陕西高陵县人，是明代中期关学的主要代表人物，《明儒学案》说："关学世有渊源，皆以躬行礼教为本，而泾野先生实集其大成。"① 晚清关中学者贺瑞麟也说："有明一代，吾关中理学所称最纯者高陵泾野吕先生而已。"② 在后人眼中，吕柟与晚明长安的冯从吾分别代表了明代关学发展的两个高峰，晚明王学学者邹元标（1551—1624，号南皋）说："横渠之后，明有仲木，今有仲好，可称鼎足。"③ 在理学上，吕柟以程朱为宗，继承张载关学读经重礼、重视气节的学风，并将先秦孔孟的仁学与宋明理学的"万物一体"精神相结合，开创出一条"真知实践、甘贫改过"的学问之路。

一　吕柟的生平与思想渊源

（一）吕柟的生平与著作

明宪宗成化十五年（1479），吕柟出生于陕西的高陵县，其家从南宋理宗时就在高陵定居，其后世代为高陵人。④ 吕柟年少时即聪悟

① （清）黄宗羲：《明儒学案》（修订本），第11页。
② （明）吕柟：《泾野子内篇》，第313页。
③ （明）邹元标：《少墟冯先生集序》，冯从吾：《冯恭定公全书》，清光绪二十二年刻本。
④ 吕柟在《新昌吕氏家乘序》中说："柟亦齐吕之苗裔也。求其先止于宋理宗朝，其前无据也；访诸蓝田四吕氏之里，其族湮无闻也。"见《泾野先生文集》卷13，明嘉靖三十四年于德昌刻本。

绝人，后选为诸生，受《尚书》学于高俦和邑人孙昂。弘治十年（1497），因受到当时陕西提学副使杨一清的赏识，吕柟进入西安正学书院读书，杨一清称："康（康海）之文辞，马（马理）、吕（吕柟）之经学，皆天下士也。"①吕柟二十多岁时，在长安开元寺偶遇因事来长安的薛敬之并拜其为师，这是吕柟求学过程中非常重要的一件事，他从薛敬之那里继承了河东的薛瑄之学，从此奠定了其朱子学的为学宗旨。

弘治十四年（1501），年仅23岁的吕柟考中举人，但不幸在第二年的会试中落第，直到正德三年（1508），吕柟才再次参加会试，这一次不仅会试及第，而且高中状元，被授予翰林院修撰兼经筵讲官。当时权宦刘瑾想以同乡身份前往祝贺，却被吕柟拒绝了，此后亦不相往来。两年后，即正德五年（1510），吕柟上疏请明武宗亲临政事、听经筵讲官讲论经史，从而惹怒刘瑾，准备杀掉吕柟，吕柟遂借机辞病归乡。回到家中才几个月，刘瑾就被朝廷诛杀，受其牵累而下狱、降职和免官的陕西籍缙绅有很多，而吕柟则因其气节而免受牵连。正德七年（1512），因受王廷相等人的举荐，吕柟被重新起用，官复原职。但这次他在北京任职的时间并不长，正德九年（1514），就因病而再次辞官回乡。

从正德九年至嘉靖元年（1522）这段时间里，吕柟一直在家乡高陵讲学，曾先后主讲于东郭别墅和东林书屋。嘉靖元年，吕柟被即位不久的明世宗起用，仍官翰林院修撰，并进入史馆纂修《武宗实录》。然而在嘉靖三年（1524），吕柟因上疏涉及"大礼"之争而入狱，随即被贬为山西解州（在今运城）判官。

任职解州是吕柟的一段非常有意义的人生经历。在解州任官期间，他能体恤民情，轻徭薄赋，劝课农桑，兴修水利，发展生产。同时，还广开教化，建解梁书院，被人赞为"兴学而人才丕变，励俗而礼让大行"。因吕柟政绩显著，御史卢焕等以"王佐之才"累荐。嘉靖六年（1527）冬，吕柟由解州转官南京吏部考功郎中，临行时，

---

① （明）冯从吾：《关学编（附续编）》，第47页。

解州"士民数千哭送至黄河岸边"。吕柟渡过黄河,"犹闻对岸哭声琅琅",他情不自禁口出一绝:"试听黄河东岸哭,为官何必要封侯!"吕柟离开后,解州人士感德不忘,立碑以记其政绩,塑像以寄其恩情。

在南京任职期间,吕柟与湛若水(1466—1560,号甘泉)及王阳明弟子邹守益(1491—1562,号东廓)曾一同讲学,"风动江南,环向而听者前后几千余人"①。黄宗羲也说:"九载南都,与湛甘泉、邹东廓共主讲席,东南学者,尽出其门。"② 这有力地推动了南京一带的讲学之风。除了与诸生讲学之外,吕柟有时还会参加湛甘泉在南京新泉书院举行的讲会,特别是与邹守益曾就知行先后、格物穷理、修己以敬等问题进行了多次辩论。

嘉靖十四年(1535),吕柟升任北京国子监祭酒。在国子监,吕柟作《监规发明》,以约束诸生,并强调对礼乐的学习,让国子监生"每月习礼二次,每日歌《诗》一次"③。第二年,吕柟由国子监祭酒升为南京礼部右侍郎,再次来到南京,并继续在礼部北所讲学。嘉靖十八年(1539),时年六十一的吕柟致仕回乡,结束了他长期在外为官讲学的生涯。回到家乡高陵后,吕柟建北泉精舍讲学,同时还完成了《周易说翼》《高陵县志》等书的撰写。吕柟虽历仕30余年,曾官至三品,但"家无长物,室无妾",平时不以私事干人,"亦不受人干谒,不事生产",门徒相守者数十年。嘉靖二十一年(1542),吕柟因病去世,时年六十四。吕柟因其德才卓著,在他死后,"高陵人为之罢市者三日""解州及四方学者闻之,皆设尊位持心丧讣",连世宗皇帝亦为之停止朝事一天,以示哀悼。

吕柟著述丰富,据说有30多部,④ 其中主要有《泾野子内篇》《四书因问》《泾野先生五经说》(包括《周易说翼》《尚书说要》《毛诗说序》《春秋说志》《礼问》)、《泾野先生文集》《泾野先生别

---

① (明)冯从吾:《关学编(附续编)》,第44页。
② (清)黄宗羲:《明儒学案》(修订本),第138页。
③ (明)吕柟:《泾野子内篇》,第253页。
④ 参见赵瑞民《吕柟著述知见录》,《泾野子内篇》附录4,第340—354页。

集》《十四游记》《高陵县志》《解州志》以及《宋四子抄释》等。

在吕柟众多的门人中，著名的关中弟子有吕潜（1517—1578，字槐轩）、张节（1503—1582，字石谷）、李挺（字正立）等人。

（二）吕柟的思想渊源

从理学思想看，吕柟之学可由薛敬之上溯自河东的薛瑄。《明史·吕柟传》说："柟受业渭南薛敬之，接河东薛瑄之传，学以穷理实践为主。"故黄宗羲将吕柟列入"河东学案"。具体来说，由于薛瑄在明初思想界的巨大影响以及作为北方理学的主要代表，他在家乡山西河津的讲学吸引了本地及周边陕西、河南、山东等省的不少学者前来问学。陕西的韩城与薛瑄所在的河津仅一水（黄河）之隔，交通往来比较便利，这就为关中学者入晋和河东之学在关中的传播创造了有利条件，故薛瑄的陕西籍弟子也较其他外省居多，其中，最著名的有凤翔的张杰、咸宁的张鼎和韩城的王盛（号竹室）等。正是通过这些陕西学者，河东之学得以在关中传播并成为明初至明代中期关学最主要的思想资源。黄宗羲在《明儒学案》中说："关学大概宗薛氏，三原又其别派也。"①

在薛瑄的这些关中弟子中，张鼎的名气最大。张鼎曾花费数年时间搜辑和校正薛瑄的文集，并刊刻成书，对薛瑄著作的保存和流传做出了较大贡献。在思想上，张鼎"终身恪守师说，不敢少有逾越"，有"理学传自文清公，高名可并太华峰"之誉②。张杰则在家乡用"五经"教授学生，名重一时，被学者称为"五经先生"。

而在教授诸生之余，张杰还常与兰州的段坚、安邑的李昶和秦州的周蕙等人往来讲学。段坚除与张杰等人一起讲学外，还曾问学于薛瑄在洛阳的弟子阎禹锡与白良辅，"以溯文清之旨"，故其虽不是薛瑄及门弟子，却有"文清之统，惟公是廓"③之名，属于私淑有得

---

① （清）黄宗羲：《明儒学案》（修订本），第158页。
② （明）冯从吾：《关学编（附续编）》，第33页。
③ （清）黄宗羲：《明儒学案》（修订本），第127页。

者。周蕙之学则由段坚导引入门，除段坚之外，周蕙又受学于薛瑄门人李昶，"得薛文清公之传，功密存省，造入真纯，遂为一时远迩学者之宗"①。而周蕙在西安游学时，则培养了渭南的薛敬之、咸宁的李锦和秦州的王爵等著名关中学者，开创了河东之学在明初关中发展的盛况。

从以上所述可以看出，吕柟之学的思想渊源如下：薛瑄—李昶、段坚（私淑）—周蕙—薛敬之—吕柟。虽然吕柟之学出自河东，但薛瑄之学对其的影响亦随着时代的推移和思想的发展而逐渐减弱，黄宗羲说："先生之学，以格物为穷理，及先知而后行，皆是儒生所习闻。而先生所谓穷理，不是泛常不切于身，只在语默作止处验之；所谓知者，即从闻见之知，以通德性之知，但事事不放过耳。"② 尽管吕柟在学问宗旨上以程朱为宗，在工夫修养上也恪守程朱的"主敬穷理"，但他对朱子的理气观却做出了较大修正。并且，吕柟虽宗程朱，却从不偏执，对朱子学亦有微词，对其他诸家亦能兼而取其所长，故清末关学大儒贺瑞麟说：

> 盖先生之道，不可谓非濂、洛、关、闽之道；先生之学，不可谓非濂、洛、关、闽之学。宋四子书，先生尝钞释之矣。尝谓先生诸书及是篇，窃见于朱子每多微词，故非后世所能深知。③

二　吕柟的理学思想

（一）"理气非二物"

我们知道，在理气论上，朱子主张"理气二分"。他说：

> 所谓理与气，此决是二物。但在物上看，则二物浑沦，不可

---

① （明）冯从吾：《关学编（附续编）》，第31页。
② （清）黄宗羲：《明儒学案》（修订本），第138页。
③ （明）吕柟：《泾野子内篇》，第313页。

分开各在一处，然不害二物之各为一物也；若在理上看，则虽未
有物而已有物之理，然亦但又其理而已，未尝实有是物也。大凡
看此等处须认得分明，又兼始终，方是不错。①

　　然以意度之，则疑此气是依傍这理行。及此气之聚，则理亦
在焉。盖气则能凝结造作，理却无情意，无计度，无造作。只此
气凝聚处，理便在其中。②

这就是说，理与气虽然相即不离，理需要靠气来呈现自身，而气
也需要靠理的主宰和规范才不会走作，但理始终是气之中的另一个实
体，"所谓理与气，此决是二物"。朱子的"理气二分"尽管凸显了
理的超越性，但它却造成了现实世界中理气、理欲、性气等的对立，
并导致了道德实践上的离气求理，使一些学者忽略实际的工夫修养而
专讲求形上天理，从而使学问逐渐变得空虚。为了纠正这种学风，使
学问重新回到工夫实践上，于是从元代以来一些学者开始对朱子的理
气观进行修正，由"理气二分"转向主张"理在气中""理气一
物"③，这一思想发展趋势也体现在明初的薛瑄那里。薛瑄认为，在
天地没有形成之前，构成天地的气就已经存在了，而理即涵于气之
中，如果非要讲未有天地之先，理已存在，那么实际上不仅理存在，
同时气也存在。总之，从未有天地之先到天地形成、万物化生，理与
气始终不相离，更不可分先后，因此，"理只在气中，决不可分先
后"④。虽然在薛瑄那里，理始终是形而上的存在，与气不离不杂，
如罗钦顺所说："文清之于理气，亦始终认为二物。"⑤ 但薛瑄坚持
"理在气中"，强调理只有在具体的事物上才能呈现自身，这就为道
德实践提供了铺垫。薛瑄在理气观上的这一转向和对工夫实践的强调

---

　　① （宋）朱熹：《答刘叔文》，《朱子全书》（修订本）第22册，第2146页。

　　② （宋）黎靖德编：《朱子语类》，第3页。

　　③ 参见陈来《元明理学的"去实体化"转向及其理论后果》，陈来：《诠释与重建：
王船山的哲学精神》，第394—419页。

　　④ （明）薛瑄：《薛瑄全集》，第1120页。

　　⑤ （明）罗钦顺：《困知记》，中华书局2013年版，第49页。

也进一步影响了吕柟。

> 问：张子说"合虚与气，有性之名"。曰："观合字，似还分理气为二，亦有病。终不如孔孟言性之善，如说'天命之谓性'，何等是好！理气非二物，若无此气，理却安在何处？故《易》言'一阴一阳之谓道'。"①

吕柟认为，张载"合虚与气"的说法有分理气为二之嫌，而在他看来，《易》言"一阴一阳之谓道"，便已经说明了理气非二物，因为"一阴一阳"就是气在运动变化过程中所显现出来的条理性，而这是气自身所固有的，也就是"道"。可见，理并不是存在于气之外或气之中的另一物，而是气本身具有的条理、规律，因此可以说，理只是气之理，故"理气非二物，若无此气，理却安在何处？"

基于"理气非二物"的主张，吕柟反对宋儒将人性分为"义理之性"（性）与"气质之性"（气）的说法。他说：

> 盖性何处寻？只在气上求，但有本体与役于气之别耳，非谓性自性，气自气也。彼恻隐是性发出来的，情也；能恻隐，便是气做出来，使无是气，则无是恻隐矣。先儒喻气犹舟也，性犹人也，气载乎性，犹舟之载乎人，则分性气为二矣。试看人于今，何性不从气发出来？②

在这里，吕柟指出先儒将气与性比喻成舟与人的关系，认为"气载乎性，犹舟之载乎人"，其实是错误的，这是把性与气看作"二物"，认为性自性，气自气，是两个截然不同的实体。实际上，气之流行而有条理即是性，如果失去其条理，便不能称之为性，因此，性也只是气自身所具有的条理，气之外无性。

---

① （明）吕柟：《泾野子内篇》，第124页。
② 同上书，第116页。

陈德文因问："夫子说性相近处，是兼气质说否？"先生曰："说兼亦不是，却是两个了。夫子此语与子思元是一般。夫子说性元来是善的，本相近，但后来加著习染，便远了。子思说性元是打命上来的，须臾离了便不是。"①

吕柟反对宋儒把孔子的"性相近"看作兼气质而言，指出如果说是"兼"，那就意味着孔子是以性气为二物，重在言"气质之性"，而在他看来，孔子与孟子、子思对人性的认识是一致的，即都认为性只是气之理，性气是一物，故宋儒将人性分为"义理之性"与"气质之性"是不对的，"天命之性，非气质何处求，如何分得"②。总之，"性、神皆在气中，只一物耳。故养成浩然之气，性命皆得"③。

从以上所述可知，吕柟对理气和性气关系的认识已不同于朱子，并发生了一个较大的转变，转向以气为首出的气学了。吕柟思想上的这一转向对明代关学的发展影响重大，因为在此之前，关学基本上还坚持着朱子的"理气二分"说，到了吕柟这里，理气已彻底变成"一物"，关中的朱子学终于发展出以气为本的气学，这显然是向张载之学的回归。吕柟的气本论立场，使他对形而上的思辨缺乏兴趣，而把学问的重心放在日用常行上，推崇躬行实践，坚持"'致曲'工夫就便是'明诚'尽头"④，但这同时也影响了其思想的发展，因此吕柟虽然有很多弟子，但却没有一个在理论上有所创新，其大部分弟子都像吕潜一样，继承了吕柟的"尚行"之旨，所谓"一时笃行自好之士，多出先生之门"⑤，因此在吕柟以及同时代的马理、南大吉（1487—1541，字瑞泉）、韩邦奇等人去世后，关

① （明）吕柟：《泾野子内篇》，第156页。
② 同上书，第215页。
③ （明）吕柟：《宋四子抄释·张子抄释》卷2，《景印文渊阁四库全书》第715册。
④ （明）吕柟：《泾野子内篇》，第80页。
⑤ （清）黄宗羲：《明儒学案》（修订本），第11页。

学逐渐走向衰落，人才凋零，直到晚明万历年间冯从吾在关中书院的讲学，才使得关学得以再次振兴。

（二）"君子贵行不贵言"

正如上面所指出的，吕柟重气的思想使他对形而上的理气、心性等问题缺乏兴趣，他的学问重心已更多地转向了日常的工夫实践，因此吕柟之学是以"尚行"为主要特点的。高攀龙（1562—1626，号景逸）就说："薛文清、吕泾野语录中无甚透悟语，后人或浅视之，岂知其大正在此。他自幼未尝一毫有染，只平平常常，脚踏实地做去，彻始彻终，无一差错，既不迷，何必言悟？所谓悟者，乃为迷者而言也。"①

从工夫论上看，吕柟的"君子贵行不贵言"，主要体现在其主张涵养省察与格物穷理并行不悖以及"致曲"的工夫上。

首先，就涵养省察来说，朱子认为："'戒慎'一节，当分为两事，'戒慎不睹，恐惧不闻'，如言'听于无声，视于无形'，是防之于未然，以全其体；'慎独'，是察之于将然，以审其几。"② 这是以"戒慎恐惧"为涵养之事，而"慎独"则为省察之事。同时，在朱子看来，戒惧与慎独、涵养与省察是分属两边的工夫，前者为"未有事时"，是"存天理之本然"，后者则是已思虑，即"已有形迹了"，是"遏人欲于将萌"。虽然当时已有学生认为这种分别过于分析，认为"能存天理了，则下面慎独，似多了一截"，但朱子却说："虽是存得天理，临发时也须点检，这便是他密处。若只说存天理了，更不慎独，却是只用致中，不用致和了"③。戒慎恐惧与慎独同时并进，这尽管体现了朱子工夫的细密，但其背后却是理气二元的思维模式所致，故工夫有致中、致和的区别。而吕柟在理气论上既已摆脱了朱子的"理气二分"，在工夫论上，他也认为戒慎恐惧

---

① （清）黄宗羲：《明儒学案》（修订本），第 1433 页。
② （宋）黎靖德：《朱子语类》，第 1502 页。
③ 同上书，第 1503 页。

与慎独只是一个工夫，并非朱子说的"两事"。这从下面一段话中可以看出来。

> 康恕问："戒慎恐惧是静存，慎独是动察否？"先生曰："只是一个工夫。静所以主动，动所以合静。不睹不闻，静矣；而戒慎恐惧便惺惺，此便属动了。如大《易》'闲邪存诚'一般，闲邪则诚便存。故存养、省察，工夫只是一个，更分不得。"①

吕柟指出，《易》言"闲邪存诚"，不是说"闲邪"（即防邪）之外还有一个"存诚"的工夫，而是说"闲邪则诚便存"。同样，能存天理，便能遏人欲，能遏人欲，便能存天理，并不是在"存天理"之外另有一个"遏人欲"的工夫，因此不能把戒慎恐惧与慎独当做存天理、遏人欲两件事来看，存养与省察只是一个工夫。因此无论是戒慎恐惧还是慎独，只要能切实用功，都可以至于博厚高明。

其次，在主张戒慎恐惧与慎独只是一个工夫的同时，吕柟又继承了朱子涵养省察与格物致知当两面并进，不偏一边的思想。朱子说："涵养、穷索，二者不可废一，如车两轮，如鸟双翼。"② 吕柟也指出："夫格物是知，必须意诚心正，然后见之躬行，不是一格物便能了尽天下事。"③ 认为在进行戒惧慎独、正心诚意的心性修养之前，必先格物穷理，若不预先知道何者为善，何者为恶，也就无法戒惧、慎独。只有在认识了何者是天理、何者是人欲的前提下，才能"是天理便做将去，是人欲即便斩断"④。但格物毕竟属"知"，还必须将"知"落实下去，见之躬行方可，"不是一格物便能了尽天下事"，这就说明心性的修养与知识的学习是相辅相成、同时并进的。

---

① （明）吕柟：《泾野子内篇》，第 147 页。
② （宋）黎靖德编：《朱子语类》，第 150 页。
③ （明）吕柟：《泾野子内篇》，第 233 页。
④ 同上书，第 163 页。

最后，对于"致曲"的强调。吕柟认为："君子之学，致曲为
要。"①"致曲"作为工夫出自《中庸》，《中庸》曰："唯天下至诚，
为能尽其性。""其次致曲，曲能有诚，诚则形，形则著，著则明，
明则动，动则变，变则化，唯天下至诚为能化。""天下至诚"指的
是圣人之德，"其次致曲"则是指学者以至贤人的工夫。前者是"自
诚明"，属"不勉而中，不思而得，从容中道"的圣人之事；后者则
是"自明诚"，属"择善而固执之"的学者和贤人之事。至于如何
"致曲"？按照朱子的解释，"致曲"便是就恻隐、羞恶、辞让、是非
这些善端发见之处而推致之，由"一曲"而至于"全体"。吕柟继承
了朱子的这一思想，也把"至诚"与"致曲"看作分属"自诚明"
与"自明诚"之事。在吕柟看来，"至诚"描述的只是一种境界，说
的是工夫的果地，而在达到这种境界、果地之前，必须经过艰苦的下
学工夫，所以当学生问"至诚尽性"时，吕柟则回答道："尽性即尽
其心之尽，此以前戒惧、慎独、格致、诚正工夫都已尽了，所谓'穷
理尽性以至命'亦此，乃是致中和，天地位。"② 这就是说，要做到
"至诚尽性"，必先有戒惧、慎独、格致、诚正的工夫方能如此。正
如"观喜怒哀乐未发气象"一样，不是一味默坐澄心就能观的，而
是要先有戒慎恐惧的工夫，也就是说，喜怒哀乐未发气象不是通过静
坐就能获得的，必须经过平日的工夫修养才能够真正体验到"未发气
象"，所以吕柟说：

> 若说喜怒哀乐前求个气象，便不是。须是先用过戒惧的工
> 夫，然后见得喜怒哀乐未发之中。若平日不曾用过工夫来，怎么
> 便见得这"中"的气象？③

然而，对"致曲"的解释，吕柟则与朱子有所不同。朱子认为，

---

① （明）吕柟：《赠别林秀卿语》，《泾野先生文集》卷33，明嘉靖三十四年于德昌刻
本。
② （明）吕柟：《四书因问》卷2，《景印文渊阁四库全书》第206册。
③ （明）吕柟：《泾野子内篇》，第156页。

"曲"是指相对于性之"全体"（仁义礼智）而言的"偏"，故"致曲"是就善端发见之处来做工夫。但吕柟却将"曲"解释为："夫曲也者，委曲转折之处也。"这样，"曲"的意义便变成"细微、周全"之意，也就是从细微处着手做工夫。在吕柟看来，"致曲"不仅要从善端发见处做工夫，而且要在平日的一言一行、一举一动上着手用功，所以他说："凡事致其委曲，纤悉合当处，才是工夫，无处无之也。"① 而且，"致曲"就是"明诚"的尽头，并非只是为了体证形上的天理。

（三）"以仁为学"

除了传统的理气、心性和工夫之外，有关"仁"的讨论也是吕柟思想中的一个重要内容。总的来说，吕柟的仁学体现了对孔子之"仁"与张载"民胞物与"和程颢"万物一体"精神的继承与发展。

首先，在吕柟看来，"圣人之学，只是一个仁"②"孔门教人，只是求仁"③"仁是圣门教人第一义，故今之学者必先学仁"④。因此对以成圣为追求的学者来说，必须以仁为学，否则就会偏离大道而终身无成。不过，吕柟强调的以仁为学并不是一时一事之仁，他所讲的"仁"有一个核心精神贯穿在里面，那就是宋明儒所津津乐道的"万物一体"。吕柟说："这个'仁'字是天地生生之理。吾之心原与天地万物为一体，第人为私意所蔽，遂将此仁背去了。诚能好仁，则必视天下犹一家，万民犹一人，心中自然广大。"⑤"仁"是天地生生之理，因此，"以仁为学"就不仅是个体自身的成就和满足，而是要视"天下犹一家，万民犹一人"，使万物各得其所，就是要做到"天下之人疾痛疴痒与我相关，一民饥曰我饥之也，一民寒曰我寒之也"⑥，

① （明）吕柟：《四书因问》卷2，《景印文渊阁四库全书》第206册。
② （明）吕柟：《泾野子内篇》，第67页。
③ 同上书，第167页。
④ 同上书，第202页。
⑤ （明）吕柟：《四书因问》卷3，《景印文渊阁四库全书》第206册。
⑥ （明）吕柟：《泾野子内篇》，第294页。

唯有如此，才能做到与天地同体。吕柟的这一思想与宋儒的"民胞物与"和"万物一体"精神是相通的。

其次，在吕柟看来，我们之所以能够"以天地万物为一体"，只因为"天人一气"。他说：

> 吾与天地本同一气，吾之言即是天言，吾之行即是天行，与天原无二理，故与天地一般大。①
>
> 己之与人，均受天地之气以生，其血脉本相通也。人惟私意一生，是以人自为人，己自为己，元初之相通者始判然二之矣。②

这就是说，吾人与天地万物都是一气化生的，故血脉相通，"吾之言即是天言，吾之行即是天行"，而吾人之心原本也与天地之心一样广大，没有远近、物我、彼此之分，懂得这一点，再经过长期的工夫修养，就能够做到"一草一木不得其所，此心亦不安"，从而恢复本有的天地气象，做到与天地万物同体。这样，吕柟就通过"天人一气"的方法为自己的仁学找到了一个宇宙论上的根据，这是对孔子仁学的一个发展，也是对张载气学的继承。

既然吾人与天地万物本是一体，那么为何现在却有了间隔？吕柟指出，这是由于气禀、习染和私欲等造成的。他说："天始生人，这心肠元来人人都是有的。只为生来或是气禀欠些，或是习染杂些，把这心肠都失了，只是个块然血肉之躯，与仁相隔远着。所以要把这气习变易尽了，才得与这仁通。"③气禀、习染再加上声色、货利、富贵、权力等私欲就是导致人自为人，己自为己，不能"以天下为一家，视中国犹一人"的原因，因此我们还需要通过后天的修养工夫去除掉这些影响。

最后，对于学仁之工夫，吕柟比较注重"克己"与"孝弟"等

---

① （明）吕柟：《泾野子内篇》，第 145 页。
② （明）吕柟：《四书因问》卷 4，《景印文渊阁四库全书》第 206 册。
③ （明）吕柟：《泾野子内篇》，第 202 页。

日常的伦理道德实践。他说："学者切要工夫只在克己。克己之要，须自家密察此心，一有偏处即力制之，务有以通天下之志。故曰'一日克己复礼，天下归仁'。"①"克己"就是要去除己私，即"一有偏处即力制之"。吕柟认为，能"克己"便可以做到"无我"，"无我"则胸襟自然广大，这样就可以像天一样无不覆，地一样无不载，就能位天地、育万物。除了"克己"之外，学仁还要以躬行孝悌为本。吕柟说：

> 然学仁从那里起？只于孝弟上起。孝弟则九族敦睦以此，百姓昭明以此，于变时雍，鸟兽鱼鳖之咸若者以此。孝弟便是个根，因而仁民爱物之枝叶花萼油然而生，不能已也。②

> 孔门之学，只是一个仁，其本只是孝弟。君子为仁，必欲使天下之民各得其所，使天下之物各遂其生，而后快于心，此非仁乎？然无孝弟于先，则性真自伐，和顺自沮，推之民，必犯上，推之物，必至作乱而伤害，犹蠹其木而沮枝叶之茂也。③

吕柟指出，孝悌就好像根一样，而仁民爱物则是枝叶花萼，能在平时生活中切实做到孝悌，那么自然能够仁民爱物，所以说孝悌是为仁之本。可见，学仁是一种向内"克己"、向外躬行，内外同时用力的过程。吕柟指出，在工夫论上，"宋人则专言性命，谓之道学，指行事为粗迹，不知何也"，他则主张"心事合一，体用一源""用功不心山林"，认为人应该在事事中穷理，从下学做起，"即事即学，即学即事"。这正验证了他所坚持的"穷理"非"泛常不切于身"，而是要"在语默作止处验之""但事事不放过耳"的切己力行工夫。也正因为如此，吕柟的学术更注重"克己"和躬行。

---

① （明）吕柟：《泾野子内篇》，第87页。
② 同上书，第216页。
③ （明）吕柟：《赠王左卿语》，《泾野先生文集》卷33，明嘉靖三十四年于德昌刻本。

三　吕柟思想中的关学特征

（一）以礼为教

在吕柟思想中，除了有河东薛瑄之学、张载气学以及孔孟仁学的影响之外，还明显继承了关学的一些学风特点，如读经重礼与崇尚气节等。①

"以礼为教"是张载关学的一个突出特点，其弟子吕大临即指出："学者有问，多告以知礼成性变化气质之道。"② 而清初的张履祥（1611—1674，号杨园）也说："关中之教，以知礼成性为先。盖学礼则功夫有准的，身心有所持守，自初学以至成德，彻上彻下，一以贯之而已。"③ 诚然如此，明代关学学者多重视礼教，如明初凤翔的张杰被时人称为："以四礼率人，挽风化于颓靡不振之秋。"④ 而三原学派的王承裕则"自始学好礼，终身由之，故教人以礼为先。凡弟子家冠婚丧祭，必令率礼而行"⑤，并刊布蓝田《吕氏乡约》《乡仪》等书来教化乡人，使三原士风民俗为之一变。王承裕弟子马理亦"执礼如横渠"⑥。同样，吕柟也秉承了关学"以礼为教"的传统。

吕柟认为，学者"当先学礼"。他说："教汝辈学礼，犹堤防之于水。若人无礼以堤防其身，则满腔一团私意纵横四出矣。"⑦ 学礼、执礼即是从义，则工夫有准的，身心有持守，而"非辟之心无自而入"⑧，故动静都应当用礼来规范。而在《泾野子内篇》与《礼问》中也记录了大量有关冠、婚、丧、祭诸礼的讨论，足见吕柟对礼的重

---

① 关于张载关学学风的研究，参见刘学智《冯从吾与关学学风》，《中国哲学史》2002 年第 3 期；林乐昌《张载关学学风特质论：兼论张载关学学风的现代意义》，《陕西师范大学学报》2002 年第 3 期。

② （宋）张载：《张载集》，第 383 页。

③ （清）张履祥：《杨园先生全集》，第 135 页。

④ （明）冯从吾：《关学编（附续编）》，第 30 页。

⑤ 同上书，第 39 页。

⑥ 同上书，第 48 页。

⑦ （明）吕柟：《泾野子内篇》，第 58 页。

⑧ 同上书，第 60 页。

视。而且礼能够经世。吕柟说："夫《周礼》行，天下无穷民。"① 并认为《仪礼》是"先王经世之书"，要求学者要讲而习之。虽然吕柟强调礼教，但他并不认为在任何时候、任何情况下都应守礼不变，在他看来，《礼》贵在合宜，"夫礼因人情时事而为之节文者也，不可只按着旧本"②。

除了在理论上对礼进行探讨之外，吕柟还非常重视生活中礼的实践，如在山西解州为官时，他就挑选民间俊秀子弟入解梁书院歌诗习礼，并让人于每月朔望日讲读《会典》诸礼，还在当地推行《吕氏乡约》和《朱子家礼》，"凡冠、婚、丧、祭，俾皆尊闻行知"。而在北京国子监任祭酒时，则让诸生"每月习礼二次，每日歌《诗》一次"。

不过，需要看到的是，虽然明代关学学者也很重视"以礼为教"，但他们对礼的强调与张载不同。对张载来说，礼是与"变化气质"和"成性"紧密联系在一起的，亦即通过对礼的学习和遵守来改变自身的气质，从而成就圣贤理想人格（亦即"复性"或"成性"），故张载说："某所以使学者先学礼者，只为学礼则便除去了世俗一副当世习熟缠绕。譬之延蔓之物，解缠绕即上去，上去即是理明矣，又何求！"③ 因此，"知礼"与"成性"是一个动态联系的过程。而对吕柟这些明代关学学者来说，或许也认同礼与"变化气质"之间的关系，但对他们来说，学礼、知礼更多的是为了遵守和践行礼制、礼仪。

（二）"经学者，士子之堤防"

读经，是张载之学的另一个重要特征，也是关学的传统学风。张载非常重视经学，在他看来，除了《论语》《孟子》之外，学者还要将精力集中于《诗》《书》《礼》《易》和《春秋》上，"少一不得"，而且要反反复复地看。至于史书、文集、文选等书以及佛道典籍，则

---

① （明）吕柟：《泾野子内篇》，第6页。
② 同上书，第135页。
③ （宋）张载：《张载集》，第330页。

可以少看，或者不看。① 张载对经学的强调，如同他的"以礼为教"一样，也深深影响了后来的关学学者。② 从明初的张杰到三原学派的王恕、王承裕父子，从吕柟、马理、韩邦奇、杨爵到晚明蓝田的王之士，无不重视经学的学习并有相关的研究著作，而马理与吕柟更是对"五经"都进行注释和解说，马理有《周易赞义》《尚书疏义》《诗经删义》《周礼注解》《春秋修义》，吕柟有《周易说翼》《尚书说要》《毛诗说序》《春秋说志》和《礼问》。

首先，在吕柟看来，"五经"与"四书"都体现了圣人之道，其中并无精粗、高下之分，因此每日都应阅读。而且吕柟把经学看作"士子之堤防"，亦即可以使学者避免当时学风之弊，如高谈性命、追求名利、不切实用等，他说："士习易于趋卑，犹水之易于就下，何也？盖各就其性之所近，以为所好而进耳。是故高者耽玄，卑者溺俗，治词者忘物，荣名者废实，喻利者损义。此五者，多士之病也。其药石皆具于'六经'。是故经学者，士子之堤防也。"③ 可见吕柟对经学的重视。

其次，吕柟对《诗》《书》《礼》《易》《春秋》有自己的认识和理解。他认为，"五经"所说的"道"主要是指人道，亦即就人事来说的。其中，《礼》讲的是人伦日用之道。《易》则说的是正心、修身、齐家、治国之道，而非吉凶祸福之学。至于《春秋》中记录的日蚀、雨雹、水旱、霜雪等，也都是为了说明人世间的道理，离开人事而求之于渺茫的天道、鬼神，并不是圣人的本意，所谓"言人即言天，言天即言人"④。因此在吕柟看来，"五经"都是尽时务之书，讲

---

① 参见张载《经学理窟·义理》，《张载集》，第 272、276、278 页。
② 明代关学对经学的重视，不只是为了科举制义，而更在于求道、修身，就像吕柟说的："夫士之治经，凡以为学也，为学凡以求道也，求道凡以修身也。"（吕柟：《送费振伯语》，《泾野先生文集》卷 33）而且关学学者也多强调举业与德业是统一的，如吕柟就指出："举业中即寓德业""试观所读经书，及应举三场文字，何者非圣贤精切之蕴，仁义道德之言！试以是体验而躬行之，至终其身不易，德业在是矣。"（吕柟：《泾野子内篇》卷 10）
③ （明）吕柟：《赠张惟静提学序》，《泾野先生文集》卷 7，明嘉靖三十四年于德昌刻本。
④ （明）吕柟：《泾野子内篇》，第 25 页。

的是人世间的道理。

最后，当时学者读经如果不是为了获取功名，就是为了议论经书的不是而另创新奇之说，如"今之乱经者又多矣。以权者假，以术者贼，以功利者叛，以辞赋者荒，以章句者支，以记诵者浅，以静虚者玄，以俗者卑，以名者袭，故治经求之于心而放之于行者鲜矣"①。针对这种现象吕柟提出，学者应该"以明经为重""以守经为贵"。他说：

> 夫士之治经，凡以为学也，为学凡以求道也，求道凡以修身也，周汉之士大抵然耳，故曰："经明则行修，士醇则政良。"乃若后世之士则弗然，议论新奇，或出先儒之上，顾其躬行，反不逮于前修。是故君子以行为先，以言为后，以明经为重，议经为轻。……虽然，学以守经为贵，而博取之功亦不可缺；道以砥行为先，而与比之义亦不可废。②

吕柟指出，治经的目的是探求学问、追寻大道、修养身心和治理国家，即所谓"经明则行修，士醇则政良"，在他看来，周、汉时的学者便是如此。然而，后之学者却往往不是这样的，其"议论新奇，或出先儒之上，顾其躬行，反不逮于前修"。因此，本着"尚行"、笃实的学旨，吕柟提出，学者要"以行为先，以言为后，以明经为重，议经为轻"。当然，除了明经与砥行之外，吕柟并不反对"博取之功"和"与比之义"，而是主张二者不可缺少、偏废。

（三）崇尚气节

黄宗羲曾说，明代关学之三原学派"多以气节著，风土之厚，而又加之学问者也"③。同样，"崇尚气节"也是吕柟思想中的一个重要

---

① （明）吕柟：《送崔开州序》，《泾野先生文集》卷2，明嘉靖三十四年于德昌刻本。
② （明）吕柟：《送费振伯语》，《泾野先生文集》卷33，明嘉靖三十四年于德昌刻本。
③ （清）黄宗羲：《明儒学案》（修订本），第158页。

关学特征。吕柟状元及第后,不仅拒绝权宦刘瑾的祝贺,而且事后亦不相往来。正是对气节的重视,使吕柟避免了刘瑾被诛后的牵连,且赢得了一些正直士大夫的敬重,如后来王廷相上疏武宗请起用吕柟时就称:"当瑾贼擅政,朝士侧目之时……惟本官(吕柟)不顾时忌,乃敢求归。逆探初心,似难尽知;据今形迹,实亦可取。"① 不仅刘瑾,吕柟一生为官,从不结交权贵,居家之时,"镇守阉廖馈以豚米,却之。廖素张甚,乃戒使者曰:'凡过高陵毋扰,有吕公在也。'"② 可见一个人的德行和气节可以影响一个地区的风气。其声名如此,即使"门庭萧然,无异寒素",吕柟也怡然自得。

吕柟对气节的重视,反映在思想上,则主要体现在其"甘贫"之说上。吕柟说:"圣贤之道,虽千言万语不能尽,切于今日之急务者,惟有二焉,一曰改过,二曰甘贫。"③ 吕柟之所以重视"甘贫",就是因为它与学者的气节操守有关。他说:"人但伺候权倖之门,便是丧其所守。是以教人自甘贫做工,立定跟脚自不移。"④ 又说:

> 吾人只是贫富二字打搅,故胸中常不快活。试尝验之:自朝至暮,自夜达旦,其所戚戚者此贫此富也;自少自壮,自壮至老,其所戚戚者此贫此富也。君臣之相要,贫富二字要之也;父子之相欺,贫富二字欺之也;兄弟之相戕,贫富二字戕之也。纵使求而得之,尚不可为,况求之未必得耶!⑤

在吕柟看来,贫与富是当时学者面对的一个最大问题,许多人一天到晚,自少至老,从读书到做官,都只是为了追求富贵利禄。而正因为学者不能安于贫贱,不仅常会犯错误,而且还会丢失操

---

① (明)王廷相:《王廷相集》,第1222页。
② (明)冯从吾:《关学编(附续编)》,第43页。
③ (明)吕柟:《赠邓汝献掌教政和序》,《泾野先生文集》卷8,明嘉靖三十四年于德昌刻本。
④ (明)吕柟:《泾野子内篇》,第50页。
⑤ 同上书,第232页。

守，丧失气节，所以吕柟认为，能甘贫即能安于义，他说："能甘贫，则凡一切浮云外物，举不足为累矣。"① 总之，在吕柟看来，气节的培养与一个人能否"甘贫"有极大关系，汉儒之所以多气节，就是因为其能甘贫。他说："如管宁、茅容、孔明，皆圣门之徒也。管宁终身戴一破帽，信贯金石。是以汉儒多气节。故常谓诸生'当自甘贫做'。"②

总而言之，在吕柟的思想中，张载的影响是比较大的，从本体论上的理气关系到工夫论上的"尚行"，再到读经重礼、崇尚气节的学风，都可以在张载那里找到渊源。

从明清以来，关中学者都将吕柟看作明代关学的一个标志性人物，如晚明冯从吾说："论者谓关中之学自横渠张子后，惟先生为集大成云。"③《（光绪）三原县新志》也说："关学自横渠后，在明惟高陵吕泾野为最著，而豁田则媲美泾野。"④ 由此可知吕柟之学在明清关学史上的重要地位。

---

① （明）吕柟：《泾野子内篇》，第88页。
② 同上书，第59页。
③ （明）冯从吾：《关学编（附续编）》，第46页。
④ （清）焦云龙、贺瑞麟：《（光绪）三原县新志》卷6，收入"中国方志丛书"，台北成文出版社1976年版。

第十二章　王之士其人其学

王之士，字欲立①，蓝田人，学者称之为"秦关先生"。王之士为明代著名的关学学者，其生前被世人喻为"蓝田吕氏复出"，将其与宋代"蓝田四吕"（吕大忠、吕大防、吕大钧、吕大临）相提并论。

一　生平与著述

王之士的家世，现多不可考。冯从吾《关学编》仅介绍说："其先咸宁人，五世祖志和迁居蓝田，其后子孙因家焉。父旌，号飞泉，官代邸教授，明理学，有语录藏于家。"可见，自王志和时王氏始迁居蓝田，至王之士的父亲王旌时，其家已经为诗书之家。王旌本人曾经当过代邸教授。代邸往往指入嗣帝位的藩王的旧邸。王旌能为代邸的学官，讲学王府，必然以学问闻名于世。

王之士生于明朱世宗嘉靖七年（1528），自幼天资聪颖，有较强的领悟力。大致在其七八岁时，父亲便教授其《毛诗·二南》。汉代传习的《诗经》主要为齐、鲁、韩、毛四家诗，其中的毛诗为鲁人毛亨和赵人毛苌所创，其特点是以诗论史。《二南》指《诗经》中的《周南》《召南》。在传统说法中《二南》隶属于《诗经·国风》，但北宋苏辙提出将《诗经》分为《风》《雅》《颂》《南》四类，即将

①　牛兆濂纂：《（民国）续修蓝田县志》卷22，《辋川志》志为"欲圣"，与《关学编》《明史》《明儒学案》等异，不取此说。

《二南》从《国风》中独立出来，单列一类。可见，王旌在教授时承袭了苏氏与传统相左的分类，也足见其注重引导王之士树立独立的学术意识，破除传统成见。王之士不仅领会此意，甚至向弟妹们传授父教。在父亲的敦教下，少年王之士又逐步研习了《大戴礼》《周易》等儒家典籍，并且以文名享誉乡里。

嘉靖三十七年（1558）秋，31 岁的王之士在乡试中脱颖而出，成为举人；然而，在次年三月的京师会试中却名落孙山。回到家乡后，王之士刻苦力学，试图在日后礼部举行的会试"春闱"中榜，但是屡考屡败。古往今来，大凡取得伟大成就的人，多是逆境中幡然醒悟，从身心契合处扭转自己的人生轨迹。诸如，清代著名理学家李二曲，年轻时阅读周敦颐、程颢与程颐兄弟、张载、朱熹等人的言论后，掩卷感叹："此吾儒正宗，学而不如此，非夫也！"（《二曲集·历年纪略》）继而放弃了追求举业。王之士在追求会试举业的过程中，逐渐认识到科举考试的弊病；尤其是随着自己长期不断地阅读和体悟儒家典籍，其心灵早已深受儒家思想的滋润，故在某一天豁然醒悟，自叹道："所性分定圣道远人乎哉！一曲经生，华藻奚为？"（《关学编·秦关王先生》）彻底认识到帖括举业造就的不过是碌碌经生，无关自己的心灵需求。事实上，王之士这一认识直指明代科举制的弊端。明代科举制自永乐以来，便将八股文作为考试的唯一文体，每篇文章都要由破题、承题、起讲、入手、起股、中股、后股、束股八部分组成，语言讲究声偶、对仗。这种格式上的排偶叫"制义"。制义多沦落为文人玩摹，无关研习者的生命成长。顾炎武曾经批评说："制义初行，一时人士尽弃宋元以来所传之实学，上下相蒙以饕禄利而莫之问也。"（《日知录·书传会选》）又说："八股之害，等于焚坑，而败坏人才，有甚于咸阳之郊所坑者。"（《日知录·拟题》）秦始皇坑儒也不过埋了 400 余人，而明王朝以科举取士录用的禄利之徒又何止 400 人啊！行蝇营狗苟之举，不务经济之学，误国误民者更不乏其人！清初李颙也批评说："昔人谓大丈夫一号为文人，便无足观。若以诗文而博名谋利，仆仆于公府，尤不足观矣。"（《二曲集·立品说别荔城张生》）在诸多学者看来，制义时文不能真正关乎道德

生命、关乎经世致用，培养出的多是功名利禄之徒，是"俗学"。这也促使王之士毅然决然地摒弃帖括举业，明确心目中的"正学"所在，将儒家希圣成贤的理想作为自己读书自修的目的，其志向也愈益弥坚。在明确人生目标后，王之士发奋图强，自撰《养心图》《定气说》为座右铭，闭门读书，谢绝应酬，九年不出家门。据史料记载，在这九年里王之士"蒿床粝食，尚友千古，行己必恭，与人必敬，饮食必祭必诚，兢兢遵守孔氏家法"（《关学编·秦关王先生》）。当时的学者为其所折服，惊叹其为"蓝田吕氏复出"，纷纷前来求学问道。

到了明神宗万历二年（1574），47岁的王之士身患病痹，下肢乏力，关节酸沉；又逢慈母去世，持丧过毁，步履愈艰。饱受身体与心灵双重伤痛的王之士不仅没有颓废消沉，反而向道之心愈笃，深感"非博取远游，终难进道"。于是，在三年守丧期满后，在儿子王守的陪同下于万历七年（1579）来到京师，并与志同道合的学者讲学于一处佛教寺院，相互砥砺；同时，又遍访儒家先贤祠墓，尤其是至孔子故里，进行拜谒祭奠，以心相契于先圣言行，甚至"梦寐如见其人"。到王之士归乡时，已经盛名海内，沿途缙绅学者多拜谒问学。

明万历十三年（1585），许孚远出任陕西提学副使。许孚远字孟仲，号敬庵，浙江德清人。许孚远一生精研理学，任职地方时常聚徒讲学，为明代著名理学家。是年，受东林党首领之一的邹元标的推荐，督学关中。许孚远到陕西后，邀请王之士讲学于正学书院。王之士与许氏志同道合，早已相知，于是很爽快地接受了许氏的邀请。讲学正学书院期间，王之士不仅与许孚远相互论学，友情日笃；也广泛交友论道于其他学者，其中最为著名的学者莫过于冯从吾。冯从吾字仲好，学者称少墟先生，长安人，明代关中著名大儒。自幼苦读儒家经典，有志于濂、洛之学，曾受业于许孚远。冯从吾虽然年少于王之士28岁，但王之士与之交流，互相敬重。关于二人交往的事迹，现多不可考，但在王之士去世20年后，冯从吾回忆二人交往时感叹说："始余晤先生于正学书院，相与论格物、论未发及《太极》、《西铭》之旨，驩然有当于心，今廿年往矣。哲人既逝，吾将安从?"（《少墟

集·秦关全书序》）又说："睹先生之像，俨若面先生，而复与之上下其议论也，因赞数语，用旌山斗。"（《少墟集·秦关王先生像赞（有序）》）可见，时日愈久，冯从吾对故友的追思缅怀越深。

值得注意的是，据史料记载，来陕数年后许孚远迁为应天府丞，赴任南京，甚至一度赋闲于家。而王之士在好友南去之后不久不顾长年的病痹，也南游讲学，"出武关，浮江汉而下，迁道江之右"，最后到了浙江德清，会晤许孚远。这是王之士生平第二次远游讲学。在这次讲学中，王之士广泛与南方学者交友论学，相得益彰，这在当时产生了重要影响。据史料记载，王之士在讲学中"会南昌章子潢、新城邓子元锡、广信、衢州杨子时乔、殷子士望""东南学者闻先生至，多从之游"（《关学编·秦关王先生》）。

直到万历十七年（1589）秋，讲学东南的王之士，方被儿子王宗、王容迎接回家。返乡后，行不逾乎规范，敦悦诗书，名动乡间，前来拜谒者不绝。南思成赵用贤、柱史王以通先后向朝廷推荐王之士。而王之士早在30余年前就被擢为孝廉，但无意于仕途；此次又被诏授为国子监博士。到了万历十八年（1590）八月，授职文书尚未到达时，王之士却不幸去世，享年六十三。

王之士一生著述颇丰，据史料记载著有《理学绪言》《信学私言》《大易图象卷》《道学考源录》《易传》《诗传》《正世要言》《正俗乡约》《王氏族谱》《正学筌蹄》《阙里瞻思》《关洛集》《京途集》《南游稿》等；所述的著作又有《先师遗训》《先君遗训》《皇明四大家要言》《性理类言》《续孟录》等。在王之士去世20年后，其子嗣又请冯从吾将其著述厘定为《秦关全书》。然而，至清末民初时王之士的著述多已佚失，蓝田著名学者牛兆濂曾搜辑其著述，也"仅具一文一诗，他无考也"（《蓝川文钞·秦关先生拾遗录序》）[1]；牛氏弟子陈敬修又取"儒集中有及先生者，汇为一册，名为《拾遗录》"

---

① 疑牛兆濂所见诗为《梁曰缉为言辋川雪中之游》（见牛兆濂纂《（民国）续修蓝田县志》卷22），所见文为《灞水龙王庙记》（见《（光绪）蓝田县志》附录《蓝田县文征录》卷2、《（民国）续修蓝田县志》卷20）。

（《蓝川文钞·秦关先生拾遗录序》），惜今未见其书。故拟根据现存史料略论其思想。

二　学宗父师，以尽性无欲为宗

冯从吾《秦关全书序》云："蓝田王秦关先生，理学醇儒也，其学以尽性无欲为宗……顷先生冢嗣伯敬持先生著作若干种，乞余订正，会余病，不能细读，乃留伯敬数日，命门人辈稍为编次以归之，而以《文简公粹言》及《飞泉公语录》列于前，见先生学问渊源所自，其曰：'先师遗训，先君遗训云者，先生所自命也。'"牛兆濂《秦关先生拾遗录序》亦云："先生以近道之资，禀父师渊源之正，加以笃信。"可见，王之士之学自有渊源，一则其父，飞泉公王旌，一则先师文简公吕柟。就父教而言，据冯从吾记载，"先生幼承庭训，七八岁即知学，教授公授之毛诗二南辄解"。可见，王之士深受其父王旌影响无疑，立身处世恪守遗训。王旌著述现多不传①，但史料云其"明理学，有语录藏于家"，而王之士年轻时又"治《大戴礼》，兼通《易》"，则可推知王旌对理学，尤其是《礼》《易》有较深刻的理解，并撰语录加以阐发，这必然会影响王之士。就师教而论，据牛兆濂《秦关先生拾遗录序》记载，"先生学本泾野，然泾野没，时先生年十四五岁。……先生学问渊源所自，其曰'先师遗训'、'先君遗训'所自命也。此时'文简'不别以姓氏，其为泾野无疑矣。"可见，牛氏认为，王之士受学于大儒吕柟（谥号"文简"），然而《明史·儒林传》云："潜（吕潜）里人郭郛，字维藩，由举人官马湖知府。蓝田王之士，字欲立。由举人以赵用贤荐，授国子博士。两人不及柟门，亦秦士之笃学者也。"《明史》明确提出王之士未及吕柟之门，而冯氏与王之士相知，所说理应可靠，故王之士以吕柟为"先师"当就私淑而言。值得注意的是，冯氏所论王之士"其学以尽性无欲为宗"。尽性""无欲"虽为宋明以来理学家多谈，尤其是在

---

① 《（民国）续修蓝田县志》卷20《文征》载王旌《七盘坡》诗一首。

阳明学者那里；但是在以杂融程朱、张载思想为特色的吕柟那里，其少谈论"尽性""无欲"。仅就现存《泾野先生文集》而言，也仅有两句相关语："圣人无入而不无欲，一静坐不可便了也"（《静修书屋记》），"圣也者，尽性者也"（《韩生祖父母八十寿序》），若以此推断，王之士的"尽性无欲"似乎就成贤希圣的工夫而言。

三 推行《乡约》，以礼敦俗

自张载以来，关学素有"以礼为教"，敦化风俗的传统。在蓝田推行"以礼为教"的典型，莫过蓝田吕氏的"乡约"实践。据史料记载，吕大钧作为较早向张载"执弟子礼"的门人将张载重礼的思想付诸实践，"居父丧，衰麻葬祭，一本于礼。后乃行于冠婚膳饮庆吊之间，节文粲然可观，关中化之"（《宋史·吕大钧传》）。在中国传统社会中，乡约在彰显儒家道德理念，教化民俗，稳定社会等方面起到了重要作用，故有"敷教同风，莫善于乡约""乡约行，则一乡之善恶无所逃，盗息民安，风移俗易"等褒誉。《吕氏乡约》作为中国历史上第一部《乡约》在后世影响甚大，诸如吕柟在谪解州时即教化百姓，"行《吕氏乡约》及《文公家礼》"（《明史·吕柟传》）。在王之士的家乡蓝田，素来重视推行乡约，在明代时就有邵氏推行《柳庄寨乡约》（见牛兆濂《续修蓝田县志》卷14），直到清末民初大儒牛兆濂仍整理《吕氏乡约》，教化民众。

王之士也如其乡贤吕氏和后学牛兆濂一样十分注重《乡约》的劝善惩恶、移风易俗的作用。据史料记载，其云"居乡不能善俗，如先正和叔（吕大钧）何""乃立《乡约》，为十二会，赴会者百余人。设科劝纠，身先不倦。诸洒扫应对、冠婚丧祭礼久废，每率诸宗族弟子，一一敦行之。于是，蓝田美俗复兴"（《关学编·秦关王先生》）。可见，王之士效法前贤制定和推行《乡约》的目的在于"居乡善俗"，而且在实施过程中身体力行。王之士所制定的"乡约"，应为史料所载的《正俗乡约》，虽然其内容现已无从考索，但其通过宣讲乡约，将儒家的道德思想内化于民众心灵中，使民众自觉遵守伦理规

范，复兴蓝田淳风，成为一时美谈。

四　辟邪崇正，道法邹鲁

　　自张载以来，关学学者十分注重辟邪崇正，尤其是通过批评佛、道异端，维护和弘扬儒家的道德义理和治平理念。张载力批佛、老，发掘儒家精微义理，认为佛教以心为法，以空为真。万物依照"形自形，性自性"之"无自性"的因缘而生，因而成为悬空的幻象，其生死轮回也便是惑业所致，最后走向以寂灭为解脱归宿的"往而不返"的极端。又认为，老子的"有生无"之论导致"虚无穷，气有限"，以无穷之虚来对待有限之气，乃是体用殊绝，将本体与现象割离了，是不知道"不有两则无一"的道理，结果导致道教重生执"有"，追求保身养生，甚至成仙不死之说，其弊在于没有看到生命的变化，走向知聚不知散的另一个极端，"徇生执有者物而不化"。其后，关学学者多批佛老，诸如冯从吾撰写《辨学录》，拒斥佛老，阐明"吾儒之正传"，认为佛教无法揭示天理，揭示人之所以为人的至善本原；虽然佛教明心见性，直指人心，但却没有像儒学般直指至善的本心。后世的李二曲也曾阅读《道藏》《大藏经》，核其真赝，驳其荒唐，彰明儒学与佛道的不同。王弘撰则认为："盖为佛之徒，服佛之服，行佛之行，言佛之言，是出世之异人也，如沈莲池是已。虽有谬悠之谈，尤其志坚行修，是难能也。士大夫而学佛，吾实恶之。"（《山志·初集》卷4）

　　王之士同上述关学学者一样，严辨"二氏"与"吾儒"之不同。据史料记载："即时贵或谭及二氏，辄正辞距之不少假。既而道邹、鲁，瞻阙里，遍拜先师及诸贤祠墓，低回留之不忍去，梦寐如见其人。"（《关学编·秦关王先生》）可见，王之士对于佛道的态度是严辨辞距，坚持不懈；同时，又对孔孟儒学深信不疑，以身践履，梦寐体悟。故能久之以其辟邪崇正、道法邹鲁的行实，"名动海内矣，凡缙绅莅兹、道兹者，罔不式庐愿见"（《关学编·秦关王先生》），以致其好友冯从吾在其殁20年后仍赞扬说："辟邪崇正，百世可师。"

　　哲人其萎，风范永存。作为关中著名的理学家，王之士其人其学屡屡被关中学者所缅怀赞咏。诸如，冯从吾访其祠时，情不自禁地感叹说："清癯之貌，笃实之学。四吕而后，公称先觉。昔聆公训，今拜公祠。辟邪崇正，百世可师。"（《少墟集·秦关王先生像赞（有序）》）赵用贤推崇其为"海内三逸，公居其一"（《关学编·秦关王先生》）。王以通赞云："表帅一方，矜式后学。"（《关学编·秦关王先生》）清初关中大儒李二曲云："他若吾乡李介庵、王秦关，学足以明道，才足以应世，粹德卓品，朝野钦仰。此皆克自奋拔，知所从事，登科而弗囿于科，由数十年科目而进数百年科目，光重史册，彪炳无穷者也。"（《二曲集·谂言》）其后世同乡牛兆濂在过其祠时作诗云："斜阳片石久嵯峨，到此行人唤奈何？前志有基难考信，断碑无字易传讹。秦关一去乡贤少，荆岘不来野寺多。千古辋川名胜地，从教诗画说维摩。"（《蓝川文钞》卷1）牛兆濂还竭力辑其著述，并作《秦关先生拾遗录序》，赞扬说："吾邑之兴于关学者三百年来无一人焉，关学之统遂终于先生矣。"（《蓝川文钞》卷3）

第十三章　冯从吾的理学思想

冯从吾（1557—1627，字仲好，号少墟）是晚明时期关中的大儒，明代关学到了冯从吾这里，迎来了其发展的第二次高峰。晚明江右学者邹元标（1551—1624，号南皋）就说："横渠之后，明有仲木（吕柟），今有仲好，可称鼎足。"① 清初关中大儒李颙（1627—1705，字中孚）也说："关学一脉，张子开先，泾野（吕柟）接武，至先生而集其成，宗风赖以大振。"② 即使在整个晚明思想界，冯从吾也是一位极为重要的学者，"与邹元标、高攀龙鼎足相映"③，刘宗周（1578—1645，号蕺山）说："冯先生，今之大儒也，倡道关西，有横渠之风而学术醇正似之。"④ 他主讲的关中书院更是当时名闻天下的四大书院之一，与东林、江右、徽州齐名，"南北主盟，互相雄长"⑤。冯从吾不仅重新振兴了沉寂多时的关中讲学之风，而且使关学由尊朱走向"会通朱王"，由读经重礼、主敬穷理转向心性之学，并对晚明流行的"三教合一"论与"无善无恶"说进行了不留余地的批驳。

一　"圣贤之学总在心性"

在冯从吾之前，明代的关学基本上是以程朱为宗，恪守"主敬穷

---

① （明）邹元标：《少墟冯先生集序》，冯从吾：《冯恭定公全书》，清光绪二十二年刻本。

② （清）李颙：《二曲集》卷17，第181页。

③ （明）杨复亨：《少墟冯先生行实》，《冯恭定公全书》续集卷5。

④ （明）刘宗周：《都门语录序》，《冯恭定公全书》续集卷1。

⑤ （清）赵吉士：《（康熙）徽州府志》卷12，清康熙三十八年刊本。

理"之学，同时继承了张载"以礼为教"、重视读经和躬行实践的学风，如明初的段坚、周蕙和张杰、张鼎等人的学问即来自于河东薛瑄（1389—1464，号敬轩）的朱子学，他们在关中地区传播薛瑄之学的同时还注重经学的学习与躬行礼教，如时人称赞张杰"以五经教授，明心学于狂澜既倒之余；以四礼率人，挽风化于颓靡不振之秋；以端实淡泊饬躬砥行，垂休光于千百载之后，可谓一代人物矣"①。随后的三原学派以及李锦（1436—1486，号介庵）、吕柟、马理（1474—1555，号谿田）等关中诸大儒在"居敬穷理"之外，也莫不重视读经习礼。可以说，"执礼如横渠，其论学归准于程朱"②，就是明代中期关学的生动写照。虽然这一时期逐渐兴起的阳明学也给关中理学带来了一定的影响和冲击，如南大吉（1487—1541，号瑞泉）和南逢吉（1494—1574，号姜泉）兄弟开始在渭南传播阳明学。但一方面这种影响主要限于渭南一地，并没有成为关学的主流；另一方面，以吕柟、马理、杨爵等为代表的关中朱子学者对阳明学采取了拒绝和排斥的态度。如吕柟批评王阳明的"知行合一"说和"格物"论是以行代知，否定知识对于道德实践的重要意义。杨爵则对"无善无恶心之体"提出了质疑③，而马理更是指斥阳明学是"曹溪余裔"④。总之，作为正、嘉年间关学的主要代表，他们对程朱学的尊崇和对阳明学的排斥，影响了此后数十年间关学的发展，如稍后的吕潜（1517—1578，号槐轩）和郭郛（1518—1605，号蒙泉）等较具影响力的学者就仍然强调主敬、持礼。这种情况直到万历时期冯从吾的出现才得到较大改变。

冯从吾是晚明长安人，从小其父就教他王阳明"个个人心有仲尼"之诗，后来又从学于湛若水（1466—1560，号甘泉）的再传弟子许孚远（1535—1604，号敬庵）。许孚远虽然服膺于湛氏的"随处

---

① （明）冯从吾：《关学编（附续编）》，第 30 页。
② 同上书，第 48 页。
③ 参见米文科《明代关学与阳明学之关系略论》，《孔子研究》2011 年第 6 期。
④ （明）马理：《上罗整庵先生书》，《溪田文集》卷 4，清道光二十年三原李锡龄刻本。

体认天理"之说，但他对王阳明的良知学亦极为笃信，属于调和湛、王者。显然，许氏的学问倾向直接影响了冯从吾，邹元标就说："公学虽有宗，然于新建亦极笃信，曰：'致良知三字泄千载圣学之秘，有功吾道甚大。'"① 冯从吾也说："窃谓圣贤之学，心学也。心之不养而徒事于枝叶间，抑末矣。"② 又说："自古圣贤学问，总只在心上用功，不然即终日孜孜，总属枝叶。"③ 既然学问是以心性为主，那么道德修养的根本也就在于涵养心体，以恢复本心之明或本性之善，因此冯从吾对与心性修养没有直接关系的"格物穷理"和见闻之知很少讨论，他更重视的是从"一念未起"和"一念方动"时来做工夫。他说：

> 道体原是圆满，不分动静。静时乃道之根本，方动时乃道之机栝，动时乃道之发用。学者必静时根本处得力，方动机括处点检，动时发用处停当，一切合道，然后谓之不离。然必在静时根本处预先得力，方动机括处再一点检，然后动时发用处才得停当，故特举不睹不闻与独处言之，此先天之学，而后天自不待言。④

这里，冯从吾说的静时的工夫是指戒慎恐惧、静坐和"体验未发气象"等，而方动时的工夫则是指慎独、诚意。也就是提倡存养与省察同时进行，不偏一边。不过，由于静时是道之根本，动时是道之机栝和发用，所以如果能在根本处得力，时时保持心体的湛然虚明，那么方动处就自然能够点检，其发用也就自然能够停当，"随其所遇，不必一一推勘，而纲常伦理自然尽道，喜怒哀乐自然中节，视听言动自然合礼"⑤，一切都会合于道。故较之于方动和动时的省察点检来

---

① （明）邹元标：《少墟冯先生集序》，《冯恭定公全书》。
② （明）冯从吾：《丁未冬稿序》，《冯恭定公全书》卷13。
③ （明）冯从吾：《辨学录》，《冯恭定公全书》卷1。
④ （明）冯从吾：《答杨原忠运长》，《冯恭定公全书》卷15。
⑤ （明）冯从吾：《关中书院语录》，《冯恭定公全书》卷12。

说，冯从吾更重视静时的存养，他说："学问之道，全要在本原处透彻、未发处得力。本原处一透，未发处得力，则发皆中节，取之左右自逢其原，诸凡事为自是停当。不然，纵事事点检，终有不凑泊处。"①

冯从吾学问上的这种心性化转向，不仅体现在其本体论和工夫论上，而且还表现在他对张载以来关学代代相沿的礼教传统的认识上。在冯从吾之前，关中学者主要是从对礼仪制度的探讨和践行来发扬张载礼学的，但相对于吕柟、马理等人所重视的对礼制实践的讨论，冯从吾更感兴趣的却是其背后的价值根源，他说："礼仪三百，威仪三千，皆吾心自有之节文，非外假也。以其所自有而非外假也，故曰复。"② 又说："'求'字不是在外边纪纲法度上求，只是在自家心上痛痒相关、一体不容己处求。于此处求，则纪纲法度——皆从一体不容己处流出。"③ 可见，人的"一念不容己"之心就是社会礼仪制度的价值之源，如果舍弃吾人的心性而只追求对外在礼文的遵从，就会将礼形式化，造成体（本心）与用（礼）的割裂，从而导致道德实践缺乏必要的动力，故冯从吾说："圣道在心不在迹。"④ 将心与迹之辨看作判断道德价值根源的关键所在。于是，从明初段坚以来关学一直恪守的程朱之学到了冯从吾那里遂出现了重大的转向，以"主静"为中心的心性涵养开始代替"格物穷理"，以价值溯源的方式开始代替对外在礼文的探讨，关学开始逐渐转入心性之学的领域。

二　儒佛之辨

儒佛之辨是冯从吾思想中一个非常重要的内容。晚明之时，王学末流猖狂，玄虚之风盛行，正如刘宗周所说："今天下争言良知矣，及其弊也，猖狂者参之以情识，而一是皆良；超洁者荡之以玄虚，而

① （明）冯从吾：《关中书院语录》，《冯恭定公全书》卷12。
② （明）冯从吾：《疑思录·读〈论语〉》（下），《冯恭定公全书》卷3。
③ （明）冯从吾：《疑思录·读〈大学〉》，《冯恭定公全书》卷2。
④ （明）冯从吾：《东游稿序》，《冯恭定公全书》卷13。

夷良于贼，亦用知之过也。"① 而这种学风在冯从吾看来，主要是由于佛老特别是佛氏之学引起的，因此他认为学问就是要继承张载"为天地立心，为生民立命，为往圣继绝学，为万世开太平"之训以"衍道脉而维道运"②，努力"倡明正学，提醒人心，激发忠义，指示迷途"③，故他竭力辩难佛老，把儒佛之辨看作为学的第一步。

冯从吾儒佛之辨的特色，在于辨明本体源头。他说："学者崇儒辟佛，当先辨宗旨。若宗旨不明，而徒哓哓于枝叶之间，吾恐其说愈长而其蔽愈不可解也。"④ 又说："佛氏差处全在宗旨，宗旨一差，无所不差，故曰不可不辨也。"⑤ 所以冯从吾认为，如果像以往那样从削发出家"弃伦遗世"来指责佛氏，那么即使是庸愚之人也都知道佛氏不对，根本不用再花力气去辨；而如果从下学与上达、渐修与顿悟、经世宰物与明心见性、用与体来分辨儒佛，即"以上达归佛，以下学归儒；以顿悟归佛，以渐修归儒；以明心见性归佛，以经世宰物归儒"，那就非但不能真正认识到儒佛的根本区别，反而还会产生轻儒重佛的弊病，以为"佛氏上达，吾儒下学""佛氏居其精，而吾儒居其粗"⑥。冯从吾指出，这是极其错误的，"如此是夫子下学儒而上达佛也，是佛反出其上，而夫子由下学方能至也，可乎？修而不悟，岂曰真修？……经世宰物而不出于心性，安所称王道？"⑦ 因而冯从吾的儒佛之辨就是要从本体源头上破除佛氏之妄。

首先，对于道体，冯从吾指出，儒家讲的道体就是理。一方面，理在天地是太极，在人是五伦，在物是则，所以是"有"。另一方面，由于这个"理"是天地间自然的道理，是人心所固有的，超越思为的，故又可以说"无"——"无思无为""无声无臭"，这里的"无"是指"无其迹"。但佛氏则不同，佛氏是以空无为本体，"无"

---

① （明）刘宗周：《刘宗周全集》第2册，浙江古籍出版社2007年版，第278页。

② （明）冯从吾：《疑思录·读〈孟子上〉》，《冯恭定公全书》卷3。

③ （明）冯从吾：《都门语录》，《冯恭定公全书》续集卷1。

④ （明）冯从吾：《辨学录》，《冯恭定公全书》卷1。

⑤ 同上。

⑥ 同上。

⑦ 同上。

就是指"无其理"①。可见，二者在本体上显然有别，儒家以本体为有，佛氏以本体为无，而有、无的本质区别就在于理的有无，因此在冯从吾看来，"理"就是辨别儒与佛（老）的根本。而儒佛在本体上的不同可谓是毫厘千里之差，因为正是本体上"理"的有无，才会在作用上产生德业与利欲的巨大差异。他说：

> 吾儒所谓未发，全在理上说，所以一切作用都是在"理"字上作用去，所以有不容己的工夫、不容己的事业，喜怒哀乐自然中节，天地万物自然一体。佛氏所谓真空，不在理上说，所以一切作用都是在"欲"字上作用去，所以着不得一毫工夫，做不得一毫事业，喜怒哀乐全不中节，天地万物全不相干。佛氏真空指的是欲之根，吾儒未发指的是理之根。根宗处止差毫厘，作用处便谬千里，如此又何论流弊哉！②

其次，对于心性，冯从吾也是从"理"之有无上来辨明儒佛的。他认为，性是心之生理，性虽然不是由闻见、积累而有，但儒家所说的性是从理上说的，并非以知觉运动为性，如果离开理而说性，就会一任知觉运动而堕于气质情欲之中。佛氏则不然，其专以能知觉运动为性，随气质情欲作用，而丢掉了"理"这个本体，其所明之"心"也只是"人心"，故冯从吾说："彼（指佛氏）所云性，乃气质之性，生之谓性之性；吾（指儒）所云性，乃义理之性，性善之性。彼所云一点灵明，指人心人欲说，与吾儒所云一点灵明，所云良知，指道心天理说，全然不同。"③ 所以冯从吾把天理、人欲之辨看作儒佛心性之分，指出"佛氏所谓直指人心，指的是人心；所谓见性成佛，见的是气质之性；所谓真空，空的是道心、义理之性"④。在此基础上，他又对那种根据"性只是一个性"来反对用义理和气质分辨儒佛的

---

① （明）冯从吾：《辨学录》，《冯恭定公全书》卷1。
② 同上。
③ 同上。
④ 同上。

观点，指出虽说理与气、性与气质不可分离，"气质乃所以载此理，岂舍气质而于别处讨义理哉"，但舍理言气，舍性言气质，就必然会以人欲为性，因此，"性原只是一个，但言义理则该气质，言气质则遗理，故曰：'气质之性，君子有弗性焉。'此辟佛之说也"①。从这也可以看出，冯从吾的人性论与宋儒将人性分为义理之性与气质之性的二元论有所不同，他否定以气质为性。

对于冯从吾的儒佛之辨，当时的李维桢（1547—1626，号翼轩）曾评价说，"宋时辨释学者，惟周程张朱""本朝惟罗文庄《困知记》"，而"今得仲好羽翼之"②，将其视为周、程、张、朱以及罗钦顺（1465—1547，号整庵）之后辟佛老的领军人物。总之，冯从吾儒佛之辨的一个突出特点，就是始终从本体源头上来辨，不在细枝末叶上纠缠。而且，正如前面所指出的，冯从吾辩难佛老的主要目的是纠正晚明王学末流猖狂玄虚之风，应该说，他的这种努力在一定程度上起到了拔本塞源的作用，故李维桢有此评价。但其不足之处也是显而易见的：其一，忽视了"三教合一"是宋明以来思想发展的基本趋势而一味拒斥佛教。唐宋以后，三教在思想上的融合互补已不可逆转，到了明代中后期，无论是思想主张还是社会现实，三教融合都可以说达到了一个高峰，正如清人所说："盖心学盛行之时，无不讲三教归一者也。"③ 随着三教融合的不断深化，儒家也在思想上进一步吸收佛老之学，如对其"无"的智慧和对生死等问题的关注，并将其转化为自己的问题论域，从而使儒学在本体论、境界论及民间化等方面得到更深入的发展。但冯从吾不仅对各种提倡三教融合的说法加以反对，而且对佛教采取极端排斥的态度，甚至把佛教视为"邪教"，认为讲学的一个主要目的就是要"撑持正道，潜消邪谋"④，显然，这一做法有失公正。其二，冯从吾对佛教思想的批评都是以理学话语为标准的，过于简单化。如佛教所说的"心"本是一个很复杂

---

① （明）冯从吾：《辨学录》，《冯恭定公全书》卷1。
② （明）李维桢：《辨学录序》，《冯恭定公全书》卷1。
③ （清）纪昀"《知非录》二卷"条，《四库全书总目》卷132，第679页。
④ （明）冯从吾：《都门语录》，《冯恭定公全书》续集卷1。

的问题，意义多重，但冯从吾却把佛教的"心"说成只是与"道心"相对立的"人心"，这就过于武断了。又如，他认为佛教所说的性是"气质之性"，与告子的"生之谓性"相同，从而把天理、人欲之辨看作儒佛心性之分；又认为佛教所讲的"空"，空的只是道心、义理之性，等等。当然，之所以如此，除与冯从吾缺少宋儒那种常年"出入佛老"的经历，故难以对佛教有较深入地了解之外，还是因为他救世心切，如黄宗羲（1610—1695，号南雷）就指出："先生救世苦心，太将气质说坏耳。"① 不过，从总体上说，冯从吾的儒佛之辨对于纠正晚明学风之失不无补偏救弊的作用，特别是他从儒佛之辨出发，坚持孟子的性善论，对当时流行的"无善无恶"说做了积极有效的批判。

三　"无善无恶"之辨

"无善无恶"说是中晚明思想界一个非常重要的论题，自王阳明提出"无善无恶心之体"后，学者便围绕这一说法展开了广泛而持久的讨论。在晚明万历时期，具有较大影响的辩论就有许孚远与周汝登（1547—1629，号海门）的"九谛"与"九解"之辨，顾宪成（1550—1613，号泾阳）与管志道（1536—1608，号东溟）之辨。其后，又有刘宗周、黄宗羲师徒与陶奭龄（1565—1639，号石梁）之间的辩论。作为东林同调与许孚远弟子的冯从吾一方面认为，王阳明的"致良知"说是"直指圣学真脉，且大撤晚宋以来学术支离之障"②，另一方面也对"无善无恶"进行了批评，认为"近世学者，病支离者什一，病猖狂者什九，皆起于为无善无恶之说所误，良可浩叹"③。不过，与许孚远不同的是，许氏与周海门之间的辩论，就其性质来看，仍属于儒家内部的一次争论，而许氏的论点也主要认为

---

① （清）黄宗羲：《甘泉学案五》，《明儒学案》（修订本）卷41，第982页。
② （明）冯从吾：《答张居白大行》，《冯恭定公全书》卷15。
③ （明）冯从吾：《答杨原忠运长》，《冯恭定公全书》卷15。

善、恶是一对对立的范畴，不容混淆，以及以"无善无恶"为宗，就会与"为善去恶"的儒家传统发生矛盾并因此否定道德实践的先天根据等①。然而，在冯从吾那里，批评的立足点虽然仍在孟子的"性善论"上，但性质却转向了儒佛异端之辨，认为"无善无恶"说是"翻孟子性善之案，堕告子无善无不善，佛氏无净无垢之病，令佞佛者至今借为口实"②。显然，冯从吾的批评较之许孚远显得更为严厉，态度也更为决绝。对此，冯从吾从各种角度进行了论证，以证明"无善无恶"说的错误。

第一，从良知之"知"字的含义进行分析，冯从吾指出，良知之"知"就是指心体之灵明，而"其灵明处就是善，其所以能知善知恶处就是善，则心体之有善无恶可知也"③。

第二，从"为善去恶"的道德实践来看，必须讲"有善无恶者心之体"才可以，因为只有这样，才是"为善者为其心体所本有，去恶者去其心体所本无，上知可以本体为工夫，而下学亦可以工夫合本体，庶得致良知之本旨"；而如果说"无善无恶"，就成了"去恶固去心体所本无，而为善非为其心体所本有"④，则工夫与本体不相合，就会以人性为仁义，陷入告子义外之病。

第三，从"未发之中"来看，冯从吾指出，"中"就是善，就是至善之性体、天命之性，如果说"无善无恶心之体"，那么同样也可以说"无中无不中者心之体"，这在冯从吾看来是毫无道理的，也是说不通的，故他认为"无善无恶"之说的错误，又可以从子思的"未发之中"一句得到证明。

第四，以明镜为喻，针对"照妍照媸者镜之明，无妍无媸者镜之体。若以有善无恶为心之体，亦可以有妍无媸为镜之体"的说法，冯从吾指出，"镜之能照妍媸处就是明镜之明处，就是善，非专以妍为

---

① 参见姚才刚《许孚远哲学思想初探》，《中国哲学史》2008 年第 1 期。
② （明）冯从吾：《答张居白大行》，《冯恭定公全书》卷 15。
③ （明）冯从吾：《答黄武皋侍御》，《冯恭定公全书》卷 15。
④ 同上。

善也"①，故"无善无恶"之说是错误的。

第五，从自身的体验来说，冯从吾对理学中的静坐工夫深有体会，讲学之余，经常会闭关静坐，他曾多次自述静坐后的体验，如曰："每静极则此心湛然，如皓月当空，了无一物。"② 又说："坐久静极，不惟妄念不起，抑且真念未萌，心体惟觉湛然，当下更无纷扰。"③ 对这种"心体惟觉湛然"的情况，冯从吾认为，这就是心体有善无恶的验证，故"无善无恶"说的错误，又可以从自身静坐的体验中得到确证。

第六，冯从吾从传统的人禽之辨出发，指出"善"是人异于禽兽的地方。人能够知善知恶，也能够致良知，但禽兽则不能知，更不能致，这是因为"人之心体有善无恶，而物之心体无善无恶耳"，故"天命之气质，人与物同；天命之性体，人与物异，故人率人之性，便能知爱知敬，便谓之道；物率物之性，止能知饮知食，便不知饮食之道矣"④。因此，若以"无善无恶"为心之体，那么就无法将人与禽兽区别开来，故"无善无恶"说是错误的。

以上是冯从吾对"无善无恶"说比较集中具体的批评，另外还有一些议论散见于其《辨学录》中。总之，冯从吾在批判"无善无恶"时，虽然强调心之本体是"有善无恶"的，但他并没有像其师许孚远一样把善恶看作一对对立的范畴，因为以善恶为相对范畴的话，善固然是先天的，而恶亦不得不为先天的，如此一来还是否定了孟子的性善论。而如果不以恶为先天的，那就成了在经验界中说善恶，从"上达"这方面来说，就不如王阳明"无善无恶"来得高明。显然，冯从吾看到了以上的两难困境，故他在坚持心体是"有善无恶"的同时，又一再强调这个"善"字就是《大学》所讲的"至善"，《中庸》的"天命之性""未发之中"，而不是与恶相对的善。但如果我们也将王阳明所讲的"无善无恶"看作避免把作为道德本体的良知

---

① （明）冯从吾：《答黄武皋侍御》，《冯恭定公全书》卷 15。
② （明）冯从吾：《答涂镜源中丞》，《冯恭定公全书》卷 15。
③ （明）冯从吾：《答黄武皋侍御》，《冯恭定公全书》卷 15。
④ 同上。

理解为经验层面善恶相对的善，而以"无"凸显良知本体为"存有论意义上的至善"①的话，那么从这一点来说，冯从吾主张的心体"有善无恶"与王阳明的"无善无恶"在内涵上其实是一致的，二者殊途同归。

当然，冯从吾并不认可王阳明的这一说法，因为在他看来，"无善无恶"的"无"就是指绝对的"无"，如果从经验层面来说，这既意味着现实中的人性可以表现为善，也可以表现为恶，这样便会落入告子的"无善无不善"中；如果从本体层面来说，就是以心性为"空无"，就会堕入佛氏"无净无垢"之中。总之，不管从哪一方面来说，都是对儒家性善论的否定。所以冯从吾强调，论本体则"全说不得无"②，孟子的"四端"之心已证明了这一点。况且在冯从吾看来，主张心体"无善无恶"是造成当时学者"猖狂"之风的主要原因，而这也正是他反对"无善无恶"说的另一个原因所在。

但如果认为王阳明主张"无善无恶"的另一个意涵是指境界上的无执无著，强调良知本体的流行发用是自然而然的，也就是不要有意为善，那么冯从吾事实上也不反对这一点：

> 问："无善无恶、有无善之善之说，彼欲以'无'字药有其善、有意为善'有'字之病，非不得已也。"曰："'有'之一字，病痛诚无穷，如有诗文者，以诗文自高；有功名者，以功名自高；有气节者，又以气节自高，傲世凌物，令人难近。或以为名之心为善，或以为利之心为善，或又以以善服人之心为善，假公济私，令人难测。如此皆是有其善、有意为善之病。不知一有其善，便不是善，故曰'丧厥善'。一有意为善，便不是为善，故曰'虽善亦私'。至于丧，至于私，则善于何有如此？是其病正在无善也，而又误以无药无，岂不益助其病，而速之亡乎？且

---

① 彭国翔：《良知学的展开——王龙溪与中晚明的阳明学》，生活·读书·新知三联书店 2005 年版，第 409 页。

② （明）冯从吾：《辨学录》，《冯恭定公全书》卷 1。

心之本体原有善无恶，而误为无善以药人之病。夫医先自误也，其如药人何？"①

在这段引文中，问者正是针对"无善无恶"说在境界和工夫实践上的意义来提问的，而冯从吾的回答也指出了以为名之心为善，以为利之心为善和以善服人之心为善都属于"有其善""有意为善"，都不是真正的善，也不是真正为善。但他又进一步指出，产生这种有意为善的病根就在于把本体看作"无善无恶"，冯从吾说："山下出泉，本源原清，渐流渐远，有清有浊，谓有浊而清名始立则可，谓流之清对浊而言则可，谓水之源无清无浊则不可，谓流之清为清之清，源之清为无清之清则不可，知此则本体无善无恶之说，有善之善、有无之善之说，是非不待辨而决矣。"② 可见，冯从吾虽然反对在工夫实践上的有意为善，但他又认为造成这种现象的原因就在于"无善无恶"说，故连带着亦否定王学"无善无恶"说在境界论上的意涵，不承认其能够使人们避免有意为善之病，因为对于本体，是说不得"无"的，本体只是"有善无恶"，否定这一点，就是佛氏的"空无"之旨。

尽管冯从吾的"无善无恶"之辨较之许孚远或顾宪成等人或许并没有多少新见解而超出其上，也不一定就能真正理解"无善无恶"说的意涵，但他的批评对纠正"无善无恶"说所带来的学风之弊还是有着积极意义的，东林学者钱一本（1539—1617，号启新）就说："无善无恶之说，近时为顾叔时（顾宪成）、顾季时（顾允成）、冯仲好（冯从吾）明白排决不已，不至曼延为害。"③

四　本体与工夫合一

"本体"与"工夫"是中晚明思想话语中一对常见的范畴，正如

---

① （明）冯从吾：《辨学录》，《冯恭定公全书》卷1。
② 同上。
③ （清）黄宗羲：《东林学案一》，《明儒学案》（修订本）卷58，第1379页。

王畿（1498—1583，号龙溪）所说："自先师（王阳明）提出本体、工夫，人人皆能谈本体、说工夫。"① 本体与工夫也是冯从吾哲学思想的一个主要论题。不过，冯从吾关注本体与工夫乃是对晚明思想的认识和忧虑。他说：

> 近世学术多歧，议论不一，起于本体、工夫辨之不甚清楚。……若论工夫不合本体，则泛然用工夫必失之支离缠绕；论本体而不用工夫，则悬空谈体必失之捷径猖狂，其于圣学终隔燕越矣。②

在冯从吾看来，晚明之世学术多歧、议论不一，其原因就在于不能正确把握本体与工夫的关系，"学者往往舍工夫而专谈赤子之心，则失之玄虚；舍赤子之心而专谈工夫，则失之支离，心学几为晦蚀"③。也就是说对于本体与工夫，人们往往偏执于其中的一端，或舍工夫而言本体，从而使本体陷于空虚，甚至产生随任情识之弊；或舍本体而用工夫，从而忽略对本体的透悟，造成工夫陷于支离。而要改变这一现状，冯从吾认为必须正确认识本体与工夫的关系，将二者统一起来，他说："识得本体，然后可做工夫；做得工夫，然后可复本体，此圣学所以为妙。"④ 所谓"识得本体，然后可做工夫"，就是说工夫与本体必须相应一致，亦即工夫必须合于本体，如此工夫才是直达性天的关键性工夫，否则就是以工夫为义外而泛然用功，其结果便是支离，王阳明即指出："工夫不离本体。本体原无内外，只为后来作工夫的分了内外，失其本体了。如今正要讲明工夫不要有内外，乃是本体工夫。"⑤

---

① （明）王畿：《冲元会纪》，《王畿集》卷1，凤凰出版社2007年版，第3页。
② （明）冯从吾：《答杨原忠运长》，《冯恭定公全书》卷15。
③ （明）冯从吾：《桃冈日录序》，《冯恭定公全书》卷13。
④ （明）冯从吾：《疑思录二》，《冯恭定公全书》卷2。
⑤ （明）王守仁：《传习录下》，《王阳明全集》卷3，上海古籍出版社1992年版，第92页。

　　然而，"识得本体"毕竟只是工夫的根据与起点，此时人们还做不到时时是此心，良知也随时有可能异化，故还需要加以修持保任，用冯从吾的话来说就是要"做得工夫，然后可复本体"。可见，本体与工夫是互为其根、相资为用的。也只有在"识得本体"与"做得工夫"的动态发展过程中，才能实现二者的合一，展示出本体工夫合一的全幅意蕴。

　　懂得了本体与工夫的一致后，冯从吾指出学者还要认识到本体与工夫之间的区别。

> 如论本体，则天命之性、率性之道，众人与圣人同；论工夫，则至诚尽性，其次致曲，圣贤与众人异。论本体，则人性皆善，不借闻见，不假思议，不费纤毫功力，当下便是，此天命率性自然而然者也；论工夫，则不惟其次致曲废闻见思议功力不得，即至诚尽性亦废闻见思议功力不能，此戒慎恐惧不得不然者也。……可见论本体，即无思无为、何思何虑，非玄语也，众人之所以与圣人同者此也；若论工夫，则惟精惟一、好问好察、博文约礼、忘食忘忧，即圣人且不能废，矧学者哉？[1]

　　这也就是说，以本体而论，所谓天命之性、率性之道以及人之性善，圣人与众人是没有区别的；若以工夫而论，两者则有"至诚尽性"与"其次致曲"之别。即使如此，圣人也须好问好察、博文约礼。更何况本体有寂感之别，工夫有安勉之分，所以不能将本体与工夫混淆起来，一味去说"圣学不借闻见，不假思议，不费纤毫功力"，在冯从吾看来，这虽然未尝不对，但却误人不浅，因此必须弄清本体与工夫的区别并加以体验，就会"愈体验愈浑融，愈浑融愈体验"[2]，从而达到无寂无感、无安无勉的境界，工夫就自然可以与本体合一了。

---

①　（明）冯从吾：《答杨原忠运长》，《冯恭定公全书》卷15。
②　同上。

不过，冯从吾虽然主张本体工夫合一，但他也看到晚明王学过于追求对本体的体证而脱略工夫实践，从而陷于猖狂无忌惮的弊病中，于是他又非常强调工夫的重要性，强调实修。冯从吾在给高攀龙（1562—1626，字景逸）的信中就说："学问源头，全在悟性，而戒慎恐惧，是性体之真精神；规矩准绳，是性体之真条理。于此少有出入，终是参悟未透。今日讲学，要内存戒慎恐惧，外守规矩准绳。如此才是真悟，才是真修。"① 换言之，对性体的透悟是靠真切的道德实践来完成的，所谓"日用平常自有天，如何此外觅空玄。请看鱼跃鸢飞趣，多少真机在眼前"②。否则，就是空谈性理，空谈良知。所以李二曲说："晦庵之后，又堕于支离葛藤，故阳明出而救之以致良知，令人当下有得。及其久也，易至于谈本体而略工夫，于是东林顾、高诸公，及关中冯少墟出而救之以敬修止善。"③ 当然，由于强调本体与工夫合一，故冯从吾所说的工夫，是合于本体的工夫，亦即本体的工夫，其一方面是工夫，另一方面又是本体的呈现和落实，总之，不会陷入泛然用功、支离缠绕之中。而为了使工夫成为本体的工夫，冯从吾又非常强调对本体的透悟，他经常引用王阳明的"不离日用常行内，直造先天未画前"的诗句来说明透悟本体的重要性，因此在具体的工夫上，冯从吾虽然提倡静时的存养和动时的省察不能偏废，但相较二者，他还是更重视未发时的涵养与体认。如曰：

> 夫喜怒哀乐中节固也，若必待已发而后求中节；子臣弟友尽道固也，若必待既感而后求尽道，则晚矣。故必当一念方动之时而慎之，而后能中节尽道也，此慎独之说也，故曰"其要只在谨独"。虽然，又必待念起而后慎之，则亦晚矣。故必当一念未起之时而慎之，而后能中节尽道也，此戒慎不睹、恐惧不闻之说也，故曰"静中看喜怒哀乐未发气象"。④

---

① （明）冯从吾：《答高景逸同年》，《冯恭定公全书》卷15。
② （明）冯从吾：《自省吟》，《冯恭定公全书》卷17。
③ （清）李颙：《二曲集》卷10，第76页。
④ （明）冯从吾：《关中书院记》，《冯恭定公全书》卷15。

可见，无论是日用事为上的点检，还是"一念方动"时的慎独，都不是最根本的工夫，最根本的工夫应该是在"一念未起"时，亦即透过平日的戒慎恐惧来保持此心"常惺惺"，此念"常亹亹"，如此就能够做到发而皆中节，一切与道相合。除了戒慎恐惧工夫之外，冯从吾还特别重视在静中体验"喜怒哀乐未发气象"，并把"静坐"称为"吾儒养心要诀"①，而他自己也时常加以体验，如他说："自每旬会讲外，日惟闭关静坐，每静极则此心湛然，如皓月当空，了无一物，似乎少有所窥。"② 从中我们或许可以了解冯从吾为何将圣贤之学看作心性的学问而重视对心体的透悟了。

总之，冯从吾与东林顾宪成、高攀龙诸君子同声相应、同气相求，对晚明思想学术之失有着共同的忧虑，并力求能对其补偏救弊，寻找一条新的为学之路。在此问题意识下，会通程朱、陆王或者说在朱子学与阳明学之间找到一个平衡点，就成了冯从吾与东林学者努力的方向。然而，对顾、高二人来说，尽管朱子与王阳明之学各有所长各有所短，但相较之下还是朱子的学问对世道人心更能发挥正面的导向作用，如顾宪成就说："阳明先生开发有余，收束不足。当士人桎梏于训诂词章间，骤而闻良知之说，一时心目俱醒，恍若拨云雾而见白日，岂不大快！然而此窍一凿，混沌几亡，往往凭虚见而弄精魂，任自然而藐兢业，陵夷至今，议论益玄，习尚益下，高之放荡而不经，卑之顽钝而无耻，仁人君子又相顾裴回，喟然太息，以为倡始者殆亦不能无遗虑焉而追惜之，此其所以逊元公也。"③ 也正因为此，东林之学在会通朱、王的同时，显示出向朱子学回归的趋势，日本学者冈田武彦即认为"东林学是经由王学而产生的新朱子学"④。相较之下，冯从吾对朱、王之学的调和主要着眼于本体与工夫的合一，在这种"合一"的框架下，朱子、阳明之学被重新整合为一，而无所

---

① （明）冯从吾：《答杨原忠运长》，《冯恭定公全书》卷15。
② （明）冯从吾：《答涂镜源中丞》，《冯恭定公全书》卷15。
③ （明）顾宪成：《小心斋劄记》卷3，台北广文书局1975年版，第63页。
④ ［日］冈田武彦：《王阳明与明末儒学》，上海古籍出版社2000年版，第356页。

偏重，正如他所说的："人性皆善，而不学则不能明善而复自初。以性善为本体，以主静、主敬、穷理、致知为工夫，则善明而性善之初可复，性复则诸说皆筌蹄矣。"① 在这里，学问的宗旨只是一个，即通过主静、主敬、穷理、静坐、体认天理、看喜怒哀乐未发气象等工夫来恢复先天至善的本体，其中并无门户派别之分。这就使得阳明学与朱子学在"本体工夫合一"下更趋于一致。

五　讲学精神

冯从吾一生为官的时间比较短暂，其大部分时间和精力都用来讲学与著述，可以说，晚明关学的复兴即与冯从吾重视讲学有着密切关系。在冯从吾之前，以王承裕为代表的弘道书院讲学和以吕柟、马理、南大吉等人为代表的关中讲学共同促进了关学在正德、嘉靖年间的兴盛。然而自嘉靖后期开始，随着这些著名理学家的相继离世，关中讲学也逐渐沉寂下去，数十年间无较大的讲学活动，这一状况一直持续到万历十三年（1585）才开始得到改变。

这一年，尚未出仕的冯从吾参加了许孚远主持的西安正学书院的讲学，与蓝田王之士"讲切关、洛宗旨"②。万历十七年（1589），冯从吾考中进士，后授御史职。但在万历二十年（1592）时，冯从吾就辞病回乡，与友人萧辉之等在西安城南的宝庆寺讲学。除了中间一次短暂的出仕经历外，冯从吾在宝庆寺的讲学一直持续到万历二十六年（1598），因为身体的原因，他开始闭关养病，不再参加讲会，并借此机会钻研学问，考辨学术源流。直到九年后即万历三十四年（1606），冯从吾才又重新复出讲学，仍讲于宝庆寺。随后，由于前来听讲的人越来越多，讲学的规模也越来越大，以至宝庆寺容纳不下，于是西安府的官员遂于万历三十七年（1609）在宝庆寺东面为冯从吾修建了一所书院，即关中书院。关中书院在创建后很快就发展

① （明）冯从吾：《郑溪书院志序》，《冯恭定公全书》卷13。
② （明）冯从吾：《关学编（附续编）》，第71页。

成为与无锡顾宪成、高攀龙主讲的东林书院，吉水邹元标主讲的江右书院，南直余懋衡（少原）主讲的徽州书院相齐名的书院，四方从学者多达千余人，冯从吾因此被称为"关西夫子"，而关学也由此迎来了其发展的又一个高峰。除了在关中书院讲学外，冯从吾还多次前往周边地区讲学，如华阴、三原等地。冯从吾在关中书院的讲学一直持续到天启元年（1621），是年，冯从吾应诏赴京。第二年，又与邹元标在京师共建首善书院，邀集诸同志倡明斯道。但由于政治上的残酷斗争，当年十一月，冯从吾即被迫奉旨归里，途中又讲学于伊洛之间。回到家乡后，仍继续从事讲学和著述。直到天启六年（1626）关中书院被毁，冯从吾去世。此后，关中"讲会绝响，六十年来提倡无人，士自词章记诵之外，不复知理学为何事"①。

概括来说，冯从吾的讲学精神可以分为三个方面：

首先，讲学以明道。在冯从吾看来，"吾儒讲学所以明道也"②，即通过讲学来"衍道脉而维道运"。他说："夫道一而已矣，是说道脉；天下之生久矣，一治一乱，是说道运。道运有隆有替，道脉无古无今。今吾辈今日讲学，正所以衍道脉而维道运也，岂是得已！"③冯从吾所要明的"道"自然是指尧舜、孔孟之道，这一点很重要，因为"亘古亘今，只有此一条大路，离此便是邪径"，历史上如周公、颜子、孟子、韩愈、范仲淹、周敦颐、二程、张载、朱子、岳飞、文天祥等人便是由此大路而行，而曹操、王莽、司马懿、冯道、张邦昌、章惇、蔡京、秦桧、韩侂胄等人则是从邪径而行。二者虽然都有吉有凶，但在冯从吾看来，前者是"凶亦为吉，死亦犹生"，后者是"吉亦为凶，生不如死"。可见，路径一错，关系不小，而讲学就是为了辨此路径，明此大道，而非泛然讲论。

其次，讲学以修身。冯从吾认为讲学可以修养身心，培养气节。他发挥《大学》中"自天子以至庶人，壹是皆以修身为本"之义，

---

① （清）李颙：《鸡山语要引》，《鸡山语要》，民国24年关中丛书本。
② （明）冯从吾：《辨学录跋》，《冯恭定公全书》卷1。
③ （明）冯从吾：《疑思录·读〈孟子上〉》，《冯恭定公全书》卷2。

指出天下之事各有职分，不能越俎代庖，而道德修养则连越俎都不能说，因为这是人人都有分的，故无论富贵穷达都应该讲学，通过讲明圣贤的道理来帮助提升自己的道德修养。另外，讲学对气节的培养也很重要，如同样看起来是气节表表，但有些人能够完名全节，有些人最后却败名丧节，之所以如此，冯从吾认为，是因为前者的气节是从学问中涵养出来的，属"义理之刚"，如孟子之养"浩然之气"；而后者不懂得用学问来涵养，故其气节只是一种"血气之刚"，自然不能长久，如北宫黝、孟施舍之"养勇"。因而冯从吾指出，只有从学问涵养中来的气节才是真气节，而讲学就是要讲明学问以培养气节，使气节都从义理上来，而不是来自气质。但也有人提出父子君臣之义、忠君爱国之心原是人人本有的，又何必讲？针对这一质疑，冯从吾指出："如是人人没有的，真不该讲，如磨砖求明，磨之何益？如原是人人有的，只被功名势利埋没了，岂可不讲？讲之者，正讲明其所本有，提醒其所本有者也，如磨镜求明，磨何可无？"① 当然，讲学以修身，其关键还在于讲完之后要躬行，冯从吾说："讲学而不躬行，不如不讲。"②

最后，讲学以行道。对冯从吾来说，讲学不仅是为了明道、修身，同时也是一种行道的方法，他说："与人讲学，是亦行其道也，不专在仕途才行得道。"③ 可见，冯从吾所说的"行道"，已不是北宋程颐、文彦博等人主张的"得君行道"，他强调的是"独行其道"，"行其道是讲学，独不是离过人独做，只是不靠君相之命，不靠师友之倡率，各人独自个要做，故曰：独耳。"④ "独"就是要有高度自觉的社会担当意识，敢于承担，充分发挥自身的能动作用。其"行道"不是靠君相之命，也不是靠通过做官来实现。更重要的是，冯从吾所强调的讲学以行道也不是那种政治意义上的治国平天下，这可以从其对讲学所作的规定中看出，早在宝庆寺讲学时，冯从吾就在《学会

---

① （明）冯从吾：《都门语录》，《冯恭定公全书》续集卷 1。
② 同上。
③ 同上。
④ 同上。

约》中规定：

> 会期每月三会，初一、十一、廿一，以中午为期。……会期讲论毋及朝廷利害、边报差除、毋及官长贤否、政事得失，毋及各人家门私事、与众人所作过失及词讼请托等事、亵狎戏谑等语。其言当以纲常伦理为主，其书当以四书五经、《性理》、《通鉴》、《小学》、《近思录》为主，其相与当以崇真尚简为主，务戒空谈，敦实行，以共任斯道。①

为了使前来听讲的农工商贾之人也知道讲的究竟是什么，冯从吾还用简单的语言对《学会约》做了说明，他说："千讲万讲，不过要大家做好人、存好心、行好事，三句尽之矣。因录旧对一联：做个好人，心正身安魂梦稳；行些善事，天知地鉴鬼神钦。"②另外，冯从吾晚年在京师讲学时也规定，讲会之日，"不谈朝政、不谈私事、不谈仙佛，千言万语，总之不出父子有亲、君臣有义、夫妇有别、长幼有序、朋友有信五句及高皇圣谕'孝顺父母、尊敬长上、和睦乡里、教训子孙、各安生理、毋作非为'六言。"③

从《学会约》和规定中可以看出，冯从吾讲学的主要内容是儒家纲常伦理，前来听讲的除了士大夫之外，还有普通的农工商贾，因而其讲学带有一定的社会性、民间性和实践性的特点，而他所说的讲学以行道，其实也就是要通过对儒家纲常伦理包括明太祖圣谕的宣扬而在民间建设一个合理有序的社会，但这种建设不是从上而下的，而是由下进行的一种自觉自发的行动。由此可以说，冯从吾的讲学其实也是一种"经世"。当然，他选择这样一种方式来"行道""经世"自然与晚明严酷的政治环境有关，而他在讲学中禁止议论朝政和政事得失等，也与东林学派的"事事关心"有所不同，但他主张"本体工

---

① （明）冯从吾：《〈宝庆寺〉学会约》，《冯恭定公全书》卷6。
② （明）冯从吾：《谕俗》，《冯恭定公全书》卷6。
③ （明）冯从吾：《都门语录自序》，《冯恭定公全书》续集卷1。

夫合一"、反对"无善无恶"以及强调静悟自得、提倡体认躬行和批评佛老等则与东林顾宪成、高攀龙相近，正所谓"同声相应，同气相求"者。

　　以上是本章对冯从吾哲学思想的一个初步探讨。尽管从哲学思辨的角度来看，冯从吾在理论上似无多少创新之处，不是一个原创型的思想家，但正如当时赵南星（1550—1627）所说的："先生（冯从吾）所讲者，平淡而融彻。平淡者，圣人之正学也；融彻者，其体会真也。"① 高攀龙也说："知学者甚难，知正学者更难，知学而能通达世务不至以学害世者尤难。非老年丈（指冯从吾），吾谁与归？"② 并称赞冯从吾之学"极正、极透""砥柱狂澜，此道不坠，赖有此也"③。从中可见冯从吾思想的特色，而他对明代关学心性化的完成以及在针砭时弊的基础上所走出的"本体工夫合一"之路，更深刻地影响了清初关中的理学。

---

① （清）范�鼎：《冯少墟集》，《广理学备考》，清康熙五经堂刻本。
② （明）高攀龙：《答少墟四》，《高子遗书》卷 8 上，凤凰出版社 2011 年版，第 162页。
③ （明）高攀龙：《答方本庵二》，《高子遗书》卷 8 下，凤凰出版社 2011 年版，第 191 页。

第十四章　冯从吾《关学编》述评

《关学编》由明代关中著名理学家冯从吾所撰，是我国第一部关学史著作。以其遴选学者之广博、考察之翔实、论断之精审、体例之严整，均开创了后世关学史以纪传体形式著述的新视域。综观近代以来的学术界，鲜有学者对这部具有重要影响的学术史著作进行系统考察。因此，本章拟对该书的编纂动机、体例特点、学术史意义做出相关考察。

一　《关学编》的编纂动机

任何著作的撰写都与时代学术的发展、著者的个人思想有密切关系。《关学编》的撰写亦概莫能外。冯从吾在《关学编自序》中云："学者俯仰古今，必折中于孔氏。诸君子之学，虽籧入门户各异，造诣浅深或殊，然一脉相承，千古若契，其不诡于吾孔氏之道则一也""诸君子往矣，程子不云乎'尧舜其心至今在'！夫尧舜其心至今在，诸君子其心至今在也。"① 冯氏此论，实谓儒家学术虽门户各异，学者造诣不同，但均承传自孔学一脉，尧舜其心乃为是时学者的要务。实际上，若明晰冯氏所处时代儒家学术史撰述的风潮及其个人学思历程，上述论述则更为明确。

儒家学者通过记述儒家学者的学术、事迹等来阐发儒家学统、道统的著作，肇自南宋朱熹的《伊洛渊源录》，至明代中后期，这种风

---

① （明）冯从吾：《关学编（附续编）》，第2页。

气更为盛行。在冯氏之前或同时的儒家学术史撰述，大致有：谢铎（1435—1510，字鸣治）撰《伊洛渊源续录》、毛宪（1469—1535，字式之）撰《毗陵正学编》、程曈（字启曚）撰《新安学系录》、杨应诏（号天游）撰《闽南道学源流》、金贲亨（1483—1568，字汝白）撰《台学源流》、朱衡（1512—1584，字士南）撰《道南源委》、朱睦㮮（1518—1587，字灌甫）撰《授经图义例》、刘元卿（1544—1609，字调甫）撰《诸儒学案》、宋端仪（字孔时）撰《考亭渊源录》、周汝登（1547—1629，字继元）撰《圣学宗传》、刘鳞长（1598—1661，字孟龙）撰《浙学宗传》、过庭训（？—1628，字尔韬）撰《圣学嫡派》，等等。若以今日行政区域划分看，上述谢铎、金贲亨、周汝登、过庭训为浙江人，杨应诏、宋端仪、刘鳞长为福建人，毛宪为江苏人，程曈、朱睦㮮为安徽人，刘元卿、朱衡为江西人。其中朱衡所著《道南源委》亦为阐述闽中朱子学统的。故而，有学者论此一时地域性理学史著作史时，认为"以学术文化的整体表现而言，明代的东南盛行于西北，故对本地学术史整理反思的工作，东南领先是可以理解的"①。此论是可取的。"台学""浙学""新安学""闽南道学"等地域性理学概念亦因此类著述而得到彰扬。然而，如果进一步深究，那么亦可以发现，上述学术史著作，除地域性以外，其收录学者的主旨倾向亦可分朱子学与阳明学。《伊洛渊源续录》《新安学系录》《道南源委》等收录朱子学学者。而《圣学宗传》《浙学宗传》等侧重收录阳明学学者（《圣学宗传》《浙学宗传》分别辑18家与13家阳明学者言行）。受时代学术史撰述的影响，一方面，冯氏如上述一些学者一样，突出地域性理学，为展现西北关中理学家生平与思想而撰写《关学编》，即冯氏所谓"取诸君子行实，僭为纂次，题曰《关学编》，聊以识吾关中理学之大略云"②，其友张舜典所谓"少墟冯侍御为吾乡之理学作也"③。另一方面，冯氏又需要对呈现在

---

① 参见中研院吕妙芬《明清之际的关学与张载思想的复兴：地域与跨地域因素的省思》，作者赠稿。

② （明）冯从吾：《关学编（附续编）》，第2页。

③ 同上书，第62页。

关中地区理学家内部的朱子学与阳明学的门户之见，做出自己的回应，即其所谓"学者虽緜入门户各异，造诣浅深或殊"的局面。

再就冯从吾个人的学思历程看，冯从吾受学于以"克己为要"①的湛门大儒许孚远，又"如伊川、晦庵恪守矩矱"②，故其学具有兼收并蓄的特点，"统程朱、陆王而一之，集关学之大成"③。《关学编》成书于明万历三十四年（1606），而前一年冯氏刚刚完成《辨学录》。冯氏在《辨学录跋》中云："吾儒学问当以孔子为宗，而颜曾思孟周程张朱皆诵法孔子，后学所由以津梁洙泗者也。若曰学当以孔子为宗，而周程张朱皆不足法，即此一念，去学千里矣。以周程张朱为非，以孔子为是，是孔子特不敢非耳，若孔子可非，则亦非之矣。非宋儒而宗孔子，亦非真宗孔子者也。且非宋儒而独宗孔子，是其心以孔子自任也。以孔子为宗则可，以孔子自任则不可，即此一念，去学万里矣。"④ 可见，冯氏作《关学编》时，也存在如撰《辨学录》时一样的学术使命感，以传承孔子之学为己任，力倡儒家心性之学。如果说在《辨学录》中，冯氏尚以大量精力辨析"异端之学"（佛、老），"越俎之学"（是以议事当讲学、以论人当讲学也），"操戈之学"（宋儒）;⑤ 那么在《关学编》中，则是注重平息儒家门户之别，以倡扬"关中理学"为主旨。

综上所论，在由东南引领的撰述理学史、阐发儒家道统的学风影响之下，冯从吾立足于关中，作《关学编》追溯关学源流，不仅回应理学内部的门户问题，也以此彰显关中儒学道统，推动理学在关中的传播。

二 《关学编》的体例特点

基于上述的撰写动机，《关学编》在编纂体例安排上，既继承前

---

① （清）黄宗羲：《明儒学案》（修订本），第973页。
② （明）冯从吾：《关学编（附续编）》，第73页。
③ 同上书，第69页。标点有改动。
④ （明）冯从吾：《冯少墟续集》附录九，清康熙十四年重刻本。
⑤ （明）冯从吾：《辨学录跋》，《冯少墟集》卷1。

人，又进行了自我创新。概言之，展现在以下方面：

其一，"独载理学诸先生"。以纪传体的形式载录理学家，肇端于朱熹《伊洛渊源录》，是书记述了北宋周、二程、张、邵五子及其门人后学的言行政事，追溯理学渊源与传承。其纪传形式及其撰写意图，多为后世学者所采用。冯从吾《关学编》亦是如此。张舜典于《关学编后序》云《关学编》"不载独行，不载文词，不载气节，不载隐逸，而独载理学诸先生，炳炳尔尔也；不论升沉，不计崇卑，而学洙泗，祖羲文者，无不载焉"①。可见，冯从吾专为理学家立传，不杂以名臣、独行、文词、气节、隐逸而显名的学者。再就《关学编》的内容编排看，首卷载列"孔门四贤"。卷一至卷四载列宋金元明时期，洎自张载，讫于王之士，33 位关中理学家。另为 11 人列小传分附相关学者之下。从每传的内容编排上看，大致为先述学者事迹，再论其思想，最后载录其著作。这种内容编排，不仅遵循时间顺序，也使理学家的言行、思想及其著作灿然醒目。

其二，注重地域，超越朱子学、阳明学门户之见。从整体来看，在冯从吾思想中，既"伊川、晦庵恪守矩矱"②，也不排斥阳明学，甚至积极地吸收阳明学，调和门户之见，以对抗佛老。诸如在《辨学录》中，冯氏云："吾儒之学以理为宗。佛氏之学以了生死为宗。""程子曰：'理与心一，而人不能会之为一。'朱晦翁曰：'此心虚明，万理具足。外面理会者，即是里面本来有的。'陆象山曰：'人心至灵，此理至明，人皆有是心，心皆具是理。'又曰：'此心同也，此理同也。'薛文清亦曰：'心所具之理为太极，心之动静为阴阳。'而王阳明亦曰：'人心一刻纯乎天理，便是一刻的圣人；终身纯乎天理，便是终身的圣人。'此理自是实，自来吾儒论心，都不曾丢过理字。"③ 可见，冯氏无论对伊川、朱子、薛瑄，还是对象山、阳明都持有敬意，试图以理学核心范畴"理"与"心"调和门户之见，力

---

① （明）冯从吾：《关学编（附续编）》，第 62 页。标点有改动。
② 同上书，第 73 页。
③ （明）冯从吾：《冯少墟集》卷 1《辨学录》。

批异教，挺立理学道统。展现在《关学编》中，冯氏以"理学"为标准，超越理学门户之别，认为学者门户虽不同，"然一脉相承，千古若契，其不诡于吾孔氏之道则一也"。故而，《关学编》既收录倾向于朱子学的学者杨恭懿、萧维斗、王承裕等，也收录了阳明门人南大吉。

其三，注重师承渊源，梳理学脉。从《关学编》的内容上，梳理学脉是其突出内容，往往在学者的传记之初即加以介绍。诸如，云：吕大临"少从横渠先生游，横渠殁，乃东见二程先生，卒业焉"①，苏昞"同邑人游师雄，师横渠张子最久，后又卒业于二程子"②，马理"受讲于康僖公"③，吕潜"师事蜀进士赵木溪氏""又师事泾野吕先生"。④ 除了以师承凸显学脉以外，《关学编》也注重以交游展现学脉。如云：段坚"访周廷芳（周蕙）于秦州，访张立夫（张杰）于凤翔，讲学求友，孜孜不暇"⑤，吕柟"请益于甘泉湛先生（湛若水），日切琢于邹东廓（邹守益）、穆玄庵（穆孔晖）、顾东桥（顾璘）诸君子"⑥，杨爵"以韩苑洛（韩邦奇）、马谿田（马理）为师，以杨椒山（杨继盛）、周讷溪（周怡）、刘晴川（刘魁）、钱绪山（钱德洪）、蔡洨滨（蔡瀣）诸君子为友"⑦。通过这种学脉的梳理，不仅揭示了关中理学学术传承谱系，也探讨了学者个人思想的渊源与特征。虽然这与《伊洛渊源录》、《伊洛渊源续录》、《新安学系录》等以揭示相对单一的朱子学统为主不同，但是充分展示了宋、金、元、明时期关中理学发展的多元化特色。

其四，注重概述关学学者思想、学派特色。《关学编》在对学者作史传时，注重从学风上加以论述。其论述范围涉及为学之方、思想特色、工夫实践诸多的方面。以张载及其门人为例，冯氏认为，张载

---

① （明）冯从吾：《关学编（附续编）》，第11页。
② 同上书，第12页。
③ 同上书，第47页。
④ 同上书，第55页。
⑤ 同上书，第27页。
⑥ 同上书，第44页。
⑦ 同上书，第55页。

其学"以《易》为宗，以《中庸》为体，以《礼》为的，以孔、孟为法，穷神化，一天人，立大本，斥'异学'，自孟子以来未之有也"①。张载学说的特色，在其后弟子中凸显出重视《中庸》与"以礼为教"的特色。如斥"异学"、重视《中庸》者，以吕大临最为突出。《关学编》详细记载了吕大临致书富弼，劝其抛弃佛学，以道为任；并记载吕大临作有《中庸解》一书。②重视"以礼为教"者，以吕大钧最为突出。《关学编》详载了吕大钧与其兄吕大忠、吕大防，其弟吕大临"率乡人，为《乡约》以敦俗"，促使"关中风俗为之一变"之事。③再如，三原学派自王恕以来，注重体认，以求其心安的学术特色，至马理依然坚持"一切体验于身心"④的为学之道。吕柟之学"以立志为先，慎独为要，忠信为本，格致为功，而一准之以礼"，至其后学吕潜"一言一动，衰以泾野为法"，克己躬行，严于礼教，行施乡约。⑤南大吉则更是持守阳明之学不妄改，在关中"阐明致良知之学"，并与同门辑录王阳明语为《传习录》。⑥可见，无论关学学者理学思想存在怎样的多元性，在《关学编》看来，均有学源可溯，亦"不诡于吾孔氏之道则一也"。

　　基于上述，《关学编》以其体例充分展现了地域性理学特色、师承学脉、学者思想宗旨等，不仅为冯氏之前的关中理学的发展做出重要的概述与小结，也开启后世所谓"关学有编"、关学有史的学术思潮。

三　《关学编》的学术史价值

　　从学术史的角度看，《关学编》作为关中第一部理学史著作，所

① （明）冯从吾：《关学编（附续编）》，第 3 页。
② 同上书，第 11—12 页。
③ 同上书，第 9—10 页。
④ 同上书，第 47 页。
⑤ 同上书，第 46、55—56 页。
⑥ 同上书，第 52 页。

展现的价值与意义是非常突出的。本节拟从以下方面作一管窥。

其一，挺立了以张载为创始者的关中道统。王心敬《关学续编自序》云："关学有编，创自前代冯少墟先生。其编虽首冠孔门四子，实始宋之横渠，终明之秦关，皆关中产也。……横渠特宋关学之始耳。"[1] 王氏之论精审！《关学编》在卷首虽载列秦祖、燕伋、石蜀、壤驷赤孔门四子的略传，但其略传寥寥数语，"四子"言行与思想是阙如的。可见，冯氏之为"四子"列传的目的无非为关中理学寻找到远绍洙泗的儒家道统。即如其言："我关中自古称理学之邦，文、武、周公不可尚已。"[2] 文、武、周公属于圣人，不可习尚，故冯从吾寻找到比其地位较低的"孔门四子"来作为想象中的道统之源。但此四子对后世确无实际影响与贡献，仅为标举而已。故而，继四子后为张载立传，则是凸显北宋张载在关中理学中的始祖地位。虽然张载开创了"关学"，曾一度产生重大影响，但是由于南宋以后，北方战乱，关学弟子零落，在南宋李复之后，未再见有张载学术的嫡系传人。然而，张载在学术史上的地位并不因传人未继而被忽视。在南宋之后，张载的学术地位被日益彰显：宋宁宗嘉定十六年（1223）被朝廷追谥为"献公"，淳祐元年（1241）又被赐封为"眉伯"，[3] 尤其到了明中叶以后，关中建起了多所张载祠；张载后裔张文运被政府迎回关中张载故里，俸祀先祖。这些史实均表明，明代中后期以来，张载在关中的地位达到前所未有的高度，已被关中学者视为地域性学术伟人和儒家道统的继承者。因此，冯从吾《关学编》以张载为关中理学的创始者，这也顺应了张载学术地位不断提升，及关中理学发展的大趋势。以凸显张载来彰显关中儒家道统的绵延不断，故云"有宋横渠张先生崛起眉邑，倡明斯学，皋比勇撤，

---

[1]　（明）冯从吾：《关学编（附续编）》，第 65 页。

[2]　同上书，第 1 页。

[3]　《宋史·张载传》云："嘉定十三年，赐谥曰明公。淳祐元年，封眉伯。"此说广为后世史书、论著等所采用。笔者据李心传《道名录》卷九所载魏了翁《魏华父为周二程张四先生请谥奏》，及赵希弁《郡斋读书志附志》考订在嘉定十六年，张载方被赐谥为"献公"，嘉定十三年被赐为"明公"之事为讹误（参见张波《关学学术编年·宋代篇》，三秦出版社 2008 年版）。

圣道中天"①。

其二，开启"关学有编"。《关学编》虽以凸显张载来彰显儒家关中道统，为关中理学家立传；但至明季王之士，冯氏之后的学者并无记载。在冯氏《关学编》撰成之后，冯氏对关中理学的追溯、对关中儒家道统的挺立得到关中儒家学者的广泛认同，并加以传播。张舜典曾评述云："书成，人无不乐传之。"② 冯氏的工作也得到后世儒家学者的共鸣，王心敬、李元春、贺瑞麟等人延续冯氏的工作，继续彰扬关中理学道统，续撰《关学续编》。诸如，王心敬云："编关学者，编关中道统之脉络也。"③ 贺瑞麟云："关学之编自冯少墟先生始，厥后王沣川（王心敬）有续，李桐阁（李元春）有续。沣川、桐阁皆以关学自任，其编关学也，与少墟同一振兴关学之心，其人为不愧少墟之人，其书亦为不愧少墟之书。……其（贺瑞麟）有意振兴关学，亦少墟、沣川、桐阁之用心也。"④《关学编》经过王心敬、李元春、贺瑞麟等人的努力，又增补了数十人。这些增补不仅从时间上得以与冯氏《关学编》相承续，同时也在坚守冯氏以理学为收录标准的同时，有所开拓。诸如，李元春《关学续编》增补了张载门人游师雄。游氏虽为张载门人，但其学以经世安邦为务，以军功建树，未见有其理学成就。⑤ 这当然不会被以理学为收录标准的冯氏所载录。对此，李元春则云其"学术几为事功掩，然事功孰不自学术来，此疑少墟所遗也"⑥。李氏所疑则显示出其编撰态度，亦可以收录此例以事功见长的关中学者。如果李氏对"关学"内涵的开显尚停留在张载门人方面，那么清末民初时的张骥《关学宗传》以理学为范围，不仅重新收录上述《关学编》《关学续编》的理学家，而且进一步基于学者理学修为，收录了个别"独行""文词""气节"

①　（明）冯从吾：《关学编（附续编）》，第1页。
②　同上书，第62页。
③　同上书，第66页。
④　同上书，第68页。
⑤　参见张波《关学学术编年·宋代篇》，三秦出版社2008年版。
⑥　（明）冯从吾：《关学编（附续编）》，第67页。

"隐逸""名臣""吏行"等。① 从总体上看，张氏并未违背自冯从吾以来收录关中理学家的标准，其扩展更能展现关中学者的"晨星硕果"，有助于展示关中理学的发展实况。

① （清）张骥：《关学宗传·例言》，陕西教育图书社 1921 年排印本。

第十五章 明代关学与阳明学的关系

在阳明学出现之前，关中学者基本上是以程朱为宗，一方面恪守朱子学的主敬穷理，另一方面则延续着张载关学读经重礼、躬行实践的学风。但随着阳明学在正德、嘉靖年间的兴起和流行，关中学者也开始面临这种新的思想冲击并做出了不同的回应，有些学者态度坚决并加以排斥，有些学者虽不反对但也不赞同，还有些学者开始在关中传播阳明学，从而使朱子学一统天下的境况不复存在，当然，这也为趋于保守的关学增添了新的思想因素，添加了活力。而随着思想的发展，到了晚明，关学又开始面对阳明后学所产生的种种流弊，如何应对这一情况，则是这一时期关中学者主要思考的问题。

一 南大吉对阳明学的传播

就关学与阳明学之间的接触来说，正德年间，王承裕门人三原李伸（字道甫）巡按江西时，正值"阳明王子讲学东南，先生（李伸）与为讲友，自谓深得其学"①，这可能是关中学者最早接受阳明学的例子。嘉靖元年（1522）任陕西提学的唐龙（1477—1546，号渔石）对王阳明亦颇为尊敬，称其"明于圣人之学，克遵先王之教"②。唐龙的这种态度，必然会影响关中的学者。大约此时，同州（今陕西大

---

① （清）张骥：《李道甫先生》，《关学宗传》卷15，陕西教育图书社1921年排印本。
② （明）唐龙：《送阳明先生还朝序》，《渔石集》卷2，《四库全书存目丛书》集部第65册。

荔县）的尚班爵（字宗周）亦学于王阳明。① 但是，无论李伸，还是唐龙、尚班爵，似乎并没有过多地宣传阳明学。真正第一个在关中地区自觉传播良知学的是渭南的南大吉。

南大吉（1487—1541，字元善，号瑞泉），正德六年（1511）进士。嘉靖二年（1523），南大吉知绍兴府，时值王阳明倡道东南，讲良知之学，遂师事之。而此时南大吉之弟南逢吉（1494—1574，号姜泉）也因会试不第，于是"奉母焦大宜人之官所，得与瑞泉先生同师阳明王子"②。据说，南大吉跟随王阳明学习良知学后，因实践有得，遂相信"人心果自有圣贤也，奚必他求"③，其后一生即服膺于阳明之教。嘉靖三年，南大吉为阳明修葺稽山书院，增建明德堂、尊经阁等，选诸生优秀者入书院读书，并延阳明及其门人讲学其中，《（万历）绍兴府志》说："文成振绝学于一时，四方云集，庖廪相继，皆大吉左右之。"④ 后来，南大吉又刻《传习录》（相当于今本《传习录》上、中两卷）于越。南大吉的这些举措应该说为当时王学的兴盛及传播做出了一定的贡献。嘉靖五年（1526），南大吉因得罪地方大族而在当年的考绩中被罢官。归渭途中，他曾寄书于阳明，"勤勤恳恳，惟以得闻道为喜，急问学为事，恐卒不得为圣人为忧，亹亹千数百言，略无一字及于得丧荣辱之间"⑤。阳明复书，称赞南大吉为"庶几于有道之士"，并说：

> 关中自古多豪杰，其忠信沉毅之质，明达英伟之器，四方之士，吾见亦多矣，未有如关中之盛者也。然自横渠之后，此学不讲，或亦与四方无异矣。自此关中之士有所振发兴起，进其文艺于道德之归，变其气节为圣贤之学，将必自吾元善昆季始也。今

---

① （明）冯从吾：《关学编（附续编）》，中华书局 1987 年版，第 52 页。
② （清）张骥：《南元真先生》，《关学宗传》卷 21。
③ （清）张骥：《南瑞泉先生》，《关学宗传》卷 21。
④ 萧良幹、张元忭：《人物志·名宦》，《绍兴府志》卷 38，台北成文出版社 1983 年版，影明万历十五年刊本。
⑤ （明）王守仁：《答南元善（丙戌）》，《王阳明全集》卷 6，第 210 页。

日之归，谓天为无意乎？①

从阳明的答书中可以看出，他寄望于南大吉兄弟能够在家乡传播良知学，使关中之士能够振发兴起，"进其文艺于道德之归，变其气节为圣贤之学"。故不久之后，阳明又复书问南大吉"里中英俊相从论学者几人？学绝道丧且几百年，居今之时，而苟知趋向于是，正所谓空谷之足音，皆今之豪杰矣。便中示知之"②。而南大吉《示弟及门人》一诗云："归来三秦地，坠绪何茫茫。前访周公迹，后窃横渠芳。愿言偕数子，教学此相将。"③ 亦表明他愿在关中宣讲良知学。带着阳明的厚望，南大吉归乡之后，便先后在所居之地秦村、启善寺、酒西书院（或称酒西草堂）等处与诸生讲良知学。南大吉的讲学活动一直持续到嘉靖二十年（1541），这一年，南大吉卒。其后继续在关中传播良知学的是南大吉之弟南逢吉。南逢吉在嘉靖十七年（1538）中进士之前即与其兄在家乡讲学，后来从山西按察司副使任上致仕后，又在渭南建姜泉书院，"收训子侄门人，接引后学"④。在南氏兄弟的门人中，较为著名者有薛腾蛟（字时化，号南冈）、王麟（字季灵，称石鼓先生）、裴贞（字一卿，号灵阴）等。另外，南大吉有三子，也颇有声名，能得良知之旨，"鼎峙诸生间，时人目为三凤"⑤。

南大吉的良知学，据张骥《关学宗传》说是："以致良知为宗旨，以慎独、改过为致知工夫，饬躬励行，惇伦叙理，非世儒矜解悟而略检押者比。"⑥ 可见，南大吉比较注重良知的道德实践，强调由工夫而至本体，下学而上达，并非空谈良知、空证本体。这既突出了

---

① （明）王守仁：《答南元善（丙戌）》，《王阳明全集》卷6，第210—211页。
② 同上书，第212页。
③ （清）张骥：《南瑞泉先生·诗录》，《关学宗传》卷21。
④ （明）马自强：《山西按察司副使南公逢吉志铭》，焦竑：《国朝献征录》卷97，《续修四库全书》第530册。
⑤ （清）岳冠华：《人物志·儒林》，《（雍正）渭南县志》卷10，清雍正十年刊本。
⑥ （清）张骥：《南瑞泉先生》，《关学宗传》卷21。另，南大吉著有《瑞泉集》22卷，明嘉靖四十四年南轩刻本，现存卷16—22，及附录1卷，后记1卷。

阳明学所具有的强烈的实践性格，又避免了当时阳明后学流于玄虚、荡越情识的弊病。至于南大吉之学中颇具特色的"改过"说，当来自他在知绍兴府时王阳明的教导。据说，南大吉初治绍兴时，为政苛急，常悔其过。对此，阳明加以勉励，指出改过"正入圣之机也"[①]，可见南大吉重视"改过"的原因当源于此。

最后要指出的是，南大吉兄弟对阳明学的传播，无疑给当时仍以程朱学为主的关中理学增添了新的思想因素与发展动力。晚清关中学者柏景伟（字子俊，号沣西）就说："关中沦于金、元，许鲁斋衍朱子之绪，一时奉天、高陵诸儒与相唱和，皆朱子学也。明则段容思起于皋兰，吕泾野振于高陵，先后王平川、韩苑洛，其学又微别，而阳明崛起东南，渭南南元善传其说以归，是为关中有王学之始。"[②] 张骥也说："迨石渠公唱道三原，康僖缵承家学，学风丕变，而渭南南氏兄弟以姚江高弟开讲渭西，稍稍门户分矣。"[③] 不过，阳明学虽然通过南氏兄弟的讲学而得以在关中流传，但其影响却主要局限于渭南一带，而在关中的其他地区、其他学者那里，阳明学则遭遇了挫折。

二　吕柟、马理对阳明学的批评

南大吉生活的时代，关中地区人才极盛，其中尤以高陵吕柟、三原马理、武功康海（1475—1540，号对山）的影响最大。康海是明代中期文学史上著名的"前七子"之一，而吕柟、马理则以理学著称。冯从吾在《关学编·自序》中说："光禄（按，指马理）与宗伯（指吕柟）司马金石相宜，钧天并奏，一时学者歙然响风，而关中之学益大显明于天下。若夫集诸儒之大成而直接横渠之传，则宗伯尤为独步者也。"[④] 《（光绪）三原县新志》也说："关学自横渠后，在明

---

① （清）张骥：《南瑞泉先生》，《关学宗传》卷21。
② （清）柏景伟：《小识》，冯从吾：《关学编（附续编）》附录，第69页。
③ （清）张骥：《关学宗传·自序》。
④ （明）冯从吾：《关学编·自序》，第1页。

惟高陵吕泾野为最著，而谿田则媲美泾野。"① 可见，就对关学的影响来说，吕柟与马理远较同时代的南大吉兄弟为大。因此，考察二人对阳明学的态度显得尤为必要，能使我们更为深入地了解关学与阳明学之间的关系。

吕柟与马理之学都是以程朱为宗，《明史·吕柟传》说："柟受业渭南薛敬之，接河东薛瑄之传，学以穷理实践为主。"② 马理则游学于三原王恕、王承裕父子，属三原学派，但其"生平学准程朱，以主敬穷理为主"③。冯从吾也说，马理"执礼如横渠，其论学归准于程朱"④。因此，他们对阳明学的批评主要是从朱子学立场出发的。

首先，吕柟认为，王阳明讲学单提一"良知"，未免过于浑沦，而"圣人教人，每因人变化""盖随人之资质、学力所到而进之，未尝规规于一方也"，但阳明则"不论其资禀造诣，刻数字以必人之从"⑤，从而使初学者无处下手做工夫，可见其讲学有偏差。⑥ 其次，吕柟认为，王阳明的"知行合一"说实际上是以行为知，以为"知即是行"，从而抹杀了儒学传统中"学""问"的一面。吕柟则主张知与行虽形影不离，"知者行之始，行者知之随"，然"必先知而后行"⑦。因此，对于格物，吕柟认为，格物只是穷理，而不是王阳明所讲的"正物"，即事事物物皆得其理。否则，儒家的博学多识与所谓舜之"好问好察"、孔子之"好古敏求"就会变得毫无意义。

应该说，吕柟对阳明学是有一定认识和了解的，因为他曾在南京

---

① （清）焦云龙、贺瑞麟：《（光绪）三原县新志》卷6，台北成文出版社1976年版，影清光绪六年刊本。

② （清）张廷玉等：《明史》卷282，中华书局1974年版，第7244页。

③ （清）刘于义、沈青崖：《人物九·儒林》，《（雍正）陕西通志》卷63，《景印文渊阁四库全书》第554册。

④ （明）冯从吾：《关学编（附续编）》，第48页。

⑤ （明）吕柟：《泾野子内篇》，第87—88页。

⑥ 对吕柟的"因人变化"说，黄宗羲有不同的看法："夫因人变化者，言从入之工夫也。良知是言本体，本体无人不同，岂得而变化耶？非惟不知阳明，并不知圣人矣。"认为吕柟从入手工夫来批评王阳明的良知本体，是不对的。见黄宗羲《河东学案下》，《明儒学案》（修订本）卷8，第138页。

⑦ （明）吕柟：《泾野子内篇》，第89页。

讲学近九年（1527—1535），其间与阳明弟子邹守益（1491—1562，号东廓）、穆孔晖（1479—1539，号玄庵）等人日相切磋。[①] 而从他对阳明学的批评来看，吕柟强调的是实际的道德践履，走的是一种下学之路，正如黄宗羲所说："先生所谓穷理，不是泛常不切于身，只在语默作止处验之；所谓知者，即从闻见之知，以通德性之知，但事事不放过耳。"[②] 这与阳明学注重对良知道德本体的体悟显然不同。因此，当邹东廓等阳明弟子问及吕柟对阳明学的看法时，吕柟说：

> 予敢以阳明之学为是乎？予敢以阳明之学为不是乎？……昔先正以一言一字发人，而况阳明之学痛世俗词章之烦，病世途势利之争，乃穷本究源，因近及远，而曰行即知也，知本良也，亦何尝不是乎？但人品不同，受病亦异，好内者不可与言禁酒也，好弈者不可与言禁财也。……若曰见守齐举，知行并进，此惟圣人能。故阳明之学，中人以上虽或可及，中人以下皆茫无所归，故《论语》不道也，亦何尝尽是乎？虽然，自夫俗儒而言，忘其良知而又不知以行之为急也，其弊至于戕民而病国，则阳明之学又岂可少乎哉？[③]

在吕柟看来，王阳明提倡良知学在当时是有一定积极意义的，对于世俗只注重词章、举业之学而不重视身心道德修养的风气无疑是一种补偏救弊之举，但阳明之学终究只适合于中人以上，而不适用于中人以下，因为"人之资质有高下，工夫有生熟，学问有浅深，不可概以此语之"[④]。相对于吕柟这种还算比较温和的态度，马理对阳明学的批评则显得较为严厉和决绝。他在《上罗整庵先生书》中说：

---

① （明）冯从吾：《关学编（附续编）》，第44页。
② （清）黄宗羲：《河东学案下》，《明儒学案》（修订本）卷8，第138页。
③ （明）邓球：《吕泾野先生》，《皇明泳化类编》卷44，《四库禁毁书丛刊补编》第27册。
④ （明）吕柟：《泾野子内篇》，第121页。

　　夫良知者，即孩提之童良心所发，不虑而知者也，与夫隐微之独知异矣，与夫格致之后至知则又异矣。其师曰：此知则彼知也。又以中途有悟如梦斯觉为言。此真曹溪余裔！其师如此，徒可知矣。乃又以其所见非程朱之学。夫程朱释经之言，自今观之，千百言中似亦有一二误处。然语其体认宗旨之真，持守斯道之正，续孔孟既坠之绪，辟佛老似是之非，则千古不可泯灭，可遽轻议之哉？今乃往往是陆非朱，又复阴主僧说排吾儒焉。……于戏，辨苗莠而锄之，以粒食后人，良亦劳矣！今乃复拾锄去之莠，播而种之，以乱我苗，其亦不知唐虞之政、孔孟之教、斯人之功矣？夫其亦不知斯害之大矣。①

　　在马理看来，王阳明所讲的良知，与《中庸》所说之"独知"和《大学》格致之后的"至知"都不同，并非先天的道德本体、德性所知，而只是孩童的表现为善的一种知觉之心。若以此为"良知"，则与禅宗讲的"作用是性"相同，所以马理认为阳明学为"曹溪遗裔"，阳儒阴释，对儒学危害甚大。可见他对阳明学的态度较吕柟更为决绝。也许正因为马理的坚决反对，邹东廓在《赠马伯循西归》诗中说道："君未登牛首，还知牛首未？传闻非自得，悬料终疑似。何如陟其巅，万象无遁视。归去大华山，轻举时自试。"② 希望马理能重视阳明学，能亲身体验之。

　　吕柟与马理对阳明学的拒绝在其周围及后来的关中学者中产生了较大影响，如泾阳的吕潜，"凡一言一动，率以泾野为法""刻意躬行，远声色，慎取予，一毫不苟，而尤严于礼"，被视为能"得泾野之传"③。而与吕潜同县的郭郛受其影响，亦"笃于伦理而兢兢持敬，自少至老，一步不肯屑越"，认为"学道全凭敬作箴，须臾离敬道难寻。常从独木桥边过，惟愿无忘此际心"④。

　　① （明）马理：《谿田文集》卷4，《四库全书存目丛书》集部第69册。
　　② （明）邹守益：《邹守益集》卷25，凤凰出版社2007年版，第1144页。
　　③ （明）冯从吾：《关学编（附续编）》，第55—56页。
　　④ 同上书，第58页。

三 杨爵与阳明学者的论学

继吕柟、马理之后，与阳明学者往来讲学且影响较大的则有富平的杨爵。杨爵师从朝邑的韩邦奇，与杨继盛同称"韩门二杨"。韩邦奇之学"原出王虎谷（即王云凤）先生之门"① 而渊源于薛瑄。唐龙《少司马涂水先生传》说："夫自薛文清公倡道河汾，先生与和顺王公云凤并宗其学。"② 但实际上，薛瑄之学只是其思想的一个方面，韩邦奇门人白璧称，韩邦奇"学问精到，明于数学，胸次洒落，大类邵尧夫，而论道体乃独取张横渠……而识度汪然，涵养宏深，持守坚定，躬行心得，中正明达，则又一薛敬轩也"③。可见，韩氏之学实融合了邵雍、张载、薛瑄等各家思想。但不管怎样，杨爵信守师说，于程朱理学坚守不移，而于阳明学则拒不接受。

杨爵与阳明学者之间的讲学比较特殊，主要在狱中。嘉靖二十年（1541）杨爵因上封事获罪而被廷杖下狱，在狱中被羁押达八年之久，而狱中就成为他与阳明学者讲学交流的场所。杨爵《处困记》说：

> 嘉靖二十年二月初四日，余以河南道监察御史上封事，有罪。次日下锦衣卫镇抚司。……及冬初，刑部员外郎钱子洪甫以事下狱。钱子，余同志旧友也。相见甚欢，数相语，皆崇德切要工夫，未尝以困苦废忠告，盖恐为有道者笑也。居旬余日，钱子送御史台拟罪，余愿有以为别。钱子曰："静中收摄精神，勿使游放，则心体湛一，高明广大可驯致矣。古人作圣之功，其在此

① （清）杨绍武：《理学备考序》，范鄗鼎：《理学备考》，《四库全书存目丛书》史部第 121 册。

② （明）寇天叙：《涂水先生集》卷6，《四库全书存目丛书》集部第 65 册。

③ （清）白璧：《读苑洛先生语录》，韩邦奇：《苑洛先生语录》卷末，《四库全书存目丛书》子部第 7 册。

乎。"别未久，钱子复以前事来狱中。①

此次，钱德洪（1496—1574，号绪山）在狱中逾年乃出。期间，两人相与讲学，乐以忘忧，杨爵《次绪山怀友韵》云："二年得与子相亲，不意知为困裹身。"② 不久，杨爵在狱中又遇到王阳明的另一位弟子即工部员外郎刘魁（字焕吾，号晴川）。刘魁于嘉靖二十一年（1542）因上疏谏嘉靖帝停建雷殿而下狱。次年（1543）六月，吏科给事中周怡（1506—1569，号讷溪）亦因上疏忤旨，受廷杖而下狱。周怡师事邹东廓、王龙溪，属阳明的再传弟子。这样，杨爵在狱中的论学之友都为阳明学者。虽然，钱绪山曾教杨爵在静中体认良知心体；而刘魁出狱后，在写给杨爵的信中又详细介绍邹东廓、罗念庵等人讲学的动向，并附录其诗，其用意不言而喻。但是，正如《四库全书总目》所说，杨爵虽"与罗洪先、钱德洪诸人游，以讲学相劝。然德洪等源出姚江，务阐良知之说，爵则以躬行实践为先"③，始终没有接受阳明学。

另外，与先前吕柟与邹东廓论辩的焦点在"知行合一"上有所不同，此一时期杨爵与钱绪山等人的论学主要涉及"无善无恶"的问题。钱德洪在给杨爵的信中说：

> 来教承举"无善无恶"与"感物而动"二言之疑。如兄所辨，更复奚辞。……人之心体一也，指名曰善可也，曰至善无恶亦可也，曰无善无恶亦可也。曰善，曰至善，人皆信而无疑矣；又为无善无恶之说者何哉？至善之体，恶固非其所有，善亦不得而有也。至善之体，虚灵也，犹日之明、耳之聪也。虚灵之体，不可先有乎善，犹明之不可先有乎色，听之不可先有乎声也。目无一色，故能尽万物之色；耳无一声，故能尽万物之声；心无一

---

① （明）杨爵：《杨忠介集》卷 2，《景印文渊阁四库全书》第 1276 册。
② （明）杨爵：《杨忠介集》卷 11，《景印文渊阁四库全书》第 1276 册。
③ （清）纪昀"《杨忠介集》十三卷"条，《四库全书总目》卷 172，海南出版社 1999 年版，第 905 页。

善，故能尽天下万事之善。今之论至善者，乃索之于事事物物之中，先求其所谓定理以为应事宰物之则，是虚灵之内先有乎善……非至善之谓也。①

从信中可以看出，杨爵对于钱绪山的"无善无恶"说是有所怀疑的，因而钱绪山又复信以阐明其说，并劝杨爵若能抛弃"成说"，精研良知本体于湛寂之地，"必有超然独悟，沛决江河而莫之能御者"②，这样就不会对心体为"无善无恶"再有疑虑了。

综合以上所述，可见嘉靖年间面对阳明学的冲击，关中学者态度不一，有积极响应者，也有拒绝排斥者。南大吉兄弟笃信阳明并积极在渭南传播良知学，而吕柟、马理、杨爵以及稍后的吕潜、郭郛等人则仍坚持河东薛瑄以来的朱子学传统，以主敬穷理、躬行实践为主，对阳明学中的重要论题，如良知、知行、格物、"无善无恶"等都进行了批评或质疑，而他们无疑代表的又是此一时期关中理学的主流和正统。因此，当阳明学风行于大江以南的时候，却在关中地区遭遇了挫折，未能取代程朱学而成为当地思想的主流。这一状况的改变，一直要等到万历年间冯从吾、张舜典的出现。

四　冯从吾、张舜典与关学的"心性化"

关中理学自嘉靖三十四年（1555）韩邦奇、马理去世后（此时，吕柟、杨爵、南大吉等人则早已逝去）的数十年间基本上处于衰落的状态，人才凋零。万历初年关中学者马自强（1513—1578，字乾庵）就曾感叹道："关中成、弘间人才济济称盛。自嘉靖来渐衰，至于今日，则寥落而孤弱极矣。"③ 不过在万历十二年（1584），许孚远任陕西提学副使，讲学正学书院后，关中理学则迎来了新的发展契机。许

① （明）杨爵：《杨忠介集·附录》卷3，《景印文渊阁四库全书》第1276册。
② 同上。
③ （明）马自强：《与孙侍御》，《马文庄公文集选》卷10，《四库禁毁书丛刊补编》第66册。

孚远学于唐枢（1497—1574，字惟中）之门，属湛若水的再传弟子。但他与其师唐枢一样，对阳明之学亦极为笃信，"故于甘泉之随处体认天理，阳明之致良知，两存而精究之"①。不过，许孚远对晚明流行的"无善无恶"论则持反对态度，曾做《九谛》与周汝登（1547—1629，号海门）进行辩论，因此被赞为"在姚江末派之中最为笃实"②。许孚远的学术倾向在他督学关中时深深地影响了冯从吾、张舜典等人。

冯从吾，万历十七年（1589）进士。他是继张载、吕柟之后关学发展的又一高峰。其生平讲学，"四方从学者千余人，人称'关西夫子'"③"论者谓关中自杨伯起、张横渠、吕泾野三先生后，惟先生一人"④。张舜典是凤翔人，与冯从吾为莫逆之交，且同以学识和讲学闻名关中。清初的李颙即说："凤翔张鸡山先生，明季理学真儒也，深造自得，洞彻大原，与长安冯少墟先生同时倡道，同为远迩学者所宗。横渠、泾野而后，关学为之一振。"⑤ 冯从吾与张舜典在许孚远督学关中时曾作为诸生参与了正学书院的讲学，并受学于许氏。因此，二人在学术思想上深受许孚远之影响，既宗湛氏，又都笃信良知学。冯从吾说："阳明先生致良知三字，真得圣学真脉，有功于吾道不小。知善知恶是良知一语，尤为的确痛快。"⑥ 认为"圣贤之学，心学也。心之不养而徒事于枝叶间，抑末矣"⑦。张舜典则以"明德"标宗，而他所谓的"明德"即是良知："夫何谓之明德？'德'谓心之良能，'明'谓心之良知，一体而二名。"⑧ 又说："明德者本性之尊称，即本性之实际也，非从外来，乃自有之自然，天然不待学习，

① （清）黄宗羲：《甘泉学案四》，《明儒学案》（修订本）卷40，第948页。
② （清）纪昀"《敬和堂集》八卷"条，《四库全书总目》卷178，海南出版社1999年版，第962页。
③ （清）刘得炯：《关学编序》，冯从吾：《关学编（附续编）》附录二，第124页。
④ （清）王心敬：《关学续编》卷1，冯从吾：《关学编（附续编）》，第74页。
⑤ （清）李颙：《鸡山语要引》，张舜典：《鸡山语要》，民国24年关中丛书本。
⑥ （明）冯从吾：《答黄武皋侍御》，《冯恭定公全书》卷15，清光绪二十二年刻本。
⑦ （明）冯从吾：《丁未冬稿序》，《冯恭定公全书》卷13。
⑧ （明）张舜典：《鸡山语要·明德集》。

不烦拟议……在圣不增，在凡不减，大行不加，穷居不损，夭寿不二，分定故也。放之则弥六合，卷之则退藏于密，统之为明德，分之为仁义礼智。"①

但是，由于看到晚明王学末流过度抬高心体价值，而未能正确把握良知内涵，或空谈心性、脱略工夫，或以情识为良知、蔑视礼教，结果陷于猖狂无忌惮中，故冯从吾与张舜典二人对程朱理学又抱有强烈的认同感，试图通过调和朱、王，兼重先天良知与后天工夫，来纠正晚明学术之失。冯从吾指出，当今天下之所以学术多歧、议论不一，主要在于学者对本体与工夫的认识不清。他说："学者往往舍功夫而专谈赤子之心，则失之玄虚；舍赤子之心而专谈功夫，则失之支离。心学几为晦蚀。"②"若论工夫而不合本体，则泛然用功必失之支离缠绕；论本体而不用工夫，则悬空谈体必失之捷径猖狂。其于圣学终隔燕越矣。"③ 因此，冯从吾以统一本体与工夫为努力方向，将阳明的良知与朱子的主敬穷理以体用的方式结合起来。他说："圣贤论学，虽有自用言者，而要之以体为主，得其体，则其用自然得力。但不言用，则其体又不可见。其谆谆言用者，欲人由用以识体耳。既由用以见其体，又何用之非体。"④ 认为"学问源头，全在悟性，而戒慎恐惧，是性体之真精神；规矩准绳，是性体之真条理。于此少有出入，终是参悟未透。今日讲学，要内存戒慎恐惧，外守规矩准绳。如此才是真悟，才是真修"⑤。这里所讲的"规矩准绳"，即是指宋儒的居敬穷理等工夫。这样，冯从吾就把王学与朱学调和起来，而以良知为本体，以居敬穷理为致知工夫，强调本体、工夫的合一。张舜典对朱、王调和的致思理路与冯从吾相同，也是主张"即本体以为功夫，由功夫以复本体"⑥，强调体用不二。不过，他的具体工夫则落在

① （明）张舜典：《鸡山语要·明德集》。
② （明）冯从吾：《桃冈日录序》，《冯恭定公全书》卷13。
③ （明）冯从吾：《答杨原忠运长》，《冯恭定公全书》卷15。
④ （明）冯从吾：《答涂镜源中丞》，《冯恭定公全书》卷15。
⑤ （明）冯从吾：《答高景逸同年》，《冯恭定公全书》卷15。
⑥ （明）张舜典：《鸡山语要·明德集》。

"慎独"上，认为"圣学工夫只是慎独"①"慎独是存心养性之口诀，不堕空，不滞有"②。这就与冯从吾的"主敬穷理"有一定的区别。故王心敬说："少墟恪守伊川、晦庵矩矱，先生（指张舜典）则学主明道，以为学圣人之学，而不知以本体为工夫，最易蹈义袭支离之弊，与冯先生意见微别。然先生心重冯先生之规严矩方，而非同执吝意见。冯先生亦重先生之透体通彻，而不类剖藩决篱。"③ 这就是说，相对于冯从吾强调用工夫以合本体，亦即"于日用常行，却要事事点检，以求合其本体"④ 的为学路向来说，张舜典更注重即本体以为工夫，亦即偏重于本体的透悟，试图以简易而不空疏，重修而不支离的方式重振儒学。

　　虽然冯、张两人在具体如何做工夫上"意见微别"，但他们仍有着更多的学术共同点，也有着相同的问题意识。在针对王学末流空谈良知的弊端上，他们都转而强调工夫的重要性，提倡本体工夫合一论，从而共同推动了晚明关中地区理学的发展，并创造了明代关学发展的第二个高峰。康熙时的学者许孙荃（1640—1688，号生洲）说："有明关学，继文简公（吕柟）而起者，长安则有冯少墟先生，岐阳则有张鸡山先生。二公生同时，东西相望，相与往复辩论，倡明斯道。学者景从，一时称极盛焉。"⑤

　　综合以上所述可见，当嘉靖初阳明学传入关中时，还只限于渭南一地，关中之学的主流仍然是以吕柟、马理为代表的程朱理学，他们对阳明学采取了拒绝和排斥的态度，并影响了此后数十年间关学的发展，然而，阳明学并没有因此在关中消失。随着湛氏心学的传入，到了万历中冯从吾、张舜典讲学时，阳明学则与朱子学相结合，成为学问的"本体"，从而使关学由读经重礼、主敬穷理走向心性之学。因此，在发展趋势上，整个明代关学有一个以程朱理学为宗到逐渐接受

---

① （明）张舜典：《鸡山语要·致曲言》。
② 同上。
③ （清）王心敬：《关学续编》卷 1，冯从吾：《关学编（附续编）》，第 75 页。
④ （清）黄宗羲：《甘泉学案五》，《明儒学案》（修订本）卷 41，第 981—982 页。
⑤ （清）许孙荃：《鸡山语要序》，张舜典：《鸡山语要》。

阳明学并走向"朱王会通"的过程。不过也要看到，虽然晚明时期关中王学比较兴盛，但它却融合了湛学、朱子学等多种思想成分，而关中的阳明学也始终贯穿着一个突出的性格特征，即重视工夫实践：从南大吉以慎独、改过为致知工夫，"饬躬励行，惇伦叙理"到冯从吾以工夫合本体，于日用常行中事事点检与张舜典以"慎独"为圣学切要工夫中即可看到这一点。

下　篇

清代关学

第十六章　清初关学的"朱王会通"思想

清初，由于康熙帝对程朱之学的重视，以及李光地、张伯行、陆陇其、熊赐履等理学名臣的提倡，再加上思想界在明亡之后有一股反思和批判王学的思潮，一时之间，"尊朱辟王"之风比较盛行，如陆陇其说："自阳明王氏倡为良知之说，以禅之实而托儒之名，且辑《朱子晚年定论》一书，以明己之学与朱子未尝异。龙溪、心斋、近溪、海门之徒，从而衍之，王氏之学遍天下，几以为圣人复起，而古先圣贤下学上达之遗法，灭裂无余，学术坏而风俗随之。"① 但此时的"朱陆之争"早已超出学术争论的范围，而变成一种门户意气之争。这一现象虽然在远离学术中心的关中地区也存在着，但以李二曲、王心敬为代表的清初关学主流，却仍然试图用晚明流行的"本体工夫合一"方式来会通程朱、陆王之学，并在此基础上提出以孔孟为宗，以《大学》"明新止善"为旨归，这成为清初关学的一个重要特色。

一　李二曲的"朱王会通"

李二曲在清初关学中的地位和影响无疑是巨大的。全祖望称："关学自横渠而后，三原、泾野、少墟，累作累替，至先生（李二

---

① （清）陆陇其：《学术辨上》，《陆稼书先生文集》卷1，《丛书集成初编》本，中华书局1985年版。

曲）而复盛。"① 又说："先生起自孤根，上接关学六百年之统，寒饿清苦之中，守道愈严，而耿光四出，无所凭借，拔地倚天，尤为莫及。"② 李二曲又与黄宗羲、孙奇逢并称为清初"三大儒"。对于清初思想界盛行的"尊朱辟王"之风，李二曲的态度很明确，他指出，当今为学第一要务不在于分辨门户，而在于"明学术，醒人心"③。而当时士人"所习惟在于辞章，所志惟在于名利"④，对自己的身心修养却毫不在意，李二曲认为，这其中最主要的原因就在于学术"不明"。正是从高度的学术使命感出发，李二曲提出了以王学为主，以德性为先，会通程朱的为学道路。

首先，对于"辟王尊朱"，李二曲认为，其实质不过是口舌之争，仅仅靠语言文字来争胜。

> 自孔子以"博文约礼"之训，上接虞廷"精一"之传，千载而下，渊源相承，确守弗变，惟朱子为得其宗。生平自励励人，一以"居敬穷理"为主。"穷理"即孔门之"博文"，"居敬"即孔门之"约礼"。内外本末，一齐俱到，此正学也，故尊朱即所以尊孔。然今人亦知辟象山，尊朱子，及考其所谓"尊"，不过训诂而已矣，文义而已矣；其于朱子内外本末之兼诣，主敬褆躬之实修，吾不知其何如也，况下学循序之功。象山若疏于朱，而其为学，先立乎其大，峻义利之防，亦自有不可得而掩者。今之尊朱者能如是乎？不能如是，而徒以区区语言文字之末辟陆尊朱，多见其不知量也。⑤

李二曲指出，朱子之"居敬穷理"即孔子"博文约礼"之旨，"内外本末，一齐俱到，此正学也，故尊朱即所以尊孔"。但今天学

---

① （清）李颙：《二曲集》，中华书局1996年版，第612页。
② 同上书，第614页。
③ 同上书，第104页。
④ 同上书，第105页。
⑤ 同上书，第126页。

者之所谓"尊朱"，只是以辞章训诂、口耳记诵为学，无关于心性，早已背离了朱子之学的本旨。陆象山虽然在工夫上有所疏略，但却能够发明本体，专注于心性修养，远非今日之"尊朱"者所能相比。在这里，李二曲强调了朱子之学原是内外本末一以贯之的，而后世朱子之学者则务外遗内，逐末忘本，故其辟陆尊朱也只是停留在表面的语言文字上，仅仅是门户意见之说。如他对明代朱子学者陈建（号清澜）所著的专门针对王学的著作《学蔀通辨》进行了批评，认为其书是"有为为之也"。因为在李二曲看来，陈建写此书是为了"逢迎当路"。当时明朝政府与王阳明有矛盾，故视其学为禅学，并以尊陆背朱为口实，对阳明之学加以禁止、压制，而陈建"遂曲为此书"，以迎合当政者之喜好。也正因为如此，陈建书中才有着太多牵强附会的地方，"一则曰'禅陆'，再则曰'禅陆'，借陆掊王，不胜词费"，其实是"学无心得，门面上争闲气，自误误人"①，其说不可据为定论。

其次，李二曲对王阳明之学在救正朱子学末流之弊上的作用给予了肯定。

> 晦庵教不躐等，固深得洙泗家法，而其末流之弊：高者徇迹执象，比拟摹仿，畔援歆羡之私，已不胜其憧憧；卑者桎梏于文义，纠画于句读，疲精役虑，茫昧一生而已。阳明出而横发直指，一洗相沿之陋。士始知鞭辟着里，日用之间，炯然涣然，如静中雷霆，冥外朗日，无不爽然自以为得。向也求之于千万里之远，至是反之己而裕如矣。②

> 孟子论学，言言痛切，而"良知"二字，尤为单传直指，作圣真脉。……后阳明先生以此明宗，当士习支离蔽锢之余，得此提倡，圣学真脉，复大明于世，人始知鞭辟着里，反之一念之隐，自识性灵，自见本面，日用之间，炯然涣然，无不快然自以

---

① （清）李颙：《二曲集》，第139页。
② 同上。

为得。向也求之千万里之隔，至是反诸己而裕如矣。①

从上面的引文中，我们可以看到李二曲对王阳明"良知"学的肯定，这种肯定不仅表现在对救正朱学末流的支离蔽锢上，使学者能够鞭辟入里，重视对心性本体的认识和把握，而且还在于他把阳明学看作"圣学真脉"，视为直接孟子之传。

最后，李二曲分析了朱子与阳明之学及其后学末流的得失，并提出会通朱王的为学旨趣。

> 人之所以为人，止是一心，七篇之书反复开导，无非欲人求心。孟氏而后，学知求心，若象山之"先立乎其大"、阳明之"致良知"，简易直截，令人当下直得心要，可为千古一快。而末流承传不能无弊，往往略工夫而谈本体，舍下学而务上达，不失之空疏杜撰鲜实用，则失之恍惚虚寂杂于禅。程子言"涵养须用敬，进学在致知"，朱子约之为"主敬穷理"，以轨一学者，使人知行并进，深得孔门"博约"家法。而其末流之弊，高者谈工夫而昧本体，事现在而忘源头；卑者没溺于文义，葛藤于论说，辨门户同异而已。吾人生乎其后，当鉴偏救弊，舍短取长，以孔子为宗，以孟氏为导，以程朱陆王为辅，"先立其大"、"致良知"以明本体，"居敬穷理"、"涵养省察"以做工夫，既不失之支离，又不堕于空寂，内外兼诣，下学上达，一以贯之矣。②

李二曲又说：

> 姚江当学术支离蔽锢之余，倡"致良知"，直指人心一念独知之微，以为是王霸、义利、人鬼关也。当几睹体直下，令人洞悟本性，简易痛快，大有功于世教。而末流多玩，实致者鲜，往

---

① （清）李颙：《二曲集》，第529页。
② 同上书，第532页。

往舍下学而希上达，其弊不失之空疏杜撰鲜实用，则失之恍惚虚寂杂于禅，故须救之以考亭。然世之从考亭者，多辟姚江，而竟至讳言上达，惟以闻见渊博、辩订精密为学问之极，则又矫枉失直，劳罔一生，而究无关乎性灵，亦非所以善学考亭也。即有稍知向里者，又只以克伐怨欲不行为究竟，大本大原，类多茫然。必也以致良知明本体，以主敬穷理、存养省察为工夫，由一念之微致慎，从视听言动加修，庶内外兼尽，姚江、考亭之旨，不至偏废，下学上达，一以贯之矣。故学问两相资则两相成，两相辟则两相病。①

李二曲指出，阳明之"致良知"，直指本体，令人当下洞悟本性，极有功于世教，但其后学往往略工夫而谈本体，舍下学而希上达，不是失于空疏而缺乏实用，就是流于虚寂而杂于禅。朱子主张"主敬穷理""涵养省察"，让学者知行并进，涵养心性，但其后学不是论工夫而忘本体，就是沉溺于辞章记诵之中。总之，朱子与阳明之学都有功于世道人心，但对于其后学末流之弊，李二曲则认为，"必也以致良知明本体，以主敬穷理、存养省察为工夫，由一念之微致慎，从视听言动加修"，唯有如此，才能内外兼尽，而朱子、阳明之学才不至于偏废，下学上达，一以贯之，所谓"两相资则两相成，两相辟则两相病"。故李二曲说："学术之有程朱，有陆王，犹车之有左轮，有右轮，缺一不可，尊一辟一皆偏也。"②

不过，李二曲虽然主张会通朱王，但其倾向性是很明显的，即以王学为主，以本体为先。他说：

> 如欲做个德业名儒，醇正好人，则《程氏遗书》、《朱子录要》、《薛氏读书录》、《胡氏居业录》，言纯师，行纯法，于下学绳墨，无毫发走作，精研力践，尽足自树。若欲究极性命大事，

① （清）李颙：《二曲集》，第129页。
② 同上书，第532页。

一彻尽彻，一了百了，不容不以《龙溪集》为点雪红炉，峦雾指南，辅以象山、阳明、近溪语录与《圣学宗传》，日日寓目，食寝与俱可也。①

可见，如果只是读程朱之书，那就只能做个"德业名儒，醇正好人"，而要究极性命、直达性天，则还需要读阳明学的书。换言之，在李二曲看来，学问的目的是要"洞本彻源，直透性灵"，即只有对本体有透彻的体认，才是鞭辟入里、尽性至命的圣学。因此对李二曲来说，学问首先是要识本体，然后才能做工夫。如针对有学者提出的"学问之要，全在涵养省察"的说法，李二曲指出：

> 也须先识头脑。否则，"涵养"是涵养个甚么？"省察"是省察个甚么？若识头脑，"涵养"，涵养乎此也；"省察"，省察乎此也。时时操存，时时提撕，忙时自不至于逐物，闲时自不至于着空。②

> 识得良知，则主敬穷理、存养省察方有着落，调理脉息，保养元气，其与治病于标者，自不可同日而语。否则主敬是谁主敬？穷理是谁穷理？存甚，养甚？谁省，谁察？③

当然，识得本体后，并不意味着一了百了，本体就能够时时朗现，做到时时是此心，还需要工夫来操持此心，使之发用流行，否则便是"玩弄光景"。因此李二曲又用"本体工夫合一"的方法来加以调停，即所谓"识得本体，若不继之以操存，则本体自本体；夫惟继之以学，斯辑熙无已。所谓识得本体，好做工夫；做得工夫，方才不失本体，夫是之谓'仁'"④。"诚识本体，循下学之规，由阶级而进，

---

① （清）李颙：《二曲集》，第 139—140 页。
② 同上书，第 26 页。
③ 同上书，第 530 页。
④ 同上书，第 455 页。

则收摄保任，好做工夫，做得工夫，才算本体。"①

　　尽管李二曲在"朱陆异同"上持有以上看法，但他并不主张学者将精力用在这种门户意见之争上。在李二曲看来，学者之第一要务是自我身心道德修养，而不是论学术之异同。他说："辨朱辨陆，论同论异，皆是替古人担忧。今且不必论异同于朱陆，须先论异同于自己，试反己自勘，平日起心动念，及所言所行与所读书中之言同耶，异耶？同则便是学问路上人，尊朱抑陆亦可，取陆舍朱亦可；异则尊朱抑陆亦不是，取陆舍朱亦不是。只管自己，莫管别人。"② 这些都体现了他的"明学术，醒人心"的为学之旨。

二　王心敬的"朱王会通"

　　李二曲之后，学术界的"尊朱辟王"之风并没有减弱，正如其弟子王心敬所指出的那样："自晚村（即吕留良）之说行天下，制举者无不读其选，故十九见言及陆王者极口诋斥，但有一人不然者，即移排陆王之力以排是人，曰是愿学陆王者也，并举其生平而弃之。"③如果说对李二曲而言，其思想重心是使学问重归于心性修养，强调对良知本体的体认和工夫实践，那么到了王心敬那里，扫除门户之见，返归《大学》"明新止善"就成了其全部学问的中心。

　　关于王心敬，唐鉴在《国朝学案小识》中说："关中之学，二曲倡之，丰川继起而振之，与东南学者相应相求，俱不失切近笃实之旨焉。"④ 而关中学者周元鼎在《关学续编后序》中也说："自丰川先生后，吾关中之学其绝响矣，是不能不望于豪杰之士。"⑤ 可见王心敬是李二曲之后，代表关学主流的一位学者。

---

　　① （清）李颙：《二曲集》，第 139 页。
　　② 同上书，第 36 页。
　　③ （清）王心敬：《又与逊功弟》，《丰川全集（正编）》卷 11，清康熙五十五年额伦特刻本。
　　④ （清）唐鉴：《国朝学案小识》卷 10《鄠县王先生》，周骏富：《清代传记丛刊》(002)，台湾文明书局 1985 年版，第 564—565 页。
　　⑤ （清）周元鼎：《关学续编后序》，冯从吾：《关学编（附续编）》，第 96 页。

　　与其师李二曲一样，王心敬也把"尊朱辟王"看作门户之见，党同伐异，他说："门户之争，世儒之隘也；门户之护，世儒之陋也。"① 不过，与李二曲将学风弊端看作朱学末流与王学末流造成的不同，王心敬则认为，这种弊端是由朱子、阳明本身学问的偏重引起的。他在写给张伯行的信——《与张仪封先生论尊朱子之学书》中指出，朱子一生为学有三次变化：早年为学时致力于辞章注释，这是朱子学问"路途未定时事，不必深讳，亦何必相非"；中年以后，学问大成，但这时朱子看到"程门末流之多失于静虚而类禅也，于是力矫其偏，于道问学处独加详密"；到了晚年，朱子看见门人弟子沉溺于口耳记诵之中，而忽略身心修养，于是对自己偏重道问学的做法颇为后悔，故又常常向学者指示本体，"欲一返之尊德性、道问学合一之途"②。显然，在王心敬看来，不是朱学末流，而是朱子本人为救正程门后学之失，故其学问多偏重于"道问学"一边，而对于本体或心性修养则强调不够。这就与李二曲对朱子之学持完全肯定的态度有所不同。

　　对于陆王之学，王心敬也指出："陆王立论，意在张皇本体之本善，未免于尽性复性实工夫容有脱疏，殊与六经四子本旨有异。苟不善学，虚见不实之弊所不能免。"③ 又说："陆子意主于立本，故其语言间遂时有偏重德性、脱略问学之弊，且其气胜而养疏。"④可见，心学末流的空疏之弊也导源于陆、王本人对本体的偏重。

　　总之，王心敬认为，朱、陆、薛、王等人"生学绝道丧之余，资禀复有高明沉潜之异，不免皆从其性之所近以为从入，又其时之所值病各不同，故其立言垂训亦不无因时对症之说""故重内重外，意各不齐，详体详用，旨各不一"⑤。但不管怎么说，其学都以孔孟为宗，

————————

　　① （清）王心敬：《语录下》，《丰川全集（正编）》卷4。
　　② （清）王心敬：《丰川全集（正编）》卷15。
　　③ （清）王心敬：《姑苏论学》，《丰川全集（续编）》卷2，清康熙五十五年额伦特刻本。
　　④ （清）王心敬：《与张仪封先生求证书院记书》，《丰川全集（续编）》卷10。
　　⑤ （清）王心敬：《语录下》，《丰川全集（正编）》卷4。

只是各有偏重而已，并非像儒与佛老那样邪正判然二分。因此，对于当时学者"尊朱辟王"之举，王心敬一方面指出：

> 陆王之立本良知，非陆王之私创，乃孟子之本旨，陆王可排，孟子亦可排耶？孟子之立本良知不为禅，陆王之立本良知遂禅耶？陆王语言意见之时有偏着自其病，然此属贤者过之之弊耳。力诋为禅，不惟于陆王为失人，亦且于自己为失言。且不佞更虑以立大本为禅，不善学者将必至于情识口耳，逐末迷本；以致良知为禅，不善学者将必至于支离扰扰，任情冥行，其不至举吾道尽性至命之宗流于见闻标榜、格套假借之途不止也，一时之毁誉离合曾足道耶？①

这就是说，陆王之学虽有偏颇，但其"立大本""致良知"之说乃是来自孟子，故排陆王即是排孟子，以陆王为禅就是以孟子为禅。更何况，如果将"立大本""致良知"视为禅学，那势必会使学问流于情识口耳、支离缠绕。王心敬又指出，今日之尊尚朱子，"自不宜不推原其本心，而偏蹈其所悔之处也"②。而推原朱子之本心，在王心敬看来，就是要尊德性、道问学合一。王心敬认为，如果学者不了解这一点，而一味以"道问学"为学，那就会重蹈朱子晚年之悔。③ 故他说："程朱、陆王最宜相资，岂宜偏排。……专尊陆王而轻排程朱，是不知工夫外原无本体，不惟不知程朱，并不知陆王；若专尊程朱而轻排陆王，是不知本体外无有工夫，不惟不知陆王，并不知程朱。"④

不过，相较李二曲将程朱、陆王之学视为车之两轮，强调其相辅相成，不可偏废来说，王心敬则进一步指出，"尊德性"与"道问

---

① （清）王心敬：《姑苏论学》，《丰川全集（续编）》卷1。
② （清）王心敬：《与张仪封先生论尊朱子之学书》，《丰川全集（正编）》卷15。
③ 王心敬认为，朱子晚年常向学者指示本体，欲合一"道问学"与"尊德性"，并非出于后来王阳明《朱子晚年定论》中的杜撰，而是见于朱子文集以及《宋史》本传。见王心敬《丰川全集（正编）》卷15《与张仪封先生论尊朱子之学书》，《丰川全集（续编）》卷10《与张仪封先生求证书院记书》等。
④ （清）王心敬：《寄无锡顾杨诸君》，《丰川续集》卷14。

学"不只是不可偏废，二者更是一以贯之的，"道问学"原是为"尊德性"，而"尊德性"之功原在于"道问学"。他说："尊德性不容不道问学，道问学乃所以尊德性。《中庸》正以明本体之全于工夫，工夫之不离本体耳，一贯之言，非并列之言也。"①

> 《中庸》"尊德性而道问学"一语乃千古圣学本体工夫合一之宗，不特单说者义有未备，即并说者旨亦未融。……吾辈今日论学术，观圣经之大全，鉴前儒之流弊，要知道问学原是为尊德性，乃算得道问学，而尊德性亦正须道问学，乃算得尊德性。务令真体实功一贯不偏，乃为善学圣人，干蛊先贤，亦始不负吾辈责在明道之正职正分耳。②

王心敬指出，《中庸》"尊德性而道问学"说的正是"本体工夫合一"，故对学者来说，"尊德性"与"道问学"既不能偏废，亦非两件并行之事，而是一以贯之的，所谓"无体不立，无用不达，无真本体则工夫亦并不真，无实工夫则本体亦并不实"③。若以"尊德性"与"道问学"为两事而言不可偏废，那就只是一种调停之说，并没有真正融会贯通《中庸》之旨。这就比李二曲的车之两轮、相辅相成之说要进一步了。当然，在如何会通朱王上，王心敬仍然用的是其师李二曲的"本体工夫合一"方法，所谓："无本体无工夫，无工夫亦无本体。……本体即工夫之体段，工夫即本体之精神，初间尚可分别，到得成熟后，只是这一点兢业灵醒心操存涵养耳，亦更无处可容人分别也。"④

尽管在朱陆问题上，王心敬强调要"会通朱王"，取长舍短，不偏一边，但更多时候他认为，程朱、陆王之学还不够中正圆满，同时也是为了摆脱学者之间的门户之争，他提出，学问应以《大学》"明

---

① （清）王心敬：《侍侧纪闻》，《丰川全集（正编）》卷7。
② （清）王心敬：《答友人问尊德性道问学之旨》，《丰川全集（续编）》卷17。
③ （清）王心敬：《语录下》，《丰川全集（正编）》卷4。
④ （清）王心敬：《语录一》，《丰川全集（正编）》卷1本。

新止善"为宗旨，向孔孟回归。王心敬说：

> 自孔孟而后，濂洛关闽、河会姚泾，皆血脉相贯，无不可宗。然学以合天地万物一体为大，以体用工夫融会贯通为全。诸儒不免因一时之症，立补救之方，故其为说，不必兼备。善用之，皆切病之良剂；统论之，或有未满之分量。今日论学术，而欲斟酌圆满，不堕一偏，必如《大学》"明新止善"之旨，全体大用、真体实功一以贯之，然后中正浑全，印合孔孟也。①

在王心敬看来，"千古圣学，必以合真体实功、全体大用而后中正圆满、不堕一偏"②，但惟有《大学》"明新止善"才能够做到这一点，而程朱、陆王诸儒或偏重本体而略工夫作用，或详于工夫作用而略本体，或即使懂得本体与工夫作用合一，也不能够做到中正圆满。故王心敬说：

> 千古道脉学脉只以全体大用、真体实功一贯不偏为正宗，故举千圣百王之道、六经四子之言，无一不会归于此，而惟《大学》一书则合下包括，更无渗漏。盖孔子生千圣百王之后，折中千圣百王之道术学术，而融会贯通以示万世也。故学术必衷于孔子，教宗必准乎《大学》，然后范围天地，曲成万物，无门户意见之流弊得以淆之。③

> 古今道统学术之源流尽于全体大用、真体实功，惟《大学》"明新至善"乃于此包括无遗，真是会四渎百川之众流于沧海，更无一滴旁溢。明此者，六经四子乃得其宗传，百家众说乃得所权衡，吾辈遵闻行知乃不至差如旁蹊小径。④

---

① （清）王心敬：《姑苏论学》，《丰川全集（续编）》卷1。
② 同上。
③ （清）王心敬：《语录一》，《丰川全集（正编）》卷1。
④ 同上。

　　这样，王心敬就在"会通朱王"的思想基础上提出了以孔孟为宗，返归《大学》"明新止善"之旨的学问道路，从而为清初思想界的"朱陆之争"开辟了新的为学方向。

　　王心敬提出兼采程朱、陆王之长而会归于《大学》"明新止善"的学问宗旨，事实上亦非其独创，而是发源于其师李二曲。李二曲之学以"明体适用"为特征，他曾说："明体适用，乃吾人性分之所不容已，学而不如此，则失其所以为学，便失其所以为人矣。"① 又说："明体而不适于用，便是腐儒；适用而不本于明体，便是霸儒；既不明体，又不适用，徒汩没于辞章记诵之末，便是俗儒。"② 而在李二曲看来，《大学》正是一部"明体适用"之书，《大学》之学正是"明体适用"之学。他说：

　　　　《大学》，孔门授受之教典，全体大用之成规也。……吾人无志于学则已，苟志于学，则当依其次第，循序而进，亦犹农服其先畴，匠遵其规矩，自然德成材达，有体有用，顶天立地，为世完人。③

　　因此，李二曲号召学者要"勇猛振奋，自拔习俗，务为体用之学"，亦即"澄心返观，深造默成以立体；通达治理，酌古准今以致用"④，如此才能体用兼备，不愧须眉。显然，王心敬的会归《大学》"明新止善"之说是直接继承于李二曲并加以进一步发展的。

　　另外，需要指出的是，以"本体工夫合一"来会通朱王只是李二曲和王心敬学问的一个方面，即李二曲所说的"明体"或王心敬所讲的"真体实功"。他们还主张学问要"适用"或"大用"。如李二曲在给弟子开列的书目中就有"明体类"与"适用类"之分，"明体类"包括本体与工夫，而"适用类"则为经世致用之书，包括真德

---

① （清）李颙：《二曲集》，第401页。
② 同上。
③ 同上。
④ 同上。

秀的《大学衍义》、吕坤的《实政录》以及《武备志》《资治通鉴纲目大全》《大明会典》《历代名臣奏议》和《农政全书》、《水利全书》等17部在李二曲看来属于"适用"的书籍，他还指出："道不虚谈，学贵实效，学而不足以开物成务，康济时艰，真拥衾之妇女耳，亦可羞已！"① 而王心敬在其《丰川续集》中则大量讨论了礼制、选举、积储、备荒、水利、筹边、军事诸多现实问题，而且较之李二曲，王心敬对"适用"的关注和重视明显加强，正如李二曲的另一个弟子所指出的，李二曲中年以前，"殷殷以明体适用为言"，而中年以后，"惟教以返观默识，潜心性命"②。

虽然，李二曲与王心敬提出的"会通朱王"、返归《大学》"明新止善"之旨并没有改变或终结清初的"朱陆之争"，但他们所主张的"明体适用"和"全体大用、真体实功"在关中地区却产生了重要的影响。在这一主张的推动下，清代关学在以后的发展中没有走向单纯的"道问学"，也很少以考据训诂为学，而是在强调心性之学的同时又重视经世致用。

---

① （清）李颙:《二曲集》，第54页。
② 同上书，第48页。

第十七章 李二曲著述考

李颙，字中孚，陕西盩厔（今作周至）人。取"山曲曰盩，水曲曰厔"之义，自署"二曲中孚子""二曲野夫"等，学者因而称之为"二曲先生"。李二曲不仅与李柏（1630—1700）、李因笃（1631—1692）并誉为"关中三李"①，也与孙奇逢（1584—1675）、黄宗羲（1610—1695）以清初"三大儒"②高名于世。作为注重躬行践履的思想家，二曲对著述的态度是十分明确的：不以文字著述博名，这或许也是其许多著述文字未能流传下来的原因之一。其《与友人书》云："著述一事，大抵古圣贤不得已而后有作，非以立名也。"③可见，在二曲看来著述乃是不得已而传道的凭借，非博名谋誉的工具。即便如此，为了解其思想，亦有必要对二曲著述及其流传作某些了解。

一 亡佚著述

李二曲的亡佚著述包括两类：一是自焚著述，二是未传世著述。

---

① 参见王子京《槲叶集叙》《国史·儒林传》、吴怀清《关中三李年谱》、贺瑞麟《清麓文集祠堂记》、李元度《清朝先正事略》《清史稿》《清史列传》、徐世昌《清儒学案》等。

② 全祖望《二曲先生窆石文》："当是时，北方则孙先生夏峰，南方则黄先生梨洲，西方则先生（二曲），时论以为三大儒。"（全祖望撰，朱铸禹汇校集注：《全祖望集汇校集注》，上海古籍出版社 2000 年版，第 237 页）

③ （清）李颙：《二曲集》，中华书局 1996 年版，第 141 页。

（一）　自焚著述

二曲自焚著述为《帝学宏纲》《经筵僭拟》《经世蠡测》《时务急著》四种。骆钟麟《匡时要务序》云：

> 先生甫弱冠，即以康济为心，尝著《帝学宏纲》、《经筵僭拟》、《经世蠡测》、《时务急著》诸书。其中天德王道，悲天悯人，凡政体所关，靡不规画。既而，雅意林泉，无复世念，原稿尽付"祖龙"，绝口不道；惟阐明学术，救正人心是务。①

《历年纪略》"顺治十二年"条云：

> 是年，究心经济。谓："天地民物，本吾一体，痛痒不容不关。故学须开物成务，康济时艰。史迁谓'儒者博而寡要'，元人进宋史表称'议论多而成功少'，斯言切中书生通弊。"于是，参酌经世之宜，时务急著，期中窾中会，动协机宜。②

吴怀清《二曲先生年谱》"顺治十二年"条按语：

> 骆挺生《匡时要务序》云："先生尝著《帝学宏纲》、《经筵僭拟》、《经世蠡测》、《时务急著》，其中天德王道，悲天悯人，凡政体所关，靡不规画。既而，雅意林泉，无复世念，原稿悉焚去。"应此数年事，年次不定，姑识于此。③

刘宗泗二曲《墓表》云：

---

① （清）李颙：《二曲集》，第103页。
② 同上书，第561页。
③ （清）吴怀清：《二曲先生年谱》，《关中三李年谱》卷1，《关中丛书》本。

先生少时慕程伊川上书阙下，邵尧夫慷慨功名，遂有康济斯世之志。尝著《帝学宏纲》、《经筵僭拟》、《经世蠡测》、《时务急策》等书，忧时论世，悲天悯人，盖不啻三致意焉。既而，尽焚其稿，谢绝世故，闭户深居，独以明学术、正人心、继往开来为己任。①

据以上引文知，其一，二曲早年著有《帝学宏纲》《经筵僭拟》《经世蠡测》《时务急著》等书，其中"天德王道，悲天悯人，凡政体所关，靡不规画"。就书名看，二曲所著诸书乃是从"帝学""经筵""时务""政体"的角度阐述治国思想与策略的。为何二曲撰述诸书，作为二曲通家兄弟的刘宗泗揭示了其中原因："先生少时慕程伊川上书阙下，邵尧夫慷慨功名，遂有康济斯世之志。"程颐"年十八，上书阙下，欲天子黜世俗之论，以王道为心"②"劝仁宗以王道为心，生灵为念，黜世俗之论，期非常之功"③。而邵雍"少时，自雄其才，慷慨欲树功名。于书无所不读，始为学，即坚苦刻厉，寒不炉，暑不扇，夜不就席者数年"④。可见，二曲以"帝学""经筵"，甚至以"经世""时务"为书名，不仅包含效法程颐、邵雍等先儒为经世致用之学，亦包含其对社会政体的看法，或许从明亡的教训中，二曲看到君主的清明与否关系到国家安危、社会安泰，故有撰述诸书的动力。

其二，二曲撰写诸书的时间问题。吴怀清暂系于顺治十二年条，并云："应此数年事，年次不定，姑识于此"。顺治十二（乙未，1655），二曲29岁。骆钟麟则云"弱冠"，即二曲20岁左右。刘宗泗则云"少时"，29岁已近而立之年，当不可谓"少时"。故推测，二曲撰写诸书当在20岁至29岁之间。

① （清）李颙：《二曲集》，第605页。
② （元）脱脱等：《宋史》，第12718页。
③ （宋）朱熹：《伊川先生年谱》，《二程集》，第338页。
④ （元）脱脱等：《宋史》，第12726页。

（二）　未传著述

二曲未传世著作除了一些问答书信、杂记等外，有史料可征者为《十三经注疏纠缪》《二十一史纠缪》《易说》《象数蠡测》《太极图》《紫阳通志》《儒鉴》《李中孚讲义》及其他江南讲学记录。

1.《十三经注疏纠缪》

史料关于《十三经注疏纠缪》的记载颇为简单，诸如《历年纪略》"顺治四年"条载："是年，借读《九经郝氏解》《十三经注疏》，驳瑕纠谬，未尝尽拘成说。"吴氏《二曲先生年谱》"顺治四年"按语："先生著有《十三经注疏纠谬》，应在是时。"① 顺治十四年（丁亥，1647），二曲21岁。全祖望《二曲先生窆石文》云："先生四十以前，尝著《十三经纠缪》，《二十一史纠缪》诸书，以及象数之学，无不有述，其学极博。既而以为近于口耳之学，无当于身心，不复示人。"② 徐鼒《小腆纪传本传》等史书从全氏之说。秦瀛《己未词科录》又记为"十卷"。秦氏为二曲友人秦灯岩后人，二曲讲学无锡时实主其家。据此看，所记"十卷"似乎有可依凭。

2.《二十一史纠缪》

关于《二十一史纠缪》的记载，史料记载亦较简略：全祖望《二曲先生窆石文》云："先生四十以前，尝著《十三经纠缪》，《二十一史纠缪》诸书，以及象数之学，无不有述，其学极博。"倪元坦云："旋著《十三经注疏纠缪》、《二十一史纠缪》、《易说》、《象数蠡测》，既而以为无当于身心，不复示人，故其巾箱所藏，惟取《四书反身录》示学者。"③《清史列传本传》："又著《十三经注疏纠缪》、《二十一史纠缪》、《易说》、《象数蠡测》，亦谓无当身心，不以示人。"④《国朝先正事略》《小腆纪传》等史书所载多类上述。秦瀛《己未词科录》载"《廿一史纠缪》三十卷"。吴氏《二曲先生年

---

① （清）吴怀清：《二曲先生年谱》，《关中三李年谱》卷1，《关中丛书》本。
② 朱铸禹：《全祖望集汇校集注》，第237页。
③ （清）倪元坦：《二曲先生事略》，《李二曲集录要》卷首，道光二十四年刊本。
④ 王钟翰点校：《清史列传》，中华书局1987年版，第5264页。

谱》"顺治五年"条按云："先生著有《廿一史纠谬》，后亦焚之。"①可见，是书为二曲读史札记，据秦瀛所记为 30 卷。虽然很难确定是书撰于何时，但据《历年纪略》记载，在顺治五年（戊子，1648）至六年（己丑，1649）间，二曲阅读了《资治通鉴》、朱子《资治通鉴纲目》、袁枢《通鉴纪事本末》《文献通考》《通典》《通志》《二十一史》等史书，据此，很有可能二曲大致在此时撰写了《二十一史纠谬》30 卷。此外，吴氏云"后亦焚之"，不知据何史料，暂不取此说。

3. 《易说》《象数蠡测》

《锡山语要》载："闻先生亦尝著《易说》及《象数蠡测》，今乃云云，何也?'先生曰：'此不肖既往之祟也。往者血气用事，学无要领，凡读书谈经，每欲胜人，以为经莫精于易，于是疲精役虑，终日穷玄索大，务欲知人所不知，一与人谈，辄逞己见以倾众听。后染危疾，卧床不谈易者半载。一息仅存，所可以倚者，唯此炯炯一念而已。其余种种理象繁说，俱属葛藤，无一可倚。自是，闭口结舌，对人不复语及。盖以易固学者之所当务，而其当务之急，或更有切于此也。'"② 据此，一方面知二曲著有《易说》及《象数蠡测》，但自视为血气用事之作，"俱属葛藤，无一可倚"，非当务之学，便搁置不再外示。另一方面亦可知是书撰于二曲卧床见道之前。据《历年纪略》，二曲见道在顺治十四年（丁酉，1657）夏秋之交，因此，是书当撰写于顺治十四年夏之前。

4. 《太极图》

二曲撰《太极图》，现难以考索，但其友人李楷撰有《李中孚太极图序》一文，其中云：

> 二曲李中孚氏近日游冯翊，语人曰"比者理《太极图》，欲会河滨为之序"，他日华岳客亦传此语。盖心许之，未见其作不

①　（清）吴怀清：《二曲先生年谱》，《关中三李年谱》卷 1，《关中丛书》本。
②　（清）李颙：《二曲集》，第 41 页。

敢为。比闻骆侯既入为司城，今又分符京兆，中孚之道将行。①

据李楷序文看，李氏尚未见二曲《太极图》，所论亦未必符合二曲意旨。是图未传，但二曲《学髓图》传世，从形式上看与太极图有某些相似之处，二曲《太极图》是否与《学髓图》有关，不得而知。引文云"比闻骆侯既入为司城，今又分符京兆，中孚之道将行"。据《历年纪略》康熙六年（丁未，1667）骆钟麟迁任北城兵马，不久升任常州知府。是时二曲出境远送，并登华山，讲学同州、蒲城。吴氏《二曲先生年谱》又载，次年（康熙七年，1668）六月初九日，二曲赴朝邑时会晤李楷。康熙八年（己酉，1669）九月，骆钟麟移升常州知府（"分符京兆"），二曲送行，遂游骊山，乘便东游华山。可见，康熙七年六月，二曲与李楷曾会面，二曲若撰毕《太极图》请李楷撰序，当会言明，不会有"欲会河滨为之序"之语。李氏撰写此文当在康熙八年九月骆钟麟迁升常州知府之后。

5. 《紫阳通志》

吴氏《二曲先生年谱》载："（康熙十六年）九月，王山史至富平。先生遣子伯著往谒。山史随诣军寨。晤谈竟日，旋以所著《正学隅见述》见质，假阅先生所辑《紫阳通志》。"② 可见，《紫阳通志》为二曲辑书。关于是书情况，王弘撰载其与二曲通信云：

> 适予借阅《紫阳通志》，中孚札云："先生恬定静默，弟所心服……《紫阳通志》录中，如有论断，乞见示。"予复之云："《紫阳通志》匆匆卒业，此极得正学之传者。弘撰岂能有所论断，但中有未安者，既承尊谕，亦不敢隐。如新安汪氏称朱子之功在孟子下，信矣！然历数朱子之功有云'发挥于辨论，则有辨无极太极一书，以祛绝江西之顿悟'，此言非也。……至答高汇旃问《中庸》不传之绪有云'合下先有戒慎恐惧存养一步功

---

① （清）李楷：《李中孚太极图序》，《河滨文选》卷4，清嘉庆间刻本。
② （清）吴怀清：《二曲先生年谱》，《关中三李年谱》卷1，《关中丛书》本。

夫'，此直造无极先天之本旨。又云'主静在一切动静之先，所谓无极太极不落阴阳五行者也'，弘撰谓：动静一理也。主静者即主此动，先之静所谓不懂之体也，安得有静先之静？先儒所云'未发不是先，已发不是后'，恐令学者无用力处，且后儒明理之原祇举孔子之所谓太极足矣。今或舍太极而单举无极，或以无极太极并举，不特显违孔子之言，亦大失朱子'无形有理'为训之本义矣。先生以为何如？"①

据引文看，《紫阳通志》乃是记录朱子学言论，其中必然涉及朱子学的方方面面，王弘撰答书所涉及《紫阳通志》内容有四：其一对新安汪氏论朱子之功在孟子之下的评价；其二，反对以顿悟标称陆九渊思想；其三，赞扬二曲答高汇旃时论戒慎恐惧存养功夫；其四，论动静孰先孰后问题。王氏主张动静一理，坚守朱子"无形有理"的思想。虽然已无法看到《紫阳通志》的具体内容，但是王弘撰的揭示，则说明二曲试图辑录和辨析朱子学言论，进而在自己思想体系中融合朱子学。同时，二曲撰《紫阳通志》亦表明二曲对朱子的敬重和在某种程度上的认可，并不排斥其学。

6.《儒鉴》

二曲《答吴野翁》云：

区区蚕岁，过不自揆，尝欲上自孔、曾、思、孟，下至汉、隋、唐、宋、元、明诸儒，以及事功、节义、经术、文艺兼收并包，勒为《儒鉴》一书。而细评之，俾儒冠儒服者，有所考镜，知所从事，念非切己急务，遂辍不复为。②

《答范彪西征君又书》又云：

---

① （清）王弘撰：《频阳札记》，《砥斋集》卷4，清康熙间刻本。
② （清）李颙：《二曲集》，第154页。

> 古今著述虽多，却少一《儒鉴》。……区区蚤岁，谬不自量……勒为《儒鉴》一书，而细评之。俾儒冠儒服者，因观兴感，知所抉择。草创尚未就绪，中遭乱离，原稿尽成乌有。二十年来，贫病相仍，精力弗逮，斯念遂灰，不复拈举。①

可见二曲辑撰《儒鉴》一书，"上自孔、曾、思、孟，下至汉、隋、唐、宋、元、明诸儒，以及事功、节义、经术、文艺，分门别类，淑慝并揭"，但因"贫病相仍，精力弗逮""中遭乱离"等原因，"草创尚未就绪""原稿尽成乌有"后"斯念遂灰，不复拈举"。即便如此，二曲撰《儒鉴》的目的十分明确，即"鉴以观儒，则儒之得失见"。

7.《李中孚讲义》及其他江南讲学记录

陈玉璂《学文堂集》载《李中孚讲义序》一文，其中云：

> （二曲）来吾毗陵也，会讲延陵书院，征言奥旨，阐无遗蕴，一时环听者十百人，又之梁溪，之江上，之姑苏，莫不如是。……中孚每登讲席，滔滔滚滚如江河之莫能御，其门弟子述而汇梓之，名曰二曲先生讲义。二曲，中孚别号也。②

陈玉璂，字赓明，号椒峰，武进人，康熙六年（丁未，1667）进士，官中书舍人，康熙十八年（己未，1679）试博学宏词科，罢归。《今世说》载其"读书至夜分，两眸欲合成线，辄用艾灼臂"③，可见其为学之刻苦。陈氏为二曲讲学常州时结识的友人。二曲在江南讲学言论为其门人所辑，题名为《李中孚讲义序》，陈氏为之撰写序言。

此外，《请建延陵书院公呈》又云："近关中李二曲先生来常，阐昔贤之奥义，续先哲之正传，披宣不下数百万言，传录共计一十

---

① （清）李颙：《二曲集》，第199页。
② （清）陈玉璂：《李中孚讲义序》，《学文堂文集》卷首，清康熙间刻本。
③ （清）王晫：《今世说》，《清代传记丛刊》本。

八种。"① 可见，二曲在江南讲学言论记录有 18 种之多，然而现存二曲江南讲学著述仅《东林书院会语附应求录》《匡时要务》《两庠汇语》《靖江语要》《锡山语要》五种，其余已不可考。《李中孚讲义》或为 18 种之一或为多种汇刊。

二 传世著述

二曲的传世著述主要有七种，以下分而述之。

(一)《二曲集》与《四书反身录》

1.《二曲集》为二曲最重要的著述之一，由其门人王心敬编次。据王心敬《序》"辛未秋，今司寇富沙郑公、学宪毘陵高公慨然以兴起绝学为己任，捐俸合刻，而诸同人亦相与量佐，共襄盛举。工始于辛未仲冬，竣于癸酉季秋"知，是集于康熙三十年（辛未，1691）秋，由司寇郑重及陕西学宪高嵩侣捐俸刊刻，工始于是年仲冬，竣工于康熙三十二年（癸酉，1693），这即《二曲集》的原刻本。该本为二曲生前所见，极有可能经其删定。清康熙四十四年（乙酉，1705），也是二曲去世之年，坊间又出现其他刊刻本，从内容上看乃不同程度地补充了原刻本，最典型者为增入了康熙四十四年李重五序文一篇。该本（简称郑重、高尔公刻后印本），除增入李序外，其余内容与编排顺序与原刻本一致，仍总为 26 卷。② 李重五与二曲交往甚密，据王心敬记载"二曲先生存时，岁中必一过鳌屋相与商订"。李序云："癸未冬，天子西巡，询先生动定，谕令两台征诣行在，欲有咨询。先生坚以疾辞，大中丞鄂公遂以《反身录》、《二曲集》进。"可见，康熙四十二年（癸未，1703），康熙西巡时《二曲集》得到进呈，故可以推测，郑重、高尔公刻后印本实为呈送康熙的原刻本，只

---

① （清）王心敬：《三原李重五先生墓志铭》，《丰川全集续编》卷 22，康熙五十五年二曲书院刻本。

② 《四库全书存目丛书》收录该本时记为"私藏清康熙三十二年郑重、高尔公刻本"，《续修四库全书》收录时则记为"清康熙三十三年高尔公刻后印本"。

不过在进呈后刊印时增附了李序，其内容、卷数、编次均和原刻本一致。① 前 15 卷依次为《悔过自新说》《学髓》《两庠汇语》《靖江语要》《锡山语要》《传心录》《体用全学》《读书次第》《东行述》《南行述》《东林书院会语附应求录》《匡时要务》《关中书院会约》《盩厔答问》《富平答问附授受纪要》，为二曲讲学之文与言行录，或为二曲自撰，或为其弟子辑录；第 16 卷至 23 卷为二曲所著书信、题跋、墓志、行略、墓碣、赞等，均为二曲自撰；第 22 卷为《观感录》，亦为二曲自撰；第 23 卷以下为《襄城记异》《义林记》《李氏家乘》《贤母祠记》，乃为他人所撰。另外，陈俊民先生云："康熙四十四年……盩厔县程正堂重刊此本时，在二十六卷之后增入了李颙康熙十七年、二十二年所辑撰的《司牧宝鉴》和《垩室录感》，还在集末增加了由门人惠靁嗣等人所编撰的《历年纪略》和《潜确录》。"② 该刊本增入了《司牧宝鉴》《垩室录感》《历年纪略》《潜确录》。

　　郑重、高尔公刻后印本流传较广，在常州、兰州、永宁、璧山等地出现多种翻刻本，均为 26 卷。诸如女史完颜恽珠在常州翻刻本的基础上进行校整，于清道光八年（戊子，1828）重梓刊刻。该本题为《李二曲先生全集》（简称"长白完颜本"）。嘉庆元年（丙辰，1796）皋兰杨春和始谋刻《二曲集》，因资斧拮据、川匪扰攘，一度中断，直至嘉庆十五年（庚午，1810）方竣工（简称"皋兰杨氏本"）。咸丰间张晋斋、杨敬修又据皋兰杨氏本重刻于璧山。同治五年（丙寅，1866）由山阴赵必达倡刻，陇右牛树梅在永宁、璧山两处刻本的基础上重梓，并增补了《历年纪略》《司牧宝鉴》《垩室录感》《盩厔三义传》《潜确录》（简称"陇右牛氏本"）。其编排顺序则将《历年纪略》别置于卷首，《襄城记异》与《义林记》合为一卷，《盩厔三义传》附于各传之后。此外，坊间其他《二曲集》刊刻本尚有嘉庆十五年（庚午，1810）兰山书院本、光绪二年（丙子，

---

① 《四库全书总目》著录《二曲集》时云"二十二卷"，但据其内容介绍则为 26 卷。
② 参见陈俊民点校《二曲集·前言》。按，据《（乾隆）盩厔县志》，康熙四十四年县正堂为赵士灼。

1876）龙云斋本、光绪九年（癸未，1883）新郑刘大来重刻本、光绪十七年（辛卯，1891）郁文堂刻本、民国 5 年（丙辰，1916）盩厔县署刊印本、民国 8 年（己未，1919）上海文瑞楼石印本、湘阴蒋氏小琅嬛山馆重校刊本、上海扫叶山房石印本等多种。值得注意的是，新郑刘氏重刻本在内容编排上依次将《悔过自新说》《学髓》《两庠汇语》《靖江语要》《锡山语要》《传心录》《读书次第》《体用全学》《关中书院会约》《盩厔答问》《富平答问附授受纪要》《东林会语附应求录》《匡时要务》《司牧宝鉴》《观感录》《书》《传附三义传》《赞志》《杂著》《垩室录感》作为正编列于全书的前半部分，而《东行述》《南行述》《襄城记异》《李氏家乘》《序录》则作为外编置于后，《杂著》中又附《补刻四篇》。此外，上海文瑞楼石印本在湘阴蒋氏小琅嬛山馆重校刊本（26 卷本）的基础上增入了《垩室录感》《司牧宝鉴》，为 28 卷。

2.《四书反身录》亦由王心敬辑录。康熙二十五年由陕西学使许孙荃首次刻刊，其后屡屡被增补重印或翻刻。诸如，现存最早的康熙二十五年思砚斋刻本在流传中增入了康熙二十七年（戊辰，1688）康乃心《序》与康熙三十一年（壬申，1692）三原李彦瑁序各一篇；康熙三十一年肇庆知府三原李彦瑁重刻该书于肇庆；嘉庆二十二年（丁丑，1817）江苏督学使萧山汤金钊重刻于吴中；道光十一年（辛卯，1831）广信府知府三韩铭悳在肇庆本、吴中本的基础上集信江书院诸生校雠，又刻于江西（简称"三韩铭悳本"）。此外尚有湖南巡抚钱宝琛刻本、武定李锺麟潮州刻本、高春山、张晋斋璧山刻本、戴瑶等人什邡刻本，陇右牛树梅利用刻《二曲集》余资刻本，高阳王世济刻本，阳湖吕耀纬刻本、皋兰杨春和重刻本、京都官书局石印本、湘阴蒋氏重校刊本、求寡过斋本、上海扫叶山房石印本等。

值得注意的是，清光绪三年（丁丑，1877）石泉彭懋谦将《二曲集》《四书反身录》合集重刊，题为《关中李二曲先生全集》（简称"石泉彭氏本"）。该书前 26 卷编排与郑重、高尔公刻后印本，长白完颜本等无异，27 卷为《垩室录感》，28 卷为《司牧宝鉴》，29 卷至 44 卷则为《四书反身录》（即将原 8 卷，包括《续补》的《四书

反身录》析为 16 卷），45 卷为《历年纪略》，46 卷为《潜确录》。至此，形成了 46 卷本《二曲集》。其后又有多种刊本沿用此编排，典型者为民国 19 年静海闻承烈铅印本（简称"静海闻氏本"）。然而，石泉彭氏本、静海闻氏本等所收录的《四书反身录》不仅在卷次标注上异于较早的思砚斋刻本、三韩铭惪本等刻本，甚至在内容上也有脱漏和前后颠倒的现象。

（二）其他著述

1.《垩室录感》为二曲自录所感之文。初由时任岐山县令的茹仪凤刻于康熙二十一年（壬戌，1682），康熙二十二年（癸亥，1683）书已刻成，梓行砺俗。道光二年（壬午，1822）吴县徐学巽重刻于吴中，同治八年（己巳，1869）吴中学者又集资重刻徐本（即现存毋自欺斋本，简称"吴中重刻本"），光绪元年（乙亥，1875）三原刘质慧又据吴中重刻本重刻（即现存述荆堂本，简称"三原刘氏本"）。此外，《垩室录感》还有同治六年（丁丑，1867）悔庐居士本、光绪二年（丙子，1876）刻本、清麓丛书本、民国 2 年朱启濂、朱启澜刊本、民国 7 年《李氏三种》本、民国 12 年铅印本等；亦被收录于石泉彭氏本、静海闻氏本、上海文瑞楼石印本等各种版本的《二曲集》（或《关中李二曲先生全集》）中及光绪十八年（壬辰，1892）马忠信堂本《二曲先生摘要》中。茹仪凤、徐学巽原刻本或久已佚失。石泉彭氏本《二曲集》中的《垩室录感》仅录有二曲弟子王吉相撰于康熙二十二年之序，故其刻录时所据版本当为较早刻本。

《垩室录感》为二曲因其母贫困守节，凄凉殁去，遂抱终生之痛，故为垩室，身处其中，自痛自责，自抒录感而作。是录，征引 17 条并附以感语，字字刺心，人人警目。可见，二曲恪守孝道，心丧终身。是录有助于提醒天下孝子，乃劝孝之鸿宝也。

2.《蕿屋三义传》为二曲自撰，收录王心敬《识言》一篇及《饿死全节妇侯氏传》《难兄传》《孝妇传》三篇文章。《蕿屋三义传》撰于何时，已难以考索，且不为郑重、高尔公刻后印本、长白完

颜本、石泉彭氏、静海闻氏诸多刊刻本《二曲集》或《二曲先生全集》所收录，故推测最初以单行本行世。

3.《司牧宝鉴》为二曲辑于康熙十七年。康熙三十二年（1693）王心敬曾录为二册，并作序。康熙三十六年春，无锡倪雕梧摄盩厔邑篆时谒访二曲，在获赠此书后，序而梓行。现存《二曲遗书》本、光绪元年湖南河池书院本、光绪三年石泉彭氏本、静海闻氏本、陇右牛氏本等《二曲集》皆收录之。此外，道光二十九年宜黄黄秩模又重校刊刻（简称"宜黄黄氏本"），现收入逊敏堂丛书。

4.《关中李二曲先生履历纪略》，由二曲富平门人惠靇嗣摭次，记录了二曲康熙二十八年前事迹。最早由时任盩厔县令的程奇略捐刻，题署为《关中李二曲先生履历纪略》，而是书内容则称作《历年纪略》。虽然书中惠靇嗣序与马确士跋均未记年月，但据是书记载二曲事迹截止于康熙二十八年（1689），且马《跋》云"邠州王太史一见如获拱璧……拟授之梓。会疾病作，弗果。顷盩厔程令君得之呕捐俸梓行"。① 王吉相卒于康熙二十八年八月（详见《请王天如太史入祀乡贤事实八条》），程奇略约在康熙二十四年至三十二年间知盩厔（见《（乾隆）盩厔县志》），故可推测是书在康熙二十八年王吉相去世后不久刊刻。②

5.《潜确录》为惠靇嗣编录，记录了康熙四十二年，康熙西巡欲召见二曲及二曲卧病谢拒应召之事。现收录于石泉彭氏本、陇右牛氏本、静海闻氏本等刊刻本《二曲集》中，亦有个别单行本行世。

在上述考察以外，二曲尚有其他可辑佚的散篇或言论，在中华书局1996年出版的《二曲集·附录一》中辑载佚文《重修灵台观朱子祠记》与《愿叟李公传》两篇，近年西北大学出版社出版的《李颙集·二曲著述补编》在上述基础上，辑载诗、歌、文等10篇及其他言论49则。虽然这些辑佚有助于完善二曲著述，但仍存在某些未录

---

① （清）惠靇嗣辑：《关中李二曲先生履历纪略》，清康熙间程氏刻本。
② 该书题署为"盩厔县正堂程捐俸梓行"。据《（乾隆）盩厔县志》记载，在康熙间盩厔县程姓知县仅程奇略一人，且任职时间始于康熙二十四年，至三十二年改为蔡毓蓝，故推测是时盩厔县正堂程为程奇略。

情况，诸如，笔者在《（乾隆）凤翔府志》中又发现不见于以往二曲著述和辑佚的《陈二酉王际泰传》文；同时，据某些文献记载，也存在某些二曲著述待考察的情况。据此而论，二曲著述的整理工作尚未彻底完成。上述考察不仅有助于揭示李二曲著述存世与刊刻情况，为二曲著述的整理提供文献依据，也有助于学界全面系统地研究二曲学术历程，深化对二曲思想的研究。

第十八章　李二曲良知论研究

——以《四书反身录》为主要文献的考察

李二曲为清初著名理学家。关于二曲之学的定位，学界素有歧说，从总体上看，除了认为二曲"确宗程朱家法"① "折中朱、王，补其缺失，开出理学的第三条路线"② 的观点外，大多数学者认为其学"本于姚江"③。其自述学问门径亦云"'先立其大'，'致良知'以明本体，'居敬穷理'、'涵养省察'以做工夫"④，即在本体论建构上将良知作为其思想的根荄。然而，就大陆 30 余年李二曲研究现状而言，仍鲜有学者深入系统梳理二曲的"良知"思想，整体上停留于宏观认识层面。本章拟立足于二曲著述，系统揭示其良知论。

一　二曲良知论的内涵

二曲认为，王阳明针对陆象山于"本体犹引而不发"的现象，

---

① （清）唐鉴：《国朝学案小识》，山东友谊书社 1990 年版，第 309 页。

② 林继平：《李二曲研究》，陕西师范大学出版社 2006 年版，第 302 页。

③ 诸如，认为"容（颙）之学本于姚江"（秦瀛《己未词科录》卷 5），"其说皆仍本王守仁"（永瑢等《四库全书总目》，中华书局 1965 年版，第 316 页），"其趣颇近乎姚江"（钱林辑、汪藻编：《文献征存录》卷 1），"其学亦出姚江"（阮元《国史·文苑传稿》卷 1），"王学后劲"（梁启超：《中国近三百年学术史》，《饮冰室合集》第 10 册，中华书局 1989 年版，第 43 页），"大本皆宗阳明"（钱穆：《国学概论》，商务印书馆 1997 年版，第 249 页），"其实质乃为阳明心学"（刘学智：《儒道哲学阐释》，中华书局 2002 年版，第 272 页）。

④ （清）李颙：《四书反身录·孟子下·尽心》，张波编校：《李颙集》，西北大学出版社 2015 年版，第 506 页。

"始拈'致良知'三字，以泄千载不传之秘。一言之下，令人洞彻本面，愚夫愚妇，咸可循之以入道，此万世功也"①。二曲将阳明"致良知"视为"千载绝学"②，其学亦以"致良知"明本始，故在平日立说讲习中提倡良知说，期以使人契大原、敦大本。其著述中广泛存在的良知论，突出集中于以下几个命题上。

（一）"良知即良心也，一点良心便是性"

在儒家传统思想中谈及形而上本体，往往具有道德属性。宋明以来，儒家学者在描述本体时常常用道体、性体与心体来言说。道体就天道而言，指创生万物的宇宙本性（天道、天命）。这种宇宙本性附有道德性，其下贯穿于个体之中，就客观方面说则为性体，这也是人的道德实践之所以可能的超越根据；从主观方面说则为心体，即为内在于人而又能够产生道德行为的形上本心，而非血肉之心、心理学之心，也不是认知之心。道体、性体、心体三者虽异名但实为一，这也是二曲良知论的理论根据。

二曲认为："良知即良心也。一点良心便是性，不失良心便是圣。若以良知为非，则是以良心为非矣！"③ 实际上二曲将良知、良心、性视为异名同实的概念。良心即本心，为心体，乃是着眼于人之为人的主观方面言说的；良心为性，即从性体上言说，是从客观上阐发人之道德实践的超越依据；"不失良心便是圣"则就人的体现言说的，圣人能尽其性故为"圣"。

二曲又云："'良知'，人所固有；而人多不知其固有。孟子为之点破，阳明先生不过从而申明之耳。"④ 可见，二曲良知论的理论至少有以下来源：其一，源自孟子的性善论。其云：

乍见孺子入井，皆有怵惕恻隐之心，此良心发现处。良心即

---

①　（清）李颙：《体用全学》，《二曲集》卷7，《李颙集》，第59页。

②　（清）李颙：《常州府武进县两岸汇语》，《二曲集》卷3，《李颙集》，第41页。

③　（清）李颙：《富平答问》，《二曲集》卷15，《李颙集》，第130页。

④　（清）李颙：《四书反身录·孟子下·尽心》，《李颙集》，第504页。

善也，非由学而然，非拟议而然，非性善而何？故"性善"之旨明，而千圣之统明矣，所以开万世之蒙，而定万世论性之准者，端在于斯。①

在二曲看来，性善论乃是儒家"至当归一"，万世论性不变之理。此处以"良心发现处"论"乍见孺子入井，皆有怵惕恻隐之心"，则视良心为人之天然善性，此"善"实为"至善"，而非经验世界之"善"，故二曲明确提出："孟子道'性善'，而《鱼我所欲章》，则指为本心，'心体'即本心也。本心者，'道心'之谓也。'道心'即善性也，但异其名称耳。"② 明确将道心、本心与善性视为同实异名，是对良知不同维度的表述。

其二，源自阳明心学。二曲认为："周子谓'无极而太极'，阳明谓'无善无恶心之体'，其言异，其旨一也。"③ "无极而太极"就道体而言，"无善无恶心之体"就心体而论，道体、心体言异旨一，二曲融通濂溪、阳明之说。事实上，二曲论学多承继阳明学。关于阳明"无善无恶心之体"，其高弟王畿（1498—1583，字汝中，号龙溪）云："善与恶，相对待之义。无善无恶是谓至善。至善者，心之本体也。"④ 龙溪之说符合阳明本义，将无善无恶视为终极至善。而在阳明学中，"心"往往指"良知"，"心之本体"即是"良知本体"。⑤ 此"至善"存于形上的超验世界（良知世界），若善恶相对则沦入了经验界。阳明此说在于表明现实生活中的任何道德规范都应来自良知本体（心之本体）。良知虽至善至"无"，但又蕴藉着价值之"善"。换言之，至善为"善"的根源，而非"善"本身。二曲进一步阐发云："有善无不善者，性也；拘于气，蔽于物，而不能无不善

---

① （清）李颙：《四书反身录·孟子上·滕文公》，《李颙集》，第490页。
② （清）李颙：《书三·答朱子绿》，《二曲集》卷18，《李颙集》，第210页。
③ 同上。
④ （明）王畿：《与阳和张子问答》，《王畿集》卷5，凤凰出版社2007年版，第123页。
⑤ 秦家懿：《王阳明》，生活·读书·新知三联书店2011年版，第121页。

者，情也。情本乎性，性无不善，故善与恶不可对也；情不能不拘于气而蔽于习，故性虽善，而情不能无善不善也。"① 性为超越"至善"，感物而动为情，情动为意，已落入善恶相对的经验界，即阳明所谓"有善有恶意之动"，已与至善相去甚远。总体上看，在二曲上述论学中存在以道体、性体论心体的倾向。

总之，就上述而言，二曲论学视道体、性体、心体同实异名，深得阳明学真髓，尤其突出对性体、心体的阐发，即所谓"良知即良心，良心便是性"，这也是二曲良知论的典型特征。

（二）良知即明德

二曲阐释《大学》"明德"时，提出了良知即明德的命题：

> 问："明德"、"良知"有分别否？曰：无分别。徒知而不行，是"明"而不"德"，不得谓之"良"；徒行而不知，是"德"而不"明"，不得谓之"知"。②

可见，二曲将"良知""明德"等同看待，并不作分别。事实上，将"良知"阐释"明德"，肇端自朱子。朱子云："明德者，人之所得乎天，而虚灵不昧，以具众理而应万事者也。但为气禀所拘、人欲所蔽，则有时而昏。然其本体之明，则有未尝息者，故学者当因其所发而遂明之，以复其初也。"③ 又云："良心便是明德，止是事事各有个止处。"④ 朱子明确以"良心"释"明德"，实为天理。继后阳明则云："天命之性，粹然至善，其灵昭不昧者，此其至善之发见，是乃明德之本体，而即所谓良知也。"⑤ 可见，阳明抛却了朱子视明德为天理的客观义，而将明德视为良知，为人性所固有。换言之，在

① （清）李颙：《书三·答朱子绿》，《二曲集》卷18，《李颙集》，第210页。
② （清）李颙：《四书反身录·大学》，《李颙集》，第390页。
③ （宋）朱熹：《四书章句集注》，中华书局1983年版，第3页。
④ （宋）朱熹：《朱子语类》卷14，《朱子全书》第14册，第442页。
⑤ （明）王守仁：《大学问》，《王阳明全集》，上海古籍出版社1992年版，第969页。

寻找道德本源时，朱子采取了向外寻求的理路，而阳明则向内转化，其良知本体具有知善知恶、知是知非的先验能力。二曲承袭阳明之说将"明""良"与"知""德"并举，其义在于既防止良知的先验能力为形气所使、物欲所蔽、习染所污而无法彰显，也避免因缺失良知而造成行无头脑，率意冥行，随俗驰逐。可见，二曲云"明德"与"良知"无分别乃是就道德本心而言，即所谓"'明德'即心"①。事实上，在实际的阐述中，二曲亦对二者关系做出进一步说明：

> 就其知是知非、一念炯炯、不学不虑而言，是谓"良知"；就其着是去非，不昧所知，以返不学不虑而言，是谓"明德"。曰"明德"，曰"良知"，一而二，二而一也。②

可见，此处二曲谈良知侧重言说道德本心的本原状态，是消极的说法，强调的是"心本至灵"；明德侧重说明德性的本质规定，是积极的说，强调的是"不昧其灵"，为"明明德"工夫提供了入手处。

（三）"良知之外再无知"

基于上述心学理路，二曲进一步将《大学》中的"致知"释为"克全固有之良知"，并云：

> "知"则中恒炯炯，理欲弗淆，视明听聪，足重手恭。施于四体，四体不言而喻，"溥博渊泉，而时出之"，万善皆是物也。否则，昏惑冥昧，日用不知，理欲莫辨，茫乎无以自持，即所行或善，非义袭，即践迹，是行仁义，非由仁义，此诚、正、修所以必先"致知"也。③

---

① （清）李颙：《四书反身录·大学》，《李颙集》，第389页。
② 同上书，第390页。
③ 同上书，第393页。

二曲上述文字立足于阳明学，将良知视为人性固有的至善的形上保证和日常行为具有道德性的根源所在，因此仁义是良知的内在要求，非外在的义袭。"'由仁义'，是从性上起用；'行仁义'，则情识用事矣。"① 可见"行仁义""由仁义"涉及心性与情识之分、理欲之别，故诚、正、修的工夫必然以"先立乎其大"的"致良知"为前提。

二曲在诠释孔子语"生而知之者上也，学而知之者次也，困而学之又次也。困而不学，民斯为下矣"时，又认为"'知之'只是'知良知'，'良知'之外再无知。若于此外更求知，何异乘驴更觅驴！"② 据孔子原义看，"知"乃为"知道""了解"义，而二曲却谓"知"为良知。良知为人人所固有，因此不假外求。既然良知为人人皆有，即"知止一知"，那么如何诠释《论语》中的"生知""学知""困知"及"民斯为下"四等？二曲做出如下解释：

> 知之在人，犹月之在天，岂有两乎？月本常明，其有明有不明者；云翳有聚散也，云散则月无不明。有知有不知者，气质有清浊也，气澄则知无不知。学也者，所以变化气质，以求此知也。③

可见，二曲认为如同云、月的关系，人之"有知""不知"受所禀气质的清浊不同所致。因此，变化气质乃是恢复良知本性的重要途径，即所谓的"学"。如此便将"知"之"上""次""又次"及"民下"的原因归结于"人自为之耳"。显然，二曲以"良知"诠释"知"有悖于孔子本义，乃是心解，但置于其理论中则揭示出良知本性受到遮蔽的现实根源为人所禀有的"气质之性"。

再如，二曲在诠释孔子语"知及之，仁不能守之，虽得之，必失

---

① （清）李颙：《四书反身续录·孟子下·离娄》，《李颙集》，第517页。
② （清）李颙：《四书反身录·论语·季氏篇》，《李颙集》，第475页。按，原文中"良知"为"本性"，据石泉彭氏本、静海闻氏本《二曲集·四书反身录》改。
③ （清）李颙：《四书反身录·论语·季氏篇》，《李颙集》，第475页。

之。知及之，仁能守之，不庄以莅之，则民不敬。知及之，仁能守之，庄以莅之，动之不以礼，未善也"时，云"'知及'者，识己心，悟己性，良知本体炯炯不昧是也。知及此，便是本领，便是得，守者守此而已"①。孔子所论的"知及"本义当为"智力得之"，为治国方略；而二曲则将其视为体认良知本体的过程，即从工夫的角度来看待。在二曲看来，"知至至之，知终终之，本诸身，征诸庶民"②，即当体认了良知本体，便可以去欲复礼，仁自能守，以之推之于民，教化于民，民斯治焉。

（四）"真知"与"闻见择识""外来填塞之知"

二曲在以"良知"释"知"时，又强调"真知"与"闻见择识""外来填塞之知"的区别。在诠释孔子语"由，诲女，知之乎？知之为知之，不知为不知，是知也"时，二曲云：

> 子路勇于为善，所欠者"知"耳。平日非无所谓知，然不过闻见择识、外来填塞之知，原非自性本有之"良"。夫子诲之以"是知"也，是就一念独觉之"良"，指出本面，令其自识家珍。此"知"既明，则知其所知，固是此"知"；而知其所不知，亦是此"知"。盖资于闻见者，有知有不知，而此"知"则无不知，乃吾人一生梦觉关也。③

就孔子本义，此处的"知"为"知道""了解"义，其本义在于劝诫子路学习知识时要持守实事求是的态度，虚心向学。二曲则另辟蹊径，认为孔子告诫子路学务求得"良知"，先立其大，学有所主，以良知支配见闻，即不仅将"良知"之知与"闻见择识""外来填塞"之知进行区分，也指出二者的不同地位与作用。在二曲看来，

---

① （清）李颙：《四书反身录·论语·卫灵公篇》，载《李颙集》，第473页。按，原文中"良知"为"洞见"，据石泉彭氏本、静海闻氏本《二曲集·四书反身录》改。

② （清）李颙：《四书反身录·论语·卫灵公篇》，《李颙集》，第473页。

③ （清）李颙：《四书反身录·论语·为政篇》，《李颙集》，第420页。

"千圣相传，只是此'知'。吾人之所以博学、审问、慎思、明辨者，惟求此'知'"①。如果所学的知识离开了良知则陷入"不明"的境地。换言之，纯粹的"闻见择识""外来填塞之知"为无本之知识，终非"真知"。

何谓"真知"？二曲认为，"真知非从外来，人所自具"②，并云：

> 夫所谓"真知"非他，即吾心一念灵明是也。天之所以与我，与之以此也。耳非此无以闻，目非此无以见，所闻所见非此无以择、无以识，此实闻见择识之主，而司乎闻见择识者也。③

可见，二曲所谓的"真知""灵明"均为"良知"的代称。"真知"源自天道本体，其超越且内在化，下贯于人，即为性体、心体，即所谓"天之所以与我，与之以此也""'真知'非从外来，人所自具"。这种超越且内在的心性本体就是人之为人的形上保证，也是耳目等实践行为的道德根据。在二曲看来，为学就在于求识良知本体，"此'知'既明，才算到家"④。

值得注意的是，二曲虽然侧重学识良知，但并未完全否认"闻见之知"的作用，其云："'多闻'善言，'多见'善行，借闻见以为知，亦可以助我之鉴衡，而动作不至于妄，然去真知则有间矣，故曰'知之次也'。知闻见择识为'知之次'，则知真知矣。"⑤ 在二曲看来，闻见之知虽非"真知"，但有助于体证"真知"，即在"此'知'未明"的情况下"借闻见以求入门"，而在"此'知'既明"的情况下，"则本性灵以主闻见"，即"良知"与"闻见择识之知"为体用关系。

事实上，在宋明儒中最早提出闻见之知和德性之知的为张载，

① （清）李颙：《四书反身录·论语·为政篇》，《李颙集》，第420页。
② （清）李颙：《四书反身录·论语·述而篇》，《李颙集》，第440页。
③ 同上。
④ （清）李颙：《四书反身录·论语·为政篇》，《李颙集》，第420页。
⑤ （清）李颙：《四书反身录·论语·述而篇》，《李颙集》，第440页。

以为"见闻之知,乃物交而知;非德性所知。德性所知,不萌于见闻"①,其后伊川、朱子等延续此说,至阳明则进一步提出:"德性之良知,非由于闻见,若曰多择其善者而从之,多见而识之,则是专求之见闻之末,而已落在第二义""良知不由见闻而有,而见闻莫非良知之用;故良知不滞于见闻,而亦不离于见闻。"② 据此知,阳明以"良知"为"德性之知",强调作为第一义的道德实践的优先性,显然和二曲强调"必先'致知'"、先立乎其大的思路一脉相承。

此外,二曲揭良知时除使用上述"良心""明德""真知""知"外,又采用了"灵原""性灵""圣胎""本面""虚灵"等加以言说。如其云:"人人具有此灵原。良知良能,随感而应"③"自识性灵,自见本面,日用之间,炯然焕然,无不快然自以为得"④"天赋本面,一朝顿豁,此圣胎也"⑤。"灵原""性灵""本面"则侧重道德本原,而"圣胎"则侧重德性本质。总之,二曲对良知本体的众多描述,乃在于为人性提供至善的形上保证,从思想理路看一本于阳明。如上述对"灵原"的分析似乎转化了王阳明的"灵明"说:"天地万物,与人原是一体,其发窍之最精处,是人心一点灵明"⑥"充天塞地中间,只有这个灵明"⑦。在阳明看来,灵明既是人心至善境界的展示,又是良知良能的体现。当人的主体精神扩充至万事万物,与之融为一体时,主体之外的事物则无不受良知良能、道德本心的支配与涵摄了。显然,二曲以"通塞天地万物,上下古今,皆次灵原之实际"⑧的言论描述"灵原"和阳明思想并无二致,都是对良知本体的有效揭示。可见,二曲良知论渊源有自,且具有随处言说的特点。

---

① （宋）张载:《正蒙·大心篇》,《张载集》,第 24 页。
② （明）王守仁:《传习录中》,《王阳明全集》,第 71 页。
③ （清）李颙:《学髓》,《二曲集》卷 2,《李颙集》,第 31 页。
④ （清）李颙:《四书反身录·孟子下·尽心》,《李颙集》,第 503 页。
⑤ （清）李颙:《锡山语要》,《二曲集》卷 5,《李颙集》,第 51 页。
⑥ （明）王守仁:《传习录下》,《王阳明全集》,第 107 页。
⑦ 同上书,第 124 页。
⑧ （清）李颙:《学髓》,《二曲集》卷 2,《李颙集》,第 31 页。

其门人王心敬云"先生生平之学以尽性为指归"①，若在"尽性"的意义上，二曲所用阐发良知本体的词汇不过起到"言诠"的作用而已。

二 二曲良知论的理论特色

由上述可知，注重阐发良知本体成为二曲学说的主要特色。事实上，与以往的宋明理学家相较，二曲对本体的阐发是十分充分的，也是其自信自得之处，诸如云："先哲口口相授，止传工夫，未尝轻及本体，务使人一味刻苦，实诣力到功深，自左右逢源。今既言'体认'，若不明白昭揭，倘体认一错，毫厘之差，便关千里之谬。以故和盘托出，斯固不容己之苦衷也。"② 在二曲看来，以往的儒家学者重视以"体认"为主要特征的工夫讲习和传授，忽略对本体的阐发；而自己则和盘托出，"吐人不敢吐之隐，泄人不敢泄之秘，无非欲高明直下，敦大原，识本体耳"③，这也是其"不容己之苦衷"。因此，有效地阐发良知本体已然成为二曲良知论的鲜明特色，这主要展现在两个方面。

首先，强调"学贵敦本"。主要展现在两个方面：其一，在主观道德实践上强调"先识本体"。在二曲看来，"今人所以支离葛藤于语言文字之末，而求诸外，原自己不识自己也"④，甚至一些人"志在气节，则必以客气为气节，其害事尤复不浅"⑤。如何克服上述现象，二曲提出"学贵敦本"之说。何谓"本"？二曲云：

即各人心中知是知非，一念之灵明是也。此之谓天下之大

① （清）王心敬：《泾周新创二曲先生祠记》，《丰川续集》卷25，清乾隆三年恕堂刻本。

② （清）李颙：《书一·答张澹庵》，《二曲集》卷16，《李颙集》，第145页。

③ 同上书，第140页。

④ （清）李颙：《四书反身录·论语·述而篇》，《李颙集》，第436页。

⑤ （清）李颙：《靖江语要》，《二曲集》卷4，《李颙集》，第46页。

本。立者，立此而已，无他肫肫，此即肫肫；无他渊渊，此即渊
渊；无他浩浩，此即浩浩。时出者，由此而时出也；朝闻者，闻
此也；夕死而可者，既觑本面，一证永证，一了百了，生顺死
安，无复余憾也。①

可见，二曲所谓"本"乃是灵明、良知，不仅是天地万物之源，
也是道德性命之原。事实上，二曲在强调学贵敦"本"的同时，并
没有忽视宋明理学本体与工夫的相即关系，而在保证本体优先性的前
提下，突出二者的关系。诸如其云："所谓识得本体，好做工夫；做
得工夫，方才不失本体"②　"诚识本体，循下学之规，由阶级而进，
则收摄保任，好做工夫；做得工夫，才算本体"③。先识本体即立乎
其大者，为工夫昭揭方向，循级而进。

其二，在客观的道德实践上强调"明体"先于"适用"。在二曲
的学履中，其思想成熟较早，约在其30岁即提出了终身持守的"明
体适用"思想，认为"儒者之学，明体适用之学也"④，后又阐发云：
"明道存心以为体，经世宰物以为用，则'体'为真体，'用'为真
用。……苟内不足以明道存心，外不足以经世宰物，则'体'为虚
体，'用'为无用。"⑤ 可以看出，二曲所说的"体"乃是"明道存
心"，"用"则是"经世宰物"。换句话说，体证超越的良知本体、修
心养性是"明体"，为儒家的"内圣"工夫；本体的现实呈现，经世
宰物则为"适用"，即儒家的"外王"实践。显然，二曲明体适用说
采用的是儒家传统的"体用"思维模式，表达的是儒家内圣外王的
理想追求，强调儒家"全体大用"的修为与实践。换句话说，当道
德修养与经世致用的实践相结合时，道德实践便具有客观性，内圣与
外王有效地融为一体。但是，二曲又并非将体与用（明体与适用）

---

① （清）李颙：《靖江语要》，《二曲集》卷4，《李颙集》，第46页。
② （清）李颙：《四书反身录·论语·述而篇》，《李颙集》，第436页。
③ （清）李颙：《书一·答张敦庵》，《二曲集》卷16，《李颙集》，第140页。
④ （清）李颙：《鳌屋答问》，《二曲集》卷14，《李颙集》，第122页。
⑤ （清）李颙：《书一·答顾宁人先生》，《二曲集》卷16，《李颙集》，第148页。

置于同等的高度，而是认为"大本立而道行，以之经世宰物，犹水之有源，千流万脉，自时出而无穷"①，强调"明体"的优先性。只有先立乎其大，实证实修，才能有效地推动经世宰物的适用实践，并使之永获道德精神支撑，常驻生命力。

其次，注重对本体的描述。二曲除了广泛运用各种词汇言说良知本体外，也注重对本体特征的细致描绘，尤其往往以"大圆镜"拟喻无限而又圆满的灵原本体（良知），揭示其"无声无臭、廓然无对""寂而能照，应而恒寂"的特征。就"无声无臭、廓然无对"而言，"无声无臭"源自《诗经·大雅·文王》"上天之载，无声无臭"，原指天道玄奥深远，虽默言无味，但化育万物；《中庸》则喻指为君子德性，其后更被宋明理学家所吸收：或被视为道体，若"上天之载，无声无臭，而实造化之枢纽，品汇之根柢也"②；或视为心体，若"无声无臭独知，此是乾坤万有基"③。二曲云"无声无臭，浑然太极矣。'所谓有物先天地，无形本寂寥，能为万物主，不逐四时凋'是也"④，又云"无声无臭，此本体之约也"⑤。可见，二曲论灵原本体的"无声无臭"乃袭承宋明理学家思想，不仅指道体而言，也指性体而言，附之"廓然无对"则昭揭出一个无善无恶、理欲全泯的"至善"世界。

就"寂而能照，应而恒寂"言，与《易传》"寂然不动、感而遂通天下之故"，及阳明之"圣人之心如明镜，只是一个明，则随感随应，无物不照""寂而恒照，照而恒寂"等言论意义相通。"照""应"为本体"寂"的描述，在二曲诠解中具有"虚明寂定"四种特征："虚若太空，明若秋月，寂若夜半，定若山岳。"⑥"虚"即所谓"事不累心，心不累事，恒若太虚，毫无沾滞，即此是性，即此是

①　（清）李颙：《富平答问附授受记要》，《二曲集》卷15，《李颙集》，第136页。
②　（宋）朱熹：《太极图说解》，《朱子全书》第13册，第72页。
③　（明）王守仁：《咏良知四首示诸生》，《王阳明全集》，第790页。
④　（清）李颙：《两庠汇语》，《二曲集》卷3，《李颙集》，第42页。
⑤　（清）李颙：《四书反身录·孟子下·离娄》，《李颙集》，第496页。
⑥　（清）李颙：《学髓》，《二曲集》卷2，《李颙集》，第33页。

圣"①，承续阳明"本体只是太虚"② 义，指本体的"虚灵无滞"特征；"明"即其所谓"自虚生白，天趣流益，彻首彻尾，涣然莹然，性如朗月，心若澄水，身体轻松，浑是虚灵"③ 义，指本体的"光明"特征；"寂"指本体的"寂静"特征；"定"指本体的"永恒、稳定"特征。可见，二曲所论灵原本体并非寂静不动，而是像镜子般能不将不迎，即照即寂，静中有动，动中有静，具有"活泼泼"的特征，这也是对良知本体"寂感"作用的形象描述。

事实上，二曲之所以揭示灵原本体（良知）具有无声无臭、虚、明、寂、定等特征，无非提醒世人人生本原、人之本性原是无滞、无执、无累于心，只有察悟本体，时时提撕，才能安身立命。据此看，二曲以"灵原"论"人生本原"不仅具有鲜明的时代性，也与自己生平境遇攸关。明亡清兴，社会动荡，人生如浮萍，思想无定主，如何在易代之际贞定生命的价值与意义？因家贫而困顿不堪，因声名而招致众人嫉恨，因持节而屡被征辟，又如何在这些困境中不动其心，安身立命呢？显然，这些攸关身心性命的问题，促使二曲对人生本原的探讨。

三　二曲良知论的学理指向

作为立本于阳明学的学者，二曲言论中的"良知"与"心"异名同实，即其所谓"良知即良心也"④。二曲亦是在这种意义上阐发了诸多关于心的言论，并提出"学道原为了心""学问之道无他，求其放心而矣""学以'养心'为本"的命题，这些命题也是二曲良知论的学理归宿。因此，此处拟在梳理二曲"心"论的基础上阐发上述命题。

---

① （清）李颙：《四书反身录·孟子下·离娄》，《李颙集》，第 497 页。
② （明）王守仁：《年谱三》，《王阳明全集》，第 1306 页。
③ （清）李颙：《书一·答张澹庵》，《二曲集》卷 16，《李颙集》，第 145 页。
④ （清）李颙：《富平答问》，《二曲集》卷 15，《李颙集》，第 130 页。

（一）心之含义

1. "天之所以与我，而我之所以为我者，此心是也。"这是二曲在《四书反身录·论语·子罕篇》中提出的重要命题，其中"天与我者"本就性体而言，即其云"天之所以与我，而我得之以为一身之主者，惟是此性"①，但对立足于心学传统的二曲而言，在表述道体、性体、心体时往往不作严格区分，如其云"夫'天良'之为'天良'，非他！即各人心中一念独知之微。天之所以与我者，与之以此也。炯炯而常觉，空空而无适；寂然不动，感而遂通；孩而知爱，长而知敬，乍见而恻隐，呼蹴而羞恶，一语穷而舌遁，一揖失而面赤，自然而然，不由人力，非天良而何？"② "故先格物以明善。善非他，乃天之所以与我者，即身、心、意、知之则，而家、国、天下之所以待理者也。"③ 可见，二曲所谓心为不仅是先天赋予人的道德规定，也具有虚灵不寐、感而遂通等特征，语之为性体、心体亦可。二曲这种思维理路，当源自阳明。阳明云"夫心之体，性也；性之原，天也。能尽其心，是能尽其性矣"④，即将性、天看作心的本源，性至善则心必至善；道体本是天理，心体亦然。只不过二曲在表述时，很少作区分而已。

2. "心者，身之主。有心则有身，无心则无身。"⑤ 二曲此命题论亦源自阳明。阳明云"心者身之主，意者心之发，知者意之体，物者意之用"⑥ "心者身之主也，而心之虚灵明觉，即所谓本然之良知也"⑦ "耳目口鼻四肢，身也，非心安能视听言动？心欲视听言动，无耳目口鼻四肢亦不能，故无心则无身，无身则无心"⑧。阳明所论

---

① （清）李颙：《四书反身录·中庸》，《李颙集》，第 407 页。
② （清）李颙：《书一·答张澹庵》，《二曲集》卷 16，《李颙集》，第 144—145 页。
③ （清）李颙：《四书反身录·大学》，《李颙集》，第 392 页。
④ （明）王守仁：《传习录中》，《王阳明全集》，第 34 页。
⑤ （清）李颙：《四书反身续录·孟子下·告子》，《李颙集》，第 502 页。
⑥ （明）王守仁：《大学古本傍释》，《王阳明全集》，第 1193 页。
⑦ （明）王守仁：《传习录中》，《王阳明全集》，第 47 页。
⑧ （明）王守仁：《传习录下》，《王阳明全集》，第 47 页。

乃是释《大学》"正心、诚意、致知、格物","正诚致格"为工夫,
"心意知物"为对象,而其中修身为最基础的环节,修身必须从"身
之主"心上入手,需要正心,使至善本心彻底呈露。二曲节引阳明
语,彰显了主体实践者和道德规范的关系,突出道德主体的自由性与
自立性。

3. "心同太虚"。二曲云:"夫子自谓'无知',此正知识尽捐、
心同太虚处。有叩斯竭,如谷应声,未叩不先起念。既竭,依旧忘
知,虽曰'诲人不倦',总是物来顺应""夫子惟其'空空',是以大
而能化,心同太虚。颜子惟其'屡空',是以未达一间,若无若
虚。"① 儒家学者使用"太虚"一词者最著名的为张载,提出了"太
虚即气"的命题,其云:"由太虚,有天之名""太虚无形,气之本
体,其聚其散,变化之客形尔"。② 又云"天地以虚为德,至善者虚
也。虚者天地之祖,天地从虚中来"③。在张载看来,太虚即形上之
天,为气之本体,也是价值的源泉。"太虚即气"之"即"为"不
离""不二"义,言指太虚在气化过程中起创生作用。据此看,二曲
此论似有张载学说的痕迹,但更类似于王阳明。阳明云:"良知之虚,
便是天之虚;良知之无,便是太虚之无形。日月风雷山川民物,凡有
貌象形色,皆在太虚无形中发用流行。"④ 阳明认为,良知为天地万
物的本源,具有虚无状态及敦化川流的作用。所谓"虚无"乃是
"良知本无知"的表述。依如吴震所言,在阳明学说中"'无'绝不
是单纯的什么也没有的意思,正是在这个'无'中,包含着一切的
'有',蕴涵着一切'有'的可能性"⑤。可见,阳明借用"太虚"喻
良知,乃是强调良知既内含着无,又存在有的趋向,本无知又无不
知。二曲所谓"知识尽捐、心同太虚处",乃指通过主体的体证涵
养,剥落闻见之知、利欲之心等,呈现良知本心。而良知本心湛然虚

① (清) 李颙:《四书反身录·论语·子罕篇》,《李颙集》,第448页。
② (宋) 张载:《正蒙·太和篇》,《张载集》,第7页。
③ (宋) 张载:《张子语录中》,《张载集》,第326页。
④ (明) 王守仁:《传习录下》,《王阳明全集》,第106页。
⑤ 吴震:《传习录精读》,复旦大学出版社2012年版,第132页。

明，廓然大公，又如镜子一般，物来顺应，此便是"无知"的太虚状态；同时因其无知无形也成为"有"发用的策源。

（二）学道原为"了心""放心""养心"

1. "学道原为了心"

良知本心为二曲本体论的根荄。如何把握本心？二曲提出了"学道原为了心"的思想，其云："学道原为了心。一事系心，心便不了。心苟无事，一了百了。"① 二曲将学道的归宿指向了"心"。显然，此"心"为道德本心，即良知。值得注意的是，此处二曲以"无事"论"了心"。此论乃是从人性本来面目上去论说，其云："人性本来无事。知人性本来无事，方是知性。能行乎其所无事，方是率性。静而无事，不起炉作灶，'廓然大公'；动而无事，不拟议安排，'物来顺应'。"② 人性本来无事，指人性本来面目乃是无善无恶，不拟于安排，不累于心。显然这种人性本然状态类似前儒所谓的天地之性，与现实中牵于情感，纷于物诱的气质之性相对应而言。因此，当由"知性"而"率性"时，即进入二曲所描绘的"事不累心，心不累事，恒若太虚，毫无沾滞，即此是性，即此是圣"③ 的圣境，达到学道的目的。故二曲云："识得识是谁识，便知率是谁率。识得良知便是'性'，依良知而行，不昧良知，便是'率性'，便是'道'。"④ 可见，学道不仅要洞彻良知本心，而且要由承体起用，左右逢源，义袭于内。

2. "学问之道无他，求其放心而矣"

二曲云："学问之道无他，求其放心而矣，此千古学问断案、千古学问指南也。"⑤ "求其放心"为孟子的重要思想。在孟子看来，学问之道在于寻求放失的仁义之心。而二曲在理解"求放心"时则分

---

① （清）李颙：《四书反身录·孟子下·离娄》，《李颙集》，第 497 页。
② 同上。
③ 同上。
④ （清）李颙：《四书反身录·中庸》，《李颙集》，第 400 页。
⑤ （清）李颙：《四书反身录·孟子下·告子》，《李颙集》，第 501 页。

而言之：首先，二曲认为"放心不一"，即"放于名、放于利、放于声色、放于诗酒、放于博弈、放于闲谈、放于骄矜，固是放。即数者无一焉，而内多游思、外多惰气，虚明寂定之体一有昏昧渗漏，亦是放。虽清浊不同，其为放则一"①。可见，二曲所谓的"放心"已经不再是孟子所寻求的放失之心，而是要放下名利、声色、诗酒、博弈、闲谈、骄矜等欲心。其次，为克制"欲心"，二曲重新诠释了"求"。认为"求之"之要在于："要在识得真心。能识真心，自然不放，即放亦易觉。"② 如何方是真心？即二曲所谓的"惺惺不昧，天然一念是也"③。据此，在二曲看来，只有去掉欲心遮蔽，方能呈现本心，求得真心。当真心呈现，则其他一切欲心杂念消除，故云"一切放下，方是不放。杂念不起，则正念自存。存则居仁由义，动无不臧。放之则弥六合，卷之则退藏于密，操纵如意，允执厥中"④。

3. "学以'养心'为本"

二曲云："学以'养心'为本，'养心'以'寡欲'为要，以'无欲'为至。"⑤ 此论乃是对孟子"养心莫善于寡欲"的诠释。孟子本义在于通过节制人的欲望，保守仁义本心。就二曲所论而言，其诠释理路并未悖于孟子，但其所谓的"欲"已经不全是孟子所谓的"声色臭味安佚"之物欲。其云："欲不止于声色臭味安佚，凡人情逆顺、世路险夷，以及穷通得丧、毁誉寿殀，一有所动，皆欲也，皆足以累心。累寡则心存，累尽则心清，心清则虚明公溥，耳目口鼻虽与人同，而视听言动浑是天理。"⑥ 二曲强调克制"一有所动"的累心之欲，实为对阳明心学的发挥。阳明云："心之所发便是意，意之本体便是知，意之所在便是物。"⑦ 可见，在阳明那里，凡心有所发，便有意，物与意形成意向性关系，物不是客观存在物，为事。自

---

① （清）李颙：《四书反身录·孟子下·告子》，《李颙集》，第501页。
② 同上。
③ 同上。
④ 同上。
⑤ （清）李颙：《四书反身录·孟子下·尽心》，《李颙集》，第505页。
⑥ 同上。
⑦ （明）王守仁：《传习录上》，《王阳明全集》，第6页。

"意"开始已落入经验世界，有善有恶。二曲此处所论恰发挥了阳明的思维，"一有所动"即"心之所向"。为了克制"一有所动"之欲，二曲在诠释孟子"养心"时，并没有停留在"寡欲"上，而是进一步提出了"无欲"。"无欲"即"不动心""累尽心清"，恢复了虚明公溥的良知本心。可见，二曲的"养心"说与"求放心"的目的也均是"了心"。

事实上，作为注重躬行的思想家，二曲注重阐发良知本体时并不是停留于类似"无欲""无念之念"的光景上，而是不离日用实际来克欲操存，注重本体与工夫合一。诸如云："识得'良知'，则主敬穷理、存养省察方有着落，调理脉息，保养元气，其与治病于标者，自不可同日而语。否则，主敬是谁主敬？穷理是谁穷理？存甚？养甚？谁省？谁察？"① "识得本体，若不继之以操存，则本体自本体。夫惟继之以学，斯缉熙无已。所谓识得本体，好做工夫；做得工夫，方才不失本体，夫是之谓'仁'。"② "自性本体原无为，原无欲。'无为其所不为，无欲其所不欲'，复其原来本体，才算工夫。"③ 据此看，二曲对良知本心的揭示，对"了心""养心""放心"等的阐发，不仅是由工夫至本体，还需要由本体至工夫，即本体即工夫，在这种意义上理解二曲思想方不陷于一偏。这种思致典型地展示了清初思想家对阳明心学的一种有效理解与继承。

---

① （清）李颙：《四书反身录·孟子下·尽心》，《李颙集》，第504页。
② （清）李颙：《四书反身录·论语·述而篇》，《李颙集》，第436页。
③ （清）李颙：《四书反身录·孟子下·尽心》，《李颙集》，第504页。

第十九章　书院、祠祀、家族：历史视域中的张载文化

——以《（宣统）眉县志》《（乾隆）凤翔府志》为中心的考察[*]

　　尝通览《陕西府县志辑》及陕西《省志辑》，见其载有关学文献尤其是涉及诸多张子文化，灿然可观。虽或为记，或为传，或为行状等，选取不一，各得其价值，尤可求其历史实情及文化精神；但其间醇疵忽见，于后世取材不可不辨。《眉县志》，载于史册者，有明万历《志》（由刘九经纂修，为首部《眉县志》，以下简称刘《志》）、清顺治《志》（由陈超祚续修刘《志》）、康熙《志》（由梅遇纂修）、雍正《志》（由张素纂修）、乾隆《志》（由李带双修、张若纂，以下简称张《志》）、光绪《志》（即《眉县乡土志》，由程曛纂修）及宣统二年（1909）沈锡荣增补的《眉县志》（以下简称沈《志》）。其中张《志》已较以往刘《志》、陈《志》等，纲目门类全细，而沈《志》晚出，且以张《志》为原本进行增补，为眉县诸《志》中最善者。《凤翔府志》，旧有明正德《志》（由王江、王正、王麒纂修）、万历《志》（由周易纂修），清康熙《志》（由朱琦纂修），乾隆三十一年（1766）达灵阿修、周方炯、高登科纂的乾隆《志》（以下多简称《府志》）。就《府志》载有正德、万历、康熙诸《志》序及其内容而论，该志纂修当以诸《志》为基础，亦当为较善之本。故本章拟以《（宣统）眉县志》、《（乾隆）凤翔府志》为中心，兼采他志，

＊ 本章与张红艳合撰。

考察历史视域中的张载文化，即以书院、祠祀及家族三个方面为纲目。

一　书院

　　书院是古代颇具特色的教育组织形式。一般而言，传统书院涵涉讲学、藏书与供祀三大功能，其中尊尚乡贤、护持文化传统是其修建目的与精神所在。横渠书院是集中展现张子文化的陕西历史上的重要书院，然而有关历史视域中的横渠书院，今人素多以讹传讹，澄而不清，往往非智者之不明，多为传者有意或无意为之。下文拟就沈《志》《府志》所载录的横渠书院析论之。①

（一）元泰定间所建横渠书院

　　最早论及横渠书院，为《元史》卷三《泰定帝本纪二》："（泰定三年）秋七月……建横渠书院于眉县，祠宋儒张载。"《元史》为明初宋濂等撰修，后世多承袭其说，如《续资治通鉴》卷二三云："（泰定三年七月）建横渠书院于眉县，祀宋儒张载。"《续资治通鉴》挂名为毕沅，毕氏为清乾嘉时期的经史学家、金石家，曾抚陕西十年。元泰定三年，即1326年。此后，正史中未见有提及横渠书院者。泰定间既最早建横渠书院，其故址在何处？沈《志》卷七"张子祠"条照搬乾隆张《志》案语："《张氏世系》载一条云'元祐中，诏修凤翔书院配享，泰定中诏修眉县书院特祀'，皆匪横渠祠堂故址。"② 可见，泰定所建书院非横渠祠故址。申论之，横渠祠故址在何处？据《（雍正）陕西通志》卷二八载："张诚公横渠夫子

---

　　① 关于横渠书院历代修葺问题，张世敏所撰《张子祠、横渠书院、张子墓历代修葺考》（张世敏：《张载学说及其影响》第4章，三秦出版社2015年版），韦明焕所撰《横渠张子祠修葺初考》（《眉县文史资料选辑第8辑：张载专辑》，第58—66页，中国人民政治协商会议陕西省眉县委员会文史资料委员会编，1991年刊印）均有较为详细的梳理，出处则重在澄清二文中未涉及的问题。

　　② （清）沈锡荣增补：《（宣统）眉县志》，宣统二年陕西图书馆铅印本影印，《中国地方志集成·陕西府县志辑》第35册，第230页。

庙，在县大振谷口。本朝康熙二十三年赐额曰'学达性天'，提学道许孙荃有重修碑记。又有祠在县东五十里横渠镇先生故居，元元贞间建，延祐四年，县尉杨粹重修，进士文礼恺记。"① 可见，《（雍正）陕西通志》修撰时，大振谷口有张诚公横渠夫子庙，横渠镇有横渠祠，二者并存。据此，愚倾向，元贞时横渠镇所建横渠祠极有可能为沈《志》、张《志》所云故址，亦为张《志》附图明确标识出，在今横渠镇之南（参见附图1，亦见下文说明）。那么，横渠夫子庙就极有可能为泰定时所建书院之处，并在清康熙间得到重修。沈《志》介绍张子故宅时，又引《一统志》，云："张子厚宅在眉县东五十里横渠镇南大振谷口。"② "大振"今作"大镇"；大振谷口今作大峪谷口，为今日张载父子墓所在地。张载侨居横渠，依墓而居，其故宅在今日大镇附近。后人于故宅附近或故宅中建祠庙追祀亦甚为合理。而此处不云横渠祠而云"横渠夫子庙"有其缘由，据雍正《陕西通志》知，"张诚公横渠夫子庙"乃清代重修，有别于横渠镇横渠祠，且许孙荃为之碑记。许孙荃为清初李二曲友人，时任陕西学政，曾咨询二曲张载祠事宜，二曲劝其"伏愿量捐冰俸，亟图修复，明振风献，默维道脉"③，许氏后捐俸重修。许氏重修碑记尚存，其中有云："其称大振谷口者，重先生所居，且别于眉邑之祠也；先先生而后大振谷者，因先生及之也；不系之郡者，先生非郡邑所得专也；不系之国者，不系郡邑故不系国也；不系之宋者，先生百世之师也；不称祠称庙者，祠私也，庙公也。其公奈何？有御额则公也。"可见，称横渠庙极有可能肇自许氏。又据民国《续修陕西通志稿》卷一百三十二载："张子故宅，在县东五十里横渠大振谷口，有张子祠，康熙二十三年赐额曰'学达性天'。"④ 似乎相对于称庙，

① （清）刘于义修，沈青崖纂：《（雍正）陕西通志》，雍正十三年刻本影印，《中国地方志集成·县志辑·陕西》第6册，第86页。

② （清）沈锡荣增补：《（宣统）眉县志》，《中国地方志集成·陕西府县志辑》第35册，第229页。

③ （清）李颙撰，张波编校：《李颙集》，西北大学出版社2015年版，第174页。

④ 杨虎城、邵力子修，宋伯鲁、吴廷锡撰修：《（民国）续修陕西通志稿》，《中国地方志集成·省志辑·陕西》第7册，第582页。

祠似乎又多为后世人所常道。概言之，愚倾向，张子故宅为史书中张载讲学处，因其为讲学处，所以至元泰定时于此建书院。故泰定所建书院故址并非今人误认的张载祠。

此外，诸《志》中，值得注意处有二：其一，沈《志》卷七在"张子祠"下云："《一统志》'在眉县东横渠镇。'康熙二十三年赐额曰'学达性天'……又案：祠之建不知其所始，延祐中重修，文礼恺撰记。（《金石志》）又明成化中重修，戴珊记。"[①] 此介绍照搬张《志》，误混横渠夫子庙与张子祠为一。康熙赐额横渠夫子庙之事，俱见于经历此事的许孙荃重修横渠庙时所作的碑记，当不误。而此处说的张子祠初建于元"元贞初"，事见文礼恺《张横渠先生祠记》（此记亦见于毕沅《关中金石志》卷8），所言"不知其所始"又不确（详见下文分析）。

其二，《（雍正）陕西通志》卷二七载"横渠书院在眉县东五十里，宋儒张子故居中，有祠堂，元泰定四年建，文礼恺作记。"[②] 卷二八亦言"又有祠在县东五十里横渠镇先生故居"[③]。虽然云"故居"，非"故宅"，二者似有区别，大振谷为故宅，横渠镇也似有张载故居；但云于"元泰定四年建，文礼恺作记"则有误。据文氏《碑记》，"延祐四年"重建书院，"泰定"当为"延祐"之误。若在泰定间，当依《元史》为"三年"，亦非"四年"。

（二）清乾隆间所建横渠书院

《府志》卷六眉县"横渠书院"条，小字注云"久圮"，继云"眉县，书院旧未设立，乾隆三十年知县周家琰始将旧察院改为书院"。[④] 沈《志》卷四承续此说，明确说："横渠书院在县治东屋三十

---

① （清）沈锡荣增补：《（宣统）眉县志》，《中国地方志集成·陕西府县志辑》第35册，第229—230页。

② （清）刘于义修，沈清崖纂：《（雍正）陕西通志》，《中国地方志集成·省志辑·陕西》第6册，第36页。

③ 同上书，第86页。

④ （清）达灵阿修，周方炯、高登科纂：《（乾隆）凤翔府志》，乾隆十一年刻本影印，《中国地方志集成·陕西府县志辑》第31册，第234页。

五间旧察院也，知县周家琰改修为书院"，并云："《凤翔府志》'乾隆三十年知县周家琰改察院为书院'。案：今书院方谋师生课业，愿贤者振兴之。"① （见图2）可见，沈《志》《府志》既可补正史之阙，亦说明眉县横渠书院在历史上长期处于圮废状态，甚至是消亡的，至少在乾隆三十一年（1766）时是如此，即便至宣统二年（1910）撰修沈《志》时，亦较为颓废，否则不会出现《志》中无奈且期盼的案语"今书院方谋师生课业，愿贤者振兴之"。总之，依二《志》所载，建于乾隆时期的横渠书院，亦非横渠镇张载祠，亦非大振谷口横渠庙，而是"县治东屋三十五间旧察院"。

（三）其他文献所见横渠书院

在地方志之外，笔者也留意到两处史料论及横渠书院，故结合方志辨析之：

其一，明万历四十六年（1618）袁应泰为沈自彰所刻《张子全书》作序时，云："郡伯沈公表章理学，刻行《周子全书》矣；复念张子郡产也，为建横渠书院，肖像以祀之，并刻其全书而属序于余。"② 沈自彰于万历、天启中知凤翔府。此处所云建横渠书院的具体地址不详，大致在凤翔府治，或眉县县治，或横渠镇，或大振谷口。首先，就《府志》所载，凤翔府府治的书院仅两处：一为处于府治东的岐阳书院，该书院于元明宗天历二年（1239）被赐匾额，祀周文宪王（事亦见于《续资治通鉴·元纪二十三》《续文献通考》卷八十五）；明正德中知府王江重修，中祀周代三公，以张载配祀于东，名宦乡贤配祀于西。至《府治》撰修时已废为三公庙。③ 一为处于城东马道的凤鸣书院，由知府罗经于乾隆四年创建；④ 甚至，至民国时期，

---

① （清）沈锡荣增补：《（宣统）眉县志》，《中国地方志集成·陕西府县志辑》第35册，第136页。

② （宋）张载撰，林乐昌编校：《张子全书》，西北大学出版社2015年版，第469页。

③ （清）达灵阿修，周方炯、高登科纂：《（乾隆）凤翔府志》，《中国地方志集成·陕西府县志辑》第31册，第222页。

④ 同上。

杨虎城、邵力子等撰修《续修陕西通志稿》载录凤翔府府治与凤翔县书院时，仅记岐阳书院（时废为三公庙）、凤鸣书院（城东马道）、鸡山书院（县西南陈村镇，张舜典所建，时已废）、凤起书院（因准提庵址建，后改为正谊书院）四处，均不见载有横渠书院。① 且明万历、康熙撰修的《凤翔府志》，康熙、雍正撰修的《凤翔县志》四《志》中均未载凤翔建有横渠书院。② 故民间所传和今人个别文章所记沈氏所建书院在凤翔张子祠内，当误（祠内极有可能存在偶尔授学的学堂）。可见，沈自彰所建书院并非在凤翔府治或凤翔县域。

其二，清初李二曲《答许学宪》云："关中之学，横渠先生开先。眉县横渠镇乃其故里也。先生生于斯，长于斯，老于斯，葬于斯，则横渠之为横渠，亦犹曲阜之阙里，英灵精爽，必洋洋于斯。宋明以来，建有横渠书院，春秋俎豆，以酬功德。万历、天启间，当事之政崇风教者，尝加葺修；今年久倾圮，仆窃叹息！……幸遇执事，加意关学，敢以为请，伏愿量捐冰俸，亟图修复，明振风猷，默维道脉，所关岂浅尠哉！"③ 许学宪即二曲友人许孙荃。二曲所谓"宋明以来，建有横渠书院"，《府志》、沈《志》乃至元之前正史不见有宋代记载，当为虚说。明代万历间陕西巡抚余懋衡亦曾下檄凤翔府重修横渠镇张子祠，符合万历说；而沈自彰万历天启间任凤翔知府（始任于万历四十六年，见沈氏为滦州建横渠书院所作碑记），故依二曲言论看，沈氏亦有可能于横渠镇张子祠中葺修书院，实为袁应泰所云建书院之事。

综上，就沈《志》、《府治》记载，历史上的横渠书院当有三处：一处于大振谷口横渠夫子庙，元泰定间建；一处于横渠镇张子祠中，元元贞间建；一处于眉县县治，清乾隆间建。如果以上结论成立的话，眉县建横渠书院的历史可上溯于元泰定三年（1326），而今人多

---

① 杨虎城、邵力子修，宋伯鲁、吴廷锡撰修：《（民国）续修陕西通志稿》，《中国地方志集成·省志辑·陕西》第6册，第45—46页。

② 凤翔政协萧逸先生（曾参与新编《凤翔县志》整理）代为核查四《志》，并告知确无横渠书院记载。特此致谢！

③ （清）李颙撰，张波编校：《李颙集》，第174页。

以宋时崇寿院为前身缺少史料佐证（详见下文）。亦可见，自元代以来，眉县横渠书院虽时而圮，但反映了张载作为文化象征和人格典范不断得到时代的回应和重视。

二 祠祀

诚如李二曲所言"前代诸名儒，凡建书院讲学者，殁即以书院为专祠，崇祀于其中"，书院与祠祀存在密切联系。张载殁后，在陕西西安（正学书院）、武功（绿野书院）、蒲城（横渠祠）、三水（张子祠）、临潼（横渠书院）等地均出现了专祠或书院祠祀张载。在张载所处凤翔府及其所辖县域亦是如此，在《府志》与沈《志》中载录了凤翔府治、眉县、扶风三地的情况。

凤翔府治：《府志》卷三凤翔"张公祠"条，云："城东街祀横渠夫子。"① 《府志》卷十载李因笃《重修张横渠夫子祠记》文下注云："祠在凤翔县东街。"②

眉县：沈《志》卷七"张子祠"条引《一统志》云："在眉县东横渠镇。康熙二十三年赐额曰'学达性天'。案：祠之建，不知其所始。元祐中重修，文恺礼撰记，详见《金石记》。又，明成化中重修，戴珊撰记。"③（案：毕沅《关中金石记》卷八载文氏《横渠祠堂记》）如前文所述，康熙所赐"学达性天"匾额的为大振谷横渠庙，案语所指为横渠镇张载祠，《一统志》混为一处。《府志》卷三眉县"横渠祠"条："一在县西门内，一在县东五十里横渠镇。"④ 可见，眉县张载祠有两处：一在县治，一在横渠镇。

扶风县：《府志》卷三扶风县"张横渠祠"条："贤山寺内，昔

---

① （清）达灵阿修，周方炯、高登科纂：《（乾隆）凤翔府志》，《中国地方志集成·陕西府县志辑》第31册，第77页。

② 同上书，第444页。

③ （清）沈锡荣增补：《（宣统）眉县志》，《中国地方志集成·陕西府县志辑》第35册，第230页。

④ （清）达灵阿修，周方炯、高登科纂：《（乾隆）凤翔府志》，《中国地方志集成·陕西府县志辑》第31册，第80页。

先生读书寺内，祠即其精舍。"①

上述四处张子祠故址，其中两处在地点上吻合今凤翔县城、扶风贤山寺；但眉县两处张子祠仍存在需要澄清或说明之处。

其一，虽然古代书院与专祠存在一体现象，但眉县县城西门内张载祠并不是乾隆三十年知县周家琰改察院的书院。周氏所改建书院在眉县城东门附近（见附图 1）。即县治中横渠书院与横渠祠分别在县治的东、西方，并非合二为一。

其二，乾隆时期眉县西门内的张载祠，疑为嘉靖《陕西通志》中所谓"张横渠祠"，其云："张横渠祠在县西一百六十步。正统二年，知县石林因旧横渠祠路远，建此便拜谒。弘治四年，知县贾昶重修。"②

其三，今横渠镇张载祠非崇寿院。今人多传横渠镇张载祠的前身为宋代崇寿院。然而《府治》卷三在明确说明横渠祠在"县东五十里横渠镇"的同时，又于"眉县寺观"中载列"崇寿院"，云："县东五十里。宋苏文忠公尝至此，有诗。"③ 沈《志》卷七亦载列"崇寿院"，亦云："宋苏轼《太白山下早行，至横渠镇崇寿院》壁诗'马上续残梦，不知朝日升……聊亦记吾曾'。"④（案：原诗题名为《太白山下早行，至横渠镇，书崇寿院壁》）《府志》、沈《志》并无张子祠与崇寿院关系的说明或案语，如果二处为一，修志者不可能同时漏掉此重要信息。甚至在《（雍正）陕西通志》卷十二八、《（民国）续修陕西通志稿》卷一百三十二载录古迹时均在张子祠外，亦别列出"崇寿禅院"或"横渠镇崇寿院"。⑤ 值得注意的是，清人查

---

① （清）达灵阿修，周方炯、高登科纂：《（乾隆）凤翔府志》，《中国地方志集成·陕西府县志辑》第 31 册，第 79 页。

② （明）赵廷瑞修，马理、吕柟纂，《（嘉靖）陕西通志》，三秦出版社 2006 年版，第 622 页。

③ （清）达灵阿修，周方炯、高登科纂：《（乾隆）凤翔府志》，《中国地方志集成·陕西府县志辑》第 31 册，第 90 页。

④ （清）沈锡荣增补：《（宣统）眉县志》，《中国地方志集成·陕西府县志辑》第 35 册，第 232 页。

⑤ 分别见《（雍正）陕西通志》，《中国地方志集成·省志辑·陕西》第 2 册、第 6 册，第 86 页；《（民国）续修陕西通志稿》第 7 册，第 582 页。

慎行注苏轼此诗时云："崇寿院，在眉县东五十里，横渠镇南。"① 而今张载祠处于横渠镇之北，且北临渭河，祠后为历史上受渭河冲击而形成的河滩，不可能形成居住建筑群。显然，这与查氏所言的"横渠镇南"的崇寿院不是一处。

此外，沈《志》《府治》分别载录了文礼恺《重修横渠先生祠堂记》、李因笃《重修张横渠夫子祠记》，二文对横渠张载祠及凤翔府治张载祠的历史作了某些史料说明，值得注意处，有二：

其一，横渠镇张载祠始建时间。沈《志》云"祠之建，不知其所始"。事实上文恺礼《重修横渠先生祠堂记》载："延祐四年冬十有一月朔，阳陵李中从正捧紫薇檄，赴眉文学掾，道横渠，进谒故宋张献公祠下，盥（案：原作"舆"，据《全元文》改）荐礼毕……乃诣县谂主簿刘君（案：《全元文》作"公"）楫，请重葺，以副具瞻……越明年春，始鸠工征材，祠之故坏腐者咸易之。会刘丁内忧（案：《全元文》作"艰"），旋复中画。洎今尉杨君（案：《全元文》作"侯"）粹至，欣然协规�㧑力，迄冬（案：《全元文》作"岁"）而功告成。……是祠元贞初所建，陋复若此。"② 文氏记载符合邑人刘九经明万历《眉县志》所谓元贞元年（1295）诏建张子特祠之事。据此，今横渠镇张载祠的历史当追溯到元成宗元贞元年，后于元仁宗延祐四年（1317）以至明清两代多次修葺或扩建，乃至改建。如上所述，今张载祠北临渭河，处横渠镇北，而据乾隆张《志》（见附图1）张载祠却在横渠镇之南。如果张《志》附图无误的话，也意味着张载祠在历史上由镇南改建到镇北。镇南极有可能为前文所云"横渠祠堂故址"。

其二，重修凤翔张载祠时间。李因笃《重修张横渠夫子祠记》（案：《李因笃集》题为"重修宋张诚公横渠夫子祠记"）载："渔阳曹太史来守雍郡之明年，疆事既宁，时和岁稔，乃召佐吏（案：《李

---

① 参见孔凡礼《苏轼年谱》，中华书局 2005 年版，第 43 页。

② （清）沈锡荣增补：《（宣统）眉县志》，《中国地方志集成·陕西府县志辑》第 35 册，第 285 页。

因笃集》作'史'，似误），凡事（案：《李因笃集》作'冬官'）之有裨于民隐者，振举维序，而首割俸若干缗，葺有张诚公（案：《李因笃集》阙'诚公'）横渠夫子祠。盖先是公莅部之初，斋宿谒圣庙，次（案：《李因笃集》作"遂"）拜祠下，讶其日圮也。又肖像某某守宰于旁楹。守宰虽贤，不祀官祀地，新鬼入，故鬼去，非类而附，不以居歆矣。爰撤爰熙，作承用妥，卜牲炼日，将大会邦人落之。……公名鼎望，字冠玉（案：《李因笃集》作'五'），号澹斋（案：《李因笃集》阙'澹斋'）顺天丰润人。顺治十六年进士，以高第擢庶常，践刑曹，出为新（案：《李因笃集》作"西"）安广信太守，康熙二十三（案：《李因笃集》作"四"）年补扶风郡。"① 此文值得注意的是，重修凤翔张载祠的时间，是《府志》所载的康熙二十三年（1684）之"越明年"，还是今人校点的《李因笃集》中的"康熙二十四年"之"越明年"？核《府志》卷五《职官》亦云曹鼎望"康熙二十三年任"②。然而，据《皇清诰授中宪大夫陕西凤翔府知府加三级澹斋曹公墓志铭》载："公讳鼎望，字冠五，别号澹斋，姓曹氏。……以外艰去，亡何丁内艰，服阙补凤翔府知府。……乃新张横渠先生祠，及苏眉山喜雨亭，公余觞咏其间。公是岁六十有九。……生于明万历戊午二月初九日，终于康熙癸酉正月初三日，得年七十六。"③ 曹鼎望生于明万历戊午年，即1618年，修毕张横渠祠时为69岁，时为康熙二十五年（1686），即康熙二十四年之"越明年"。可见，《府志》所载时间存在讹误。

三　家族

在地方志中鲜有专列家族史的现象，而于《眉县志》中，张《志》开其端，沈《志》承其绪，形成了较为详细的张载家族史。亦

① （清）达灵阿修，周方炯、高登科纂：《（乾隆）凤翔府志》，《中国地方志集成·陕西府县志辑》第31册，第445页。

② 同上书，第134页。

③ 冯其庸：《沧桑集》，青岛出版社2014年版，第153—154页。

可见，自古以来，张载及其家族在眉县的影响与受瞩目情况。诚如张《志》毕沅序："眉人横渠先生为关中正学之宗，二程子称道于前，朱子表章于后，皆宜大书特书，故此书特为灵感录道统录，为方州小志之创体。"① 事实上，在万历刘《志》中，上述观念亦有展现，如在"氏族"类，刘《志》梳理了从张迪（张载父）至其 24 世孙张世传谱系，其中自六世孙张晋始自眉徙漉后食邑于滦，遂为滦人，至 15 世孙张文运，又自滦返眉；罗列迁至江西建昌南城的五世孙张选、六世孙张一俊、七世孙张霆、14 世孙张日中四人事迹；介绍散见居眉者五世孙张暹、23 世孙张邦麒及其后世子孙十人。然而，刘《志》记叙甚为简略，不仅人物关系尚未清晰，迁徙情况也多一语概括。

在沈《志》中，卷 12 至 14 保留、增补了张《志》中的"张氏传录"与"张氏道统录"。兹分而论之：

其一，在"张氏传录"中，主要内容有四：第一，收录了《宋史》有关张载及其弟张戬的传记、吕大临为二人撰写的《行状》。第二，补充了刘《志》关于张载四世孙张选南迁建昌南城一系人物的英烈事迹，与在眉四世孙张暹之子张统的事迹。第三，整理出从一世张迪始，经张载、张因、张炎、张冢、张昌、张德、张谷勉、张士、张玉、张景、张松梅、张复礼、张文运、张承允、张元祥、张继祖、张之宗、张科、张明文、张又振、张景葛，至 24 世孙张世传等在眉张氏宗子世系。第四，在案语中，以宗子世系对比旁系，考辨张《志》之误。如云："张子四世孙讳选讳暹者，冢之兄弟也；曰五世孙讳一俊者，晋之兄弟也；……张素《志》曰二十三世孙讳邦麒者，世传之兄弟也。然邦麒之子讳统，是前明万历十年举人，其兄弟时代不应参差若是所谓二十三、二十四世，张《志》必有伪。"②

其二，"张氏道统录"载录了多散见于《二程集》《朱子文集》《性理大全》《张子全书》《宋名臣奏议》等典籍中有关张载言论或评

① （清）沈锡荣增补：《（宣统）眉县志》，《中国地方志集成·陕西府县志辑》第 35 册，第 1—2 页。

② 同上书，第 357 页。

价的史料，及张文运迁眉、授翰林学士的官方文书，张又振在眉奉祀部照，张载父张迪从祀启圣祠的呈文等，这些亦是对"张氏传录"的有效史料补充。最为值得注意处在于，完备收录了明天启二年（1622）吏部批复凤翔知府沈自彰申呈，准直隶永平府查访张载后裔迁眉奉祀的往返官方文书。该文书以《滦州志》与张氏家谱为据，访获张载 14 世孙滦州儒学生员张文运为"真正苗裔宗派"，并"比照周程朱四儒之例，给与翰林院世袭五经博士，令居眉县世守坟墓奉祀"。[①] 该文书可与尚存的沈自彰申请陕西抚院为张载后裔办置房地的相关文书相互参考，清晰梳理出凤、眉两地张载后裔的传续情况。

事实上，可以看出，沈《志》十分重视张载家族传录及张载道录，保存了原始官方文献，这也反映了在中国文化史上，张载作为文化象征，不仅是家族内部之事，也是官方尊崇先儒，推行教化的重要措施。

以上主要据沈《志》《府志》，虽仅从书院、祠祀及家族传录论及张载文化，事实上，在二《志》中亦存在张子故宅、张子墓、张子故井田、张子从祀孔庙等史料，这些史料不仅保存了张载在眉县乃至宝鸡的文化遗迹，而且有助于今人澄清或补正史之误之阙。概言之，二《志》中与张载相关的物质遗存，恰恰反映了张载文化的历史影响和时代意义。

---

① （清）沈锡荣增补：《（宣统）眉县志》，《中国地方志集成·陕西府县志辑》第 35 册，第 394—401 页。

附　　图

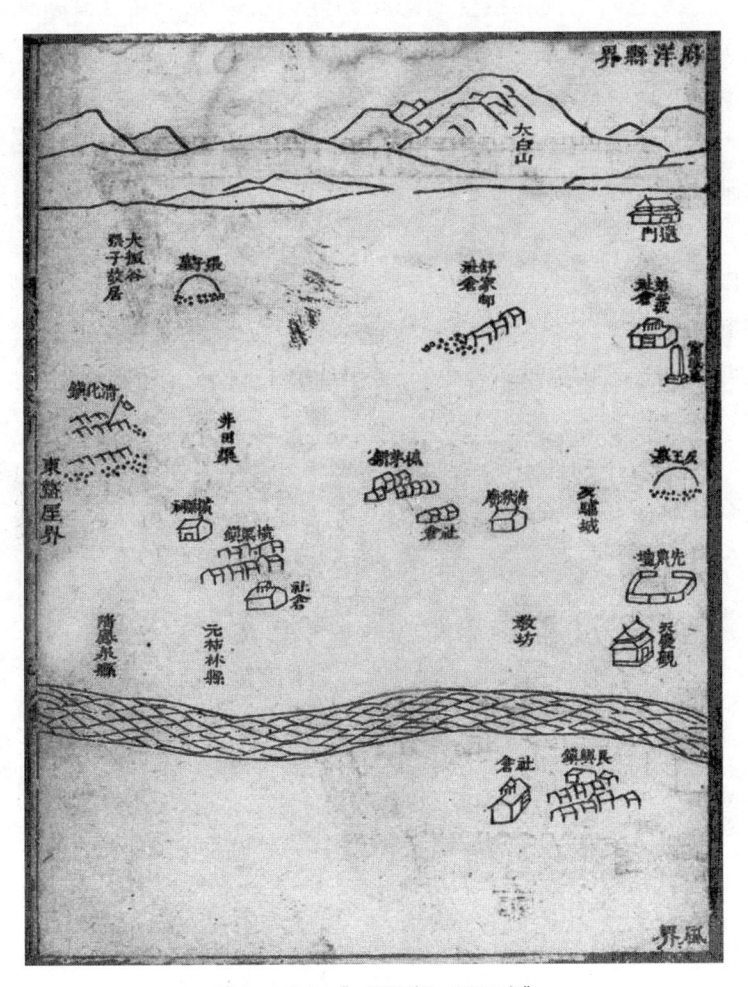

图1　源自《（宣统）眉县志》

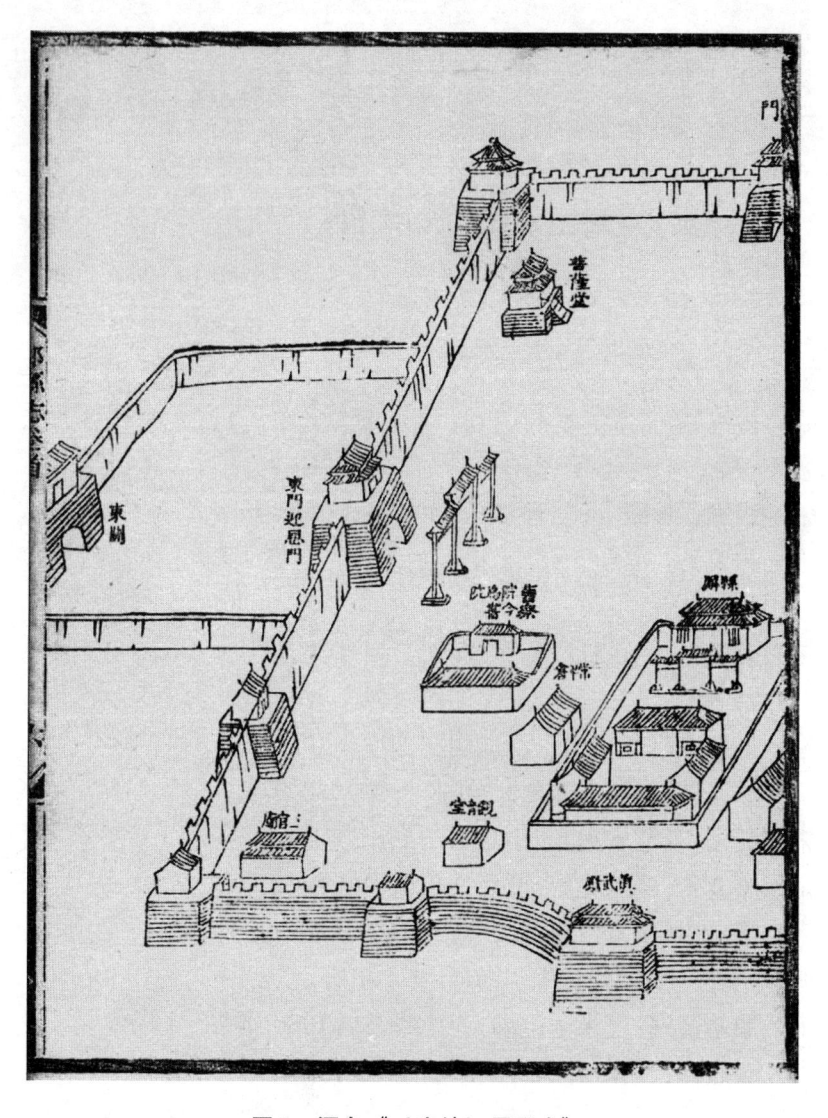

图 2　源自《（宣统）眉县志》

参考文献

（宋）陈思编，（元）陈世隆补：《两宋名贤小集》，文渊阁《四库全书》本。

（宋）程颢、程颐：《二程集》，中华书局 2004 年版。

（宋）程大昌：《雍录》，《宋元方志丛刊》第 1 册，中华书局 1990 年版。

（宋）黄震：《黄氏日抄》，文渊阁《四库全书》本。

（宋）吕本中：《童蒙训》，文渊阁《四库全书》本。

（宋）刘荀：《明本释》，文渊阁《四库全书》本。

（宋）陆九渊：《陆九渊集》，中华书局 1980 年版。

（宋）胡宏：《胡宏集》，中华书局 1987 年版。

（宋）李复：《潏水集》，陕西文献征辑处 1922 年印本。

（宋）李焘：《续资治通鉴长编》，中华书局 1993 年版。

（明）李贽：《藏书》，中华书局 1974 年版。

（宋）黎靖德编：《朱子语录》，中华书局 1986 年版。

（宋）金履祥：《濂洛风雅》，《丛书集成初编》本。

（宋）彭百川：《太平治迹统类》，台北成文出版社 1966 年版。

（宋）邵伯温：《邵氏闻见录》，中华书局 1983 年版。

（宋）王开祖：《儒志编》，文渊阁《四库全书》本。

（宋）熊禾：《熊勿轩集》，《正谊堂全书》本。

（宋）杨时：《杨龟山集》，《正谊堂全书》本。

（宋）张载：《张载集》，中华书局 1978 年版。

（宋）朱熹：《朱子全书》，上海古籍出版社、安徽教育出版社 2002

年版。

（元）脱脱等：《宋史》，中华书局 1977 年版。

（元）吴澄：《吴文正公集外集》，明成化二十年刊本。

（明）黄仲元：《四如集》，文渊阁《四库全书》本。

（明）韩邦奇：《性理三解》，清乾隆十六年成氏刻本。

（明）高攀龙集注，徐必达发明：《正蒙释》，明万历刻本。

（明）冯从吾：《关学编（附续编）》，中华书局 1987 年版。

（明）冯从吾：《冯恭定公全书》，清康熙十四年刻本。

（明）顾宪成：《小心斋札记》，台北广文书局 1975 年版。

（明）寇天叙：《涂水先生集》，《四库全书存目丛书》本。

（明）吕柟：《泾野子内篇》，中华书局 1992 年版。

（明）吕柟：《宋四子抄释》，文渊阁《四库全书》本。

（明）吕柟：《泾野先生文集》，明嘉靖三十四年于德昌刻本。

（明）吕柟：《四书因问》，文渊阁《四库全书》本。

（明）吕柟：《吕柟集》，西北大学出版社 2015 年版。

（明）来时熙：《弘道书院志》，明弘治十八年刻本。

（明）罗钦顺：《困知记》，中华书局 2013 年版。

（明）刘宗周：《刘宗周全集》，浙江古籍出版社 2007 年版。

（明）马理：《马理集》，西北大学出版社 2015 年版。

（明）马理：《谿田文集》，清道光二十年三原李锡龄刻本。

（明）宋濂：《文宪集》，《四部丛刊初编》本。

（明）薛瑄：《薛瑄全集》，山西人民出版社 1990 年版。

（明）薛敬之：《思庵野录》卷中，清咸丰元年渭南武鸿模重刻本。

（明）王恕：《王端毅公文集》，《四库全书存目丛书》本。

（明）王恕：《石渠意见》，《四库全书存目丛书》本。

（明）王承裕：《少保王康僖公文集》，清道光十八年李锡龄、王稷
　　刻本。

（明）王守仁：《王阳明全集》，上海古籍出版社 1992 年版。

（明）王畿：《王畿集》，凤凰出版社 2007 年版。

（清）陈鼎：《东林列传》，文渊阁《四库全书》本。

（清）池生春、诸星杓：《程子年谱》，清咸丰五年刻本。

（清）郭庆藩：《庄子集释》，中华书局 2004 年版。

（清）黄宗羲：《宋元学案》，中华书局 1986 年版。

（清）黄宗羲：《明儒学案》（修订本），中华书局 1985 年版。

（清）贺瑞麟：《清麓文集》，清光绪二十五年刘氏传经堂刻本。

（清）顾炎武著，黄汝成集释，栾保群校注：《日知录集释》，浙江古籍出版社 2013 年版。

（清）蒋垣：《八闽理学源流》，清抄本。

（清）李颙：《二曲集》，中华书局 1996 年版。

（清）李颙：《李颙集》，西北大学出版社 2015 年版。

（清）李元春：《桐阁性理十三论》，《清麓丛书》本。

（清）刘光蕡：《刘古愚先生全书》，民国间三原王典章思过斋苏州金陵刻本。

（清）全祖望撰，朱铸禹校注：《全祖望集汇校集注》，上海古籍出版社 2000 年版。

（清）孙希旦：《礼记集解》，中华书局 1989 年版。

（清）王心敬：《丰川续集》，清乾隆三年恕堂刻本。

（清）王夫之：《船山全书》（修订版），岳麓书社 2011 年版。

（清）王植：《朱子注释濂关三书》，清雍正元年刻本。

（清）王夫之：《船山全书》，岳麓书社 1996 年版。

（清）王夫之：《张子正蒙注》，中华书局 1975 年版。

（清）杨方达：《正蒙集说》，清乾隆复初堂刻本。

（清）张履祥：《张杨园全集》，中华书局 2002 年版。

（清）张伯行辑注：《濂洛关闽书原序》，《正谊堂全书》本。

（清）张骥：《关学宗传》，《关学史文献辑校》，西北大学出版社 2015 年版。

（清）张洲：《对雪亭文集》，清嘉庆刻本。

（清）张廷玉：《明史》，中华书局 1974 年版。

丁为祥：《虚气相即——张载哲学体系及其定位》，人民出版社 2000 年版。

陈俊民：《张载哲学思想及关学学派》，人民出版社 1986 年版。

陈俊民：《张载哲学与关学学派》，台湾学生书局 1990 年版。

陈来：《诠释与重建：王船山的哲学精神》，北京大学出版社 2004 年版。

陈来：《宋明理学》，生活·读书·新知三联书店 2011 年版。

陈来主编：《早期道学话语的形成与演变》，安徽教育出版社 2007 年版。

陈荣捷：《近思录详注集评》，华东师范大学出版社 2007 年版。

陈政扬：《张载思想的哲学诠释》，台北文史哲出版社 2007 年版。

程宜山：《张载哲学的系统分析》，学林出版社 1989 年版。

范寿康：《中国哲学史通论》，武汉大学出版社 2008 年版。

蔡仁厚：《宋明理学·北宋篇》，吉林出版集团 2009 年版。

冯友兰：《中国哲学史新编》（下卷），人民出版社 2007 年版。

葛荣晋等主编：《张载关学与实学》，西安地图出版社 2000 年版。

龚杰：《张载评传》，南京大学出版社 1996 年版。

顾颉刚：《顾颉刚读书笔记》，《顾颉刚全集》第 25 册，中华书局 2010 年版。

侯外庐主编：《中国思想通史》第 4 卷，人民出版社 1959 年版。

侯外庐、邱汉生、张岂之：《宋明理学史》（上），人民出版社 1997 年版。

胡元玲：《张载易学与道学：以〈横渠易说〉及〈正蒙〉为主之探讨》，台湾学生书局 2004 年版。

黄秀玑：《张载》，台北东大图书公司 1987 年版。

姜国柱：《张载关学》，陕西人民出版社 2001 年版。

劳思光：《新编中国哲学史》（三卷上），广西师范大学出版社 2005 年版。

李慧、曹发展注考：《咸阳碑刻》（下），三秦出版社 2003 年版。

李晓春：《张载哲学与中国古代思维方式研究》，中华书局 2012 年版。

刘学智：《儒道哲学阐释》，中华书局 2002 年版。

林乐昌：《张载理学与文献探研》，人民出版社 2016 年版。

林乐昌：《正蒙合校集释》，中华书局 2012 年版。

罗光：《中国哲学思想史》（宋代篇），台湾学生书局 1984 年版。

吕妙芬：《胡居仁与陈献章》，台湾文津出版社 1996 年版。

牟宗三：《心体与性体》，上海古籍出版社 1999 年版。

米文科：《吕柟评传》，西北大学出版社 2015 年版。

史念海等：《陕西通史·历史地理卷》，陕西师范大学出版社 1998 年版。

孙振青：《宋明道学》，台北千华图书出版公司 1986 年版。

宋志明：《中国古代哲学发微》，中国人民大学出版社 2012 年版。

唐君毅：《中国哲学原论：原教篇》，中国社会科学出版社 2006 年版。

田智忠：《〈诸儒鸣道集〉研究——兼对前朱子时代道学发展的研究》，中国社会科学出版社 2012 年版。

王寿南主编：《中国历代思想家》（1），九州出版社 2011 年版。

余英时：《中国思想传统的现代诠释》，江苏人民出版社 2004 年版。

杨立华：《气本与神化：张载哲学述论》，北京大学出版社 2008 年版。

赵吉惠：《21 世纪儒学研究的新拓展》，社会科学文献出版社 2004 年版。

赵吉惠、赵馥洁主编：《张载关学与实学》，西安地图出版社 2000 年版。

张岱年：《中国哲学大纲》，江苏教育出版社 2005 年版。

张岱年：《中国古典哲学概念范畴要论》，中国社会科学出版社 1987 年版。

张立文：《宋明理学研究》，人民出版社 2002 年版。

张波：《张载年谱》，西北大学出版社 2015 年版。

［美］葛艾儒：《张载的思想（1020—1077）》，上海古籍出版社 2010 年版。

［日］松川健二编：《论语思想史》，台湾万卷楼图书出版股份有限公司 2006 年版。

［日］冈田武彦：《王阳明与明末儒学》，上海古籍出版社 2000 年版。

后　记

　　本书为近年我们的部分研究成果，其中第一、二、五、六、七、十四、十七、十八、十九章由张波撰写，第三、四、八、九、十、十一、十二、十三、十五、十六章由米文科撰写。因为写作时间不一，以及我们对某些学者思想理解上存在个别差异，从而不可避免会出现解读不一致及语言表述重复的情况，敬请读者识鉴。

作　者

2017 年 3 月 26 日于古陈仓

宝鸡文理学院哲学重点学科建设经费资助